电子商务概论

DIANZI SHANGWU GAILUN

吴幸莼　蔡韶华　编著
蔡倩华　杜炫杰

·广州·

图书在版编目（CIP）数据

电子商务概论/吴幸莼等编著. —广州：广东高等教育出版社，2018.10（2021.1 重印）

ISBN 978 – 7 – 5361 – 6080 – 4

Ⅰ. ①电… Ⅱ. ①吴… Ⅲ. ①电子商务 – 高等学校 – 教材 Ⅳ. ①F713.36

中国版本图书馆 CIP 数据核字（2017）第 313712 号

出版发行	广东高等教育出版社
	地址：广州市天河区林和西横路
	邮政编码：510500　电话：（020）87551597
	http://www.gdgjs.com.cn
印　刷	广东海洋印刷有限公司
开　本	787 毫米×1 092 毫米　1/16
印　张	16.5
字　数	390 千
版　次	2018 年 10 月第 1 版
印　次	2021 年 1 月第 3 次印刷
定　价	38.00 元

前　言

电子商务的发展趋势一直引人瞩目。伴随80后成为电商消费中坚力量，90后成就更多个性化消费模式的今天，有研究机构提出，现今互联网行业发展已从快速吸收人口红利转变为精细化运营，而增速也进入相对平稳期。

本书的编写初衷在于尝试通过小说话本的编著模式，普及电子商务行业知识和预测电子商务发展趋势。本书涵盖电子商务的发展概况、分类模式、体系结构、网站规划等基础知识，同时，围绕电子商务信息流、商务流、资金流和物流这"四大流"概念进行相关介绍，并探讨了电子商务文化、电子商务生态圈的构造及电子商务行业职业规划等热点。

在本书的编写过程中，我们参考和借鉴了国内外相关研究资料和网络知识共享平台的相关资料，并已在参考文献中列出。在此，谨向各位学者和网络知识共享者表示由衷的敬意和感谢。

本书适合非电子商务专业学生和对电子商务感兴趣的读者。读者能够通过轻松的文字阅读，学习电子商务行业基础知识，触发对电子商务领域的兴趣。与此同时，读者还能通过书本获取更多行业纵深探讨的渠道。

本书主要包括三大部分。第1部分（第1章—第3章）是电子商务概述。为了让读者更好地了解电子商务，我们对电子商务特点、行业历史、基本组成要素、分类和商业模式进行陈述，同时，就电子商务文化这一概念进行了介绍。

第2部分（第4章—第10章）是电子商务基础设施。作为电子商务存在与发展的基础，互联网架构及其常见应用、电子商务网站规划与建设、电子商务安全要求及技术要点等都是不可忽略的存在。这一部分还涵盖了电子商务信息流、网络营销、电子支付、物流配送的介绍和示例。移动商务发展迅猛，本书在第2部分的相应章节普及了移动商务的知识要点。

第3部分（第11章—第13章）属于综合案例分析。这些章节就电子商务生态圈的构造，电子商务网上创业、职业规划等热点进行了实例探讨。

本书附有部分微课资源，读者可登录课程平台网址：http://5ystudy.gdoa.net 浏览，用户名：dzsw，密码：123456。

由于电子商务理论和实践的不断发展，书中疏漏之处在所难免，敬请读者批评指正。

编　者
2018年1月12日

目 录

第 1 部分　电子商务概述

第 1 章　电子商务简介 (3)
- 1.1 定义 (3)
- 1.2 电子商务的特点和功能 (5)
- 1.3 扩展材料 (8)

第 2 章　电子商务概况 (15)
- 2.1 电子商务的基本组成要素 (15)
- 2.2 电子商务的分类和商业模式 (16)
- 2.3 扩展资料：电子商务的商业模式 (25)

第 3 章　电子商务文化 (35)
- 3.1 网络文化 (35)
- 3.2 营销文化 (38)
- 3.3 法律文化 (41)

第 2 部分　电子商务基础设施

第 4 章　互联网简介 (53)
- 4.1 Internet、Intranet 和 Extranet (53)
- 4.2 协议 (54)
- 4.3 标记语言 (60)
- 4.4 互联网的各种应用 (62)

第 5 章　电子商务网站规划与建设 (73)
- 5.1 建设电子商务网站的前期准备工作 (73)
- 5.2 电子商务网站内容设计 (75)
- 5.3 服务器解决方案 (86)

第 6 章　电子商务信息安全技术 (92)
- 6.1 电子商务安全概论 (93)
- 6.2 网络安全防护 (96)
- 6.3 客户机安全 (96)
- 6.4 网络通道安全 (99)
- 6.5 服务器安全 (111)

第7章 电子商务的信息流 (120)
7.1 信息流概论 (120)
7.2 电子商务信息的收集 (121)
7.3 电子商务信息的整理 (129)

第8章 网络营销 (135)
8.1 网络营销概述 (135)
8.2 消费者行为分析与目标市场分析 (139)
8.3 网络营销手段 (145)

第9章 电子支付 (185)
9.1 电子支付的定义 (185)
9.2 电子支付的类型 (185)
9.3 网上支付平台 (186)
9.4 移动支付 (190)
9.5 支付工具 (193)
9.6 电子支付存在的问题 (198)
9.7 互联网金融 (198)

第10章 物流配送 (202)
10.1 物流基本概念 (202)
10.2 电子商务最后一公里和供应链管理简介 (214)

第3部分 综合案例分析

第11章 电子商务营运平台 (223)
11.1 电子商务生态圈 (223)
11.2 电子商务生态圈的六大神物 (224)

第12章 网上自主创业 (240)
12.1 服装店创业要点 (240)
12.2 生鲜电商创业要点 (242)

第13章 电子商务岗位职员培养 (244)
13.1 技术类岗位 (244)
13.2 商务类岗位 (245)
13.3 综合管理岗位 (246)
13.4 物流与供应链管理岗位 (247)

附录
附录1：百度搜索引擎优化指南（节选）(249)
附录2：Google 谷歌网站站长指南 (253)
附录3：关键词的选择 (256)

参考文献 (257)

第 1 部分

电子商务概述

话说唐僧师徒四人去西天取回真经后，分别回凡间继续修行。唐僧回东土受聘于一家大型跨国企业做CEO，孙悟空回到花果山成立了花果山商贸有限公司，沙和尚回到通天河开了家港口货运公司，而猪八戒一心想着高老庄的媳妇，急忙赶回高老庄。待他回到高老庄，只见车水马龙、高楼林立，那里已经成为一个经济发达的中心城市。高员外随着经济大潮的兴起建立了一家规模很大的家族制衣企业。猪八戒从车间基层做起，跑业务、做营销，很是卖力，通过自己的努力和师傅、师兄弟的提携帮助，打开了市场。高员外眼见猪八戒工作表现越来越出色，干脆做个甩手掌柜，把制衣企业交给了女儿和女婿管理。但是，经济危机一来，传统的制衣企业遭遇了前所未有的寒流，他们的企业一下子陷入了库存严重、成本上升、利润下降的困境。猪八戒两夫妇忧虑不已，天天忧心如何摆脱困境，重新做大企业。正当两夫妇发愁之际，却有一"贵人"送策而来。他们对此又惊又喜，原来这贵人不是外人，是他们的至亲孩儿。

第 1 章
电子商务简介

1.1 定义

话说八戒取经回来后和翠兰生了一个儿子,名为小能。小能小时候因为爸妈忙于工作,疏于管教,结果误入歧途,沉迷网游,染上网瘾。八戒夫妇一筹莫展之际,求助于大师兄。还是孙悟空有办法,从电脑前拎起小能,扔到牛魔王的工地干苦力。三个月后,小能腰板挺直了,一身赘肉变成了肌肉,吃啥也不挑了。回到学校,他仿佛变了一个人,不知怎的,琢磨上了电子商务技术。看着父母生意面临困境,小能在早餐的餐桌上提出了建议:把企业转型,建成电子商务企业,把产品放到网上去卖。

八戒一听,疑惑不已:转型?电脑里面卖东西?

八戒一直在传统企业中浸淫,对于新技术全无概念,还以为儿子故态复萌,又要捣蛋了。

小能:这您就不懂了,电脑连上网络后,市场可大了。咱家的衣服,不但可以卖到全国各地,还可以卖到全世界!

八戒忍不住摸摸小能的额头:你发烧了?吹牛皮!

小能不忿地拍开八戒的手:老爸,老神仙也要跟得上时代发展的潮流,不然就落伍了。电子商务没有时空限制,只要您有本事,就可以把生意做到世界各地,比您西天取经的速度快多了。

八戒:那成!你给我说说,什么是电子商务?

小能挠了挠头,他一向只注重实践,一下子也不知道如何跟爸妈介绍电子商务。于是,他拿过平板电脑查询有关电子商务的定义,把有关内容展示给爸妈看。

> **电子商务的定义**
>
> 联合国国际贸易程序简化工作组对电子商务的定义:采用电子形式开展商务活动,它包括在供应商、客户、政府及其参与方之间通过任何电子工具如电子数据交换(EDI)、Web 技术、电子邮件共享非结构化或结构化商务信息,管理和完成在商务活动、管理活动和消费活动中的各种交易。(资料来源:《联合国国际贸易法委员会电子商务示范法》)

电子商务概论

美国政府在《全球电子商务纲要》中认为：电子商务是通过 Internet 进行各种商务活动，包括广告、交易、支付、服务等，全球电子商务将涉及世界各国。（资料来源：《全球电子商务纲要》）

IBM 公司则认为，电子商务是在 Internet 的广阔联系与传统信息技术系统的丰富资源相互结合的背景下，应运而生的一种在互联网上展开的相互关联的动态商务活动。

电子商务专家李琪教授首先将电子商务划分为广义和狭义的电子商务。广义的电子商务定义为，使用各种电子工具从事商务活动。这些工具包括从初级的电报、电话、广播、电视、传真到计算机、计算机网络，NII（国家信息基础结构——信息高速公路）、GII（全球信息基础结构）和 Internet 等现代系统。而商务活动是指，除去典型的生产过程，从泛商品（实物与非实物，商品与非商品化的生产要素等）的需求活动到泛商品的合理、合法的消费的所有活动。狭义电子商务是指在技术、经济高度发达的现代社会里，掌握信息技术和商务规则的人，系统化地运用电子工具，高效率、低成本地从事以商品交换为中心的各种活动的总称。这个分析突出了电子商务的前提、中心、重点、目的和标准，指出了它应达到的水平和效果，它是对电子商务更严格和体现时代要求的定义，它从系统的观点出发，强调人在系统中的中心地位，将环境与人、人与工具、人与劳动对象有机地联系起来，用系统的目标、系统的组成来定义电子商务，从而使它具有生产力的性质。（资料来源：李琪，《电子商务概论》，高等教育出版社，2004）

关于电子商务概念的广义与狭义之分，网络当中还有另一说法。广义上讲，电子商务一词源自于 Electronic Business，简称 EB，就是通过电子手段进行的商业事务活动。通过使用互联网等电子工具，使公司内部、供应商、客户和合作伙伴之间，利用电子业务共享信息，实现企业间业务流程的电子化，配合企业内部的电子化生产管理系统，提高企业的生产、库存、流通和资金等各个环节的效率。狭义上讲，电子商务（Electronic Commerce，简称 EC）是指：通过使用互联网等电子工具（工具包括电话、广播、电视、传真、计算机、计算机网络、移动通信等）在全球范围内进行的商务贸易活动。它是以计算机网络为基础进行的各种商务活动，包括商品和服务的提供者、广告商、消费者、中介商等有关各方行为的总和。人们一般理解的电子商务是指狭义上的电子商务。

两者的区别在于：EC 是指实现整个贸易过程中各阶段贸易活动的电子化，EB 是利用网络实现所有商务活动业务流程的电子化。EC 集中于电子交易，强调企业与外部的交易及合作，而 EB 强调整个供应链过程的电子化。（资料来源：百度知道）

小能最后总结道：通俗来说，利用计算机、手机等电子设备，和其他人交谈、营销、谈合同，进行买卖的一切活动都是电子商务。买东西的人从网络上获取绝大多数公司和产品的信息，货比三家，最后决定如何购买，属于电子商务。人们通过手机银行进行支付费用也属于电子商务。政府通过网络进行交易等各种活动同样属于电子商务。

延展学习活动： 请同学们从上述观点中帮猪小能总结出符合规范的电子商务概念。

1.2 电子商务的特点和功能

1.2.1 电子商务的特点

八戒听了有所感触，连忙问：电子商务有啥优点？

小能眼看爸妈感兴趣，思维也活跃了起来：电子商务优点可多了！这个网页有专门的介绍，爸妈你们坐下来慢慢看（见表 1-1）。

表 1-1 电子商务的特点

特点	介绍
普遍性	电子商务作为一种新型的交易方式，能为交易参与者提供一种方便、快捷的服务手段和机会。交易参与者范围广阔，包括生产企业、流通企业、消费者、政府等
便利性	人们不再受地域的限制，客户足不出户即可大范围地比较、选择和查询商品，减少了信息的不对称。电子支付和网络银行的全天候服务，使客户可以随时存取资金，快速查询支付过程以及进行资金管理，为网上交易的达成提供了极大的便利
集成性	电子商务大量使用新的技术和产品，网络的商业价值让新老技术得到协调，用户能更加有效地利用他们已有的资源和技术。电子商务规范了事务处理的工作流程，将人工操作和信息处理集成为一个不可分割的整体。这样不仅提高了人力和物力的利用率，也提高了系统运行的严密性
安全性	电子商务要求网络能提供一种端到端的安全解决方案，包括加密机制、签名机制、安全管理、存取控制、防火墙、防病毒保护等，为网上交易的开展创造了一个安全可靠的环境
协调性	商务活动是一种协调过程，是企业在订货、销售和存储等经营环节中与生产商、消费者发生的交易与服务行为，以及其中的信息传递。电子商务需要保障客户与公司内部、生产商、批发商、零售商之间的协调，还需要银行、配送中心、通信和技术服务等多个部门的通力协作，以达到合作伙伴信息共享，快速反应，减少中间环节，降低运营成本的目的

八戒看完，喃喃自语：电子商务看来真不错，彼此看不见的人也能做生意，还可以从网上获取商务信息，不像以前，求爷爷告奶奶才能拿到商场情报。就冲着这一点，我们企业进入电子商务非常必要！

1.2.2 电子商务的功能

这个时候，倍受肯定的小能插话进来：电子商务的功能多着呢！它包括广告宣传、咨询洽谈、网上订购、网上支付、账户管理、商品传递、意见征询、交易管理……您看看这个网页（见表 1-2）。

表1-2 电子商务功能

功能	介绍
广告宣传	电子商务可凭借企业的Web服务器、网络主页、电子邮件、微博和微信等工具在全球范围内发布商业信息、宣传企业形象和进行广告宣传。客户可借助网上的检索工具（Search Tools）找到所需商品信息。网上的广告成本最为低廉，而给顾客的信息量却最为丰富。由于网上广告在基于因特网的电子商务活动中的地位越来越显著，因特网被许多人称之为"第四媒体"
网上咨询和交易洽谈	电子商务可借助非实时的电子邮件（E-Mail）、新闻组（News Group）、实时的讨论组（Discussion Group）以及社交网络工具（微博、微信等）来了解市场和商品信息、洽谈交易事务；可借助白板会议（Whiteboard Conference）、QQ群、微信朋友圈来交流即时的图形信息。异地咨询和洽谈的形式多样化
网上订购	企业的网上订购系统会在产品介绍的页面上提供友好的订购提示信息和订购交互格式框。当客户填完订购单后，系统回复确认单表示订购信息已收悉。电子商务的客户订购信息会采用加密方式处理，使客户和商家的商业信息不致泄漏
网上支付	客户和商家之间可采用信用卡账号或者第三方支付账号实施支付。在网上直接采用电子支付手段不但可以为买卖双方节省中间环节，使货款支付更加灵活、方便，还可以加速资金的周转效率
电子账户管理	电子账户管理是电子商务基本的组成部分。信用卡号或银行账号都是电子账户的一种标志。电子账户可信度需配以必要技术措施来保证
网上商品传递	对于以实物形式提供的商品，商家可以通过在本地或异地的分销系统将商品进行物流的调配并送货上门，也可以委托有关货运公司或邮政部门将货物运送或邮寄到客户手中；对于信息产品，能直接从电子仓库中将货物发到用户端。客户则可以通过信息网络及时了解自己所购商品的运送情况及到达时间
用户意见征询	电子商务能收集用户对企业及其产品、服务的反馈意见，使企业及时了解用户需求和反馈信息，使企业的市场运营能形成一个良好的循环。客户的反馈意见不仅能提高售后服务的水平，还能让企业获得改进产品、发现市场的商业机会，树立企业的良好形象
交易管理	交易管理是涉及商务活动全过程的管理，包括有关市场法规、税务征管及交易纠纷仲裁等。电子商务的发展，将会提供一个良好的交易管理的网络环境及多种多样的应用服务系统，保障电子商务获得更广泛的应用

小能：老爸，您看到了吧，电子商务的功能十分强大。咱家企业如果成功转型成为电子商务公司，那就前景光明啦！

1.2.3 电子商务的影响

翠兰持保留意见：你这孩子，毛毛躁躁的，只知道吹大气。咱家企业怎么了？也是一步一个脚印，脚踏实地地打拼出来，以前没用你的什么电子商务也挺好的。

小能连忙解释：妈，我明白你们打拼的辛苦。这些日子，我也在替你们愁，也想帮你们分忧。而且我认为，电子商务是颠覆性的，它的出现，会让你们这些传统行业面临很大的危机。如果不注意优化与创新，咱家的企业面临的冲击就更大了。

翠兰：我总觉得传统商务中的体验型的销售永远不会被电子商务取代。比如我喜欢出去逛逛街，看看电影，顺带买东西，这不仅是消费，还是一种愉悦的生活体验。我还觉得衣服一定要试穿，才知道合不合身，质量好不好。

小能：妈，你知道万达集团董事长王健林吧。他在2012中国经济年度人物颁奖现场与阿里巴巴集团董事会主席马云曾经有一个赌局：2020年，也就是8年后，如果电商在中国零售市场占50%，王健林输给马云一个亿，如果没到50%，马云就赌输一个亿。但时过一年，王健林在另一个电视台节目里表示亿元豪赌就此作罢，他和马云准备展开合作！2014年8月，万达、百度和腾讯合作，投资50亿元打造全球最大的O2O平台万达电商，也就是现在的飞凡网。

翠兰很惊讶：王健林可是传统行业的巨头啊！他也进军了电子商务？

突然间一把女声插了进来：没错，电子商务的确还不能完全取代传统行业，但是它对传统行业的影响力毋庸置疑，也许会给生活方式带来翻天覆地的变化。一些不思进取、不知变通的传统行业，如果没有应对之策，可能就会消失，但是传统商家结合电子商务，发展自己的特色，那一定前途无量。

三人连忙行拜礼：观音菩萨！

翠兰连忙去给观音菩萨倒茶。

八戒：菩萨您不是说飞机中午抵达吗？我还想着早餐过后去机场接您。

观音：不用这么麻烦。现在凡间交通便利。我这一路过来，还顺便体验了一回。

八戒：师傅坐高铁过来，估计中午才能到。菩萨，敢问您这次亲自过来所为何事？

观音：现在凡间科技发展非常快捷，天庭需要与时俱进，反过来向凡间取经，以期提升天庭的电子商务运作水平。各位仙家都觉得，了解你们师徒四人在凡间的修行情况对取得电子商务的真经很有帮助，所以派我过来看看你们的情况。想不到后生可畏，小能已经给你们提出了电子商务的设想。

八戒：电子商务的影响真的这么大？

观音：我给你看看天庭拿到的一份数据。根据中华全国商业信息中心的监测数据，传统零售业中，从2011年到2014年，全国百家重点零售企业零售额的增速逐年下降，分别为22.6%、10.8%、8.9%、0.4%，到了2015年，竟然出现负增长 -0.1%。此消彼长，2011年中国电子商务全年市场交易规模达到7万亿元，同比增长46.4%。2012年中国电子商务全年市场交易规模达到8.1万亿元，同比增长27.9%。2013年，中国电子商务交易规模突破10万亿元，同比增长29.9%，其中网络购物零售额达到1.88万亿元。根据艾瑞咨询的数据，2015年中国网购市场交易规模更是达到3.8万亿元，较上年增长37.2%。以国内知名品牌李宁公司为例，公司自2012年起线下经销渠道便持续减少。同时，公司开始转战互联网，根据 2015 年公司的财报数据，电子商务虚拟店铺业务按年增长近七成，全年电商收入同比上升 95%。

八戒：如此说来，电子商务对整个人类生活产生的影响果真不可小觑。

观音：是的，八戒你现在有所认识仍未晚。不过小能，你先前沉迷于网络，导致认知不足，现在虽有好的想法，但是要想帮助爸妈完成企业转型，你还有很多东西要学。我这有两份扩展材料，你好好研究，过些时候我会来看看你的研究成果。

1.3 扩展材料

1.3.1 电子商务的起源和发展

电子商务发展至今，已有 30 多年的历史。电子商务的概念也随着时代的变迁不断发生变化。

1.3.1.1 电子商务的雏形——20 世纪 70 年代到 90 年代的 EDI/EFT

20 世纪 70 年代末，一些世界知名的大公司为了加快企业之间的贸易流转速度，节约交易成本，纷纷在相关公司之间建立了专有的计算机通信网络，并基于这个网络进行采购、销售、合同管理、支付结算等一系列商务活动，以此取代效率较低、容易出错的手工商务。这个作为企业间电子商务应用系统的雏形是电子数据交换 EDI（Electronic Data Interchange）和电子资金转账 EFT（Electronic Funds Transfer）。EDI 商务在 20 世纪 80 年代得到了很大发展，通过 EDI 网络，交易双方可以将交易过程中产生的询价单、报价单、订购单、收货通知单、货物托运单、保险单和转账发票等报文数据以规定的标准格式在双方的计算机系统上进行端对端的数据传送。到了 20 世纪 90 年代，EDI 电子商务技术让企业实现了"无纸贸易"，大大提高了工作效率，降低了交易成本，减少了由于失误带来的损失，加强了贸易伙伴之间的合作关系。

在这个阶段，电子商务意味着利用电子化的手段，将商业买卖活动流程简化。

1.3.1.2 电子商务星火燎原——20 世纪 90 年代末

随着因特网在世界的广泛应用，人类社会进入了信息化时代。在信息化的社会里，人们用数字信号在网上收发电子邮件、讨论、聊天、游戏，甚至购物。商业活动作为人类最基本、最广泛的联系方式，也渗透到网络中。20 世纪 90 年代，不少 IT 厂商和媒体尝试将 EDI 系统移植到因特网中，并以各种方式进行电子商务的"启蒙教育"（例如 1999 年 8848 网站策划了著名的"网上 72 小时生存体验"活动；瀛海威在北京魏公村开办了中国首家民营科教馆，"启蒙"了民众的网络意识），激发和引导人们对电子商务的认识、兴趣和需求，推动电子商务技术的推广、应用与发展。随着 90 年代末 21 世纪初网络应用深入民心，网民数目急剧增加，风险投资大量介入，电子商务呈现了星火燎原、百舸争流的景象。新的电子商务网站数目急剧增加，国外的 Amazon、Ebay 和 Yahoo 等网站的电子商务活动如火如荼；国内也奋起直追，中华同网、8848、易趣、首都电子商城电子商务支付平台等网站的建设也标志着中国电子商务进入了广泛、务实、多元化应用的尝试和发展阶段。

在这个阶段,电子商务的概念被赋予更多的内容,它被定义为一整套通过网络支持商业活动的过程。

1.3.1.3 电子商务曲折前进（2000—2007 年）

到了 21 世纪初,全世界的电子商务网站数目、规模都进入了高度膨胀期,网民数目成倍增长。经过了"虚火上攻",盲目发展的大跃进发展后,随着美国纳斯达克指数的持续跌落,以网络为基础的新经济首次受到严重的挫折。不少一窝蜂上马的小型网站倒闭,已经上市的门户网站也遭遇盈利结构单一、经营模式简单的质疑,举步维艰。例如,美国主要开发 B2B 领域电子商务软件的 Ariba 和 CommerceOne 公司仅在 2000 年 3 月份就损失了数十亿美元的市值；从事网站投资的美国 Safeguard Scientifics 公司被迫宣布停止对 B2B 商务领域的投资；中国的网易 2000 年 7 月在纳斯达克上市伊始就跌破发行价,2002 年跌至 0.8 美元,直面摘牌危机。电子商务的建设进入大浪淘沙、养精蓄锐的反思调整阶段。

在整个调整期间,正如美国时任财政部副部长罗杰·奥尔特曼所指出的:网络泡沫的破灭不是一面倒的坏事,它可以使迷失的人们觉醒,令高科技带来的新文化重回正轨。在此期间,世界各国投入大量的人力物力和财力加强信息基础设施的建设,制定电子商务发展规划和相关支持政策。2000 年 6 月,美国国会众议院通过《电子签名法》,使电子签名与书面签名具有同等法律效力；中国于 2004 年 8 月 28 日在第十届全国人大常委会第十一次会议通过的《中华人民共和国电子签名法》（以下简称《电子签名法》）,标志着我国电子商务法律建设发展进入到一个新的阶段。2000 年美国政府投入 8.5 亿美元发展信息和通讯产业,同时提供 1.1 亿美元用于发展第二代互联网,为电子商务的发展提供物质技术基础；与此同时,中国的计算机网络、电话网、电视网等通讯网快速发展,IT 技术产品创新加快,物流和金融基础条件有所改善。全球不少企业也在这股电子商务浪潮中进行企业文化重构或者电子商务系统建设,例如在线食品销售公司 Webvan 倒闭后,两家传统的连锁超市 Albertsons 和 Safeway 都开设了附属的电子商务服务,消费者可以直接在线订购食品。

在中国,2003 年和 2005 年都是值得一提的年份。2003 年"非典"疫情让电子商务所具备的远距离、非接触性以及时间、空间无关性等典型特性为世人所认识,得到了民众的青睐和信任。电子商务潜在的广大市场需求,在"非典"时期得到充分展现和释放。2005 年被称为"中国电子商务年"。在这一年,国务院发布 2 号文,为中国电子商务市场的持续快速增长奠定了良好的基础；国家实施《电子签名法》和颁布《电子支付指引》,进一步从法律和政策层面为电子商务的发展保驾护航；阿里巴巴收购雅虎中国,同时获得了雅虎 10 亿美元投资；适应中国经济发展的第三方支付平台的兴起,带动了网上支付的普及,为电子商务应用提供了保障；B2B 行业持续高速发展,大部分电子商务网站开始实现盈利；互联网用户人数突破了 4 亿大关,为电子商务发展奠定了坚实的用户基础。

在这个阶段,电子商务概念增加了新的组成部分——"网络贸易",客户在数据加密传输技术支持下,利用网上商店的虚拟购物车和信用卡等电子货币支付形式,通过互联网完成商品和服务的采购。涌现了大量 B2B、B2C 和 C2C 的电子商务网站,国内知名的淘宝、当当、京东商城、易趣等网站迅速壮大。

1.3.1.4 电子商务的纵深发展(2008 年—现今)

2008 年,世界遭遇了百年一遇的金融危机。这次金融危机严重冲击了实体经济,对企业及人们的日常生活造成了很大的影响。企业希望利用电子商务降低运营成本,开拓销售渠道,网民也倾向于通过网络购买性价比更高的产品。因此,电子商务成了经济反周期的热点。在这种背景下,消费品零售市场出现罕见的"一边是火焰,一边是海水"现象。在美国,2008 年的感恩节和圣诞节前夕是美国的传统销售旺季,电子商务巨头亚马逊公司取得了史上最好的销售业绩。最高销售纪录是一天获得 630 万件商品的订单,而 2007 年的最高纪录则是 540 万件。而传统销售市场则度过了 40 年以来最惨淡的一个销售季,根据万事达信用卡国际公司下属的研究机构 SpendingPulse 公布的数据显示,2008 年美国假日购物季零售业销售总额同比下降了 4%。毫无疑问,网络销售的经营者抓住契机,大肆吞并实体店模式丧失的阵地。此后几年,电子商务利用自身优势对整个商业生态环境和商业模式产生了的深刻影响并推动了商业改革的步伐。

在中国,人民币升值和国外市场疲软推动着经济由出口驱动型向内需驱动型转变。企业为了消减成本,通过电子商务的推介模式,拓展销售渠道。根据艾瑞咨询公司的研究报告,2008 年第三季度中国 B2B 电子商务运营商营收规模达到 14.3 亿元,同比增长 32.4%。以阿里巴巴为例,2008 年 11 月阿里巴巴仅在深圳地区就新增供应商客户 600 多个,增幅达到 400%。阿里巴巴前三季度买家的注册数也出现了飙升,买家会员数量增长了 120 万人,同比增长 74%。网络零售也出现了线下消费向线上消费的转移的现象,出现了三个"一"的突破:网络零售消费者总数突破 1 亿人,交易额突破 1 000 亿元,占社会消费品零售总额比例突破 1%。2009 年,我国网民近 3.38 亿人,手机用户近 6 亿人,超过美国成为全球网民数量最多的国家,为我国电子商务的发展奠定坚实的人员基础。中国电子商务经过这些年的深耕细作,漫长洗礼,市场逐步成熟,规模化、有序化、品牌化的网上市场体系正在确立。

2012 年,中国 GDP 同比增长 7.8%,8 年来首次低于 8%。对于习惯了高速增长的中国经济而言,"稳增长、转方式、调结构"既是目标,也是挑战。这一年的"双 11",淘宝和天猫创下了单日交易额 191 亿元的纪录;11 月 30 日,淘宝和天猫的当年交易总额宣布突破 1 万亿元;2012 年,网络零售总额在社会消费品零售总额的比例提升到 6.3%。这些事件都标志着中国电子商务经济体推动了中国经济从工业经济向信息经济的转型。2014 年全国网上零售额 27 898 亿元;2015 年"双 11",全网单日交易额 1 229.37 亿元,同比增长 52.7%。40 余个国家,超过 3 万个国内外大小品牌参与其中。虽然销售额刷新了纪录,但是整体增长率逐渐下滑,意味着电商发展逐渐趋稳。

1.3.1.5 电子商务的未来

很多人认为过去十几年是互联网电子商务的 1.0 时代,现在,电子商务已经进入 2.0 时代。1.0 时代,全世界电子商务成交总额占零售业总额还是一个比较小的比例,在中国的电子商务还没有真正成为中国零售业的有机组成部分。而到了 2.0 时代,电子商务已经不仅仅是互联网企业的天下，数不清的传统企业和资金流入电子商务领域，使得电子商务世界变得异彩纷呈。网上信用体系的建立，网上支付体系的安全快捷，社会化大物流体系的成型，表明了以电子商务为代表的新的商业模式，正在以超乎想象的速度，推动传统商业模式的升级和改变。依据中国互联网络信息中心的数据，截至2015年12月，全国开展在线销售的企业比例为32.6%，开展在线采购的企业比例为31.5%。其次，有40.7%的上网企业部署信息化系统以优化企业资源配置，寻求企业进一步发展。

1.3.2 电子商务的效益

当代网络技术、信息技术的诞生和发展给人类生活、工作带来的革命性影响远超历代技术革命所带来的影响，这种影响极大地改变了人们原有的生活、工作模式。电子商务不仅是技术变革，还带来一种通过技术的辅助、引导、支持来实现的前所未有的频繁的商务经济往来，是商务活动本身发生的根本性革命，并对社会的生产和管理、企业的运行环境、经营管理理念与方式、企业形态、政府职能、法律制度以及消费者的消费环境、方式、行为等带来很大的冲击。

1.3.2.1 电子商务的社会效益

随着电子商务魅力的日渐显露，企业的商品生产从以前的小品种大批量变为多品种小批量；消费者对商品的需求从大众化变为个性化；商品的表现形式从单一的实物形式变为兼有实物和文化信息的形式；企业的营销手段从单纯商业方面增加了高技术手段；企业的竞争范围从区域扩大到全球。虚拟企业、虚拟银行、网络营销、网上购物、网上支付、网络广告、社交经济、轻型企业、垂直电商等新词汇层出不穷，也从另一个侧面反映了电子商务正从多方面对社会和经济产生影响。

一、电子商务将改变商务活动的方式

在电子商务环境下，传统商务中的买卖、贸易磋商、售后服务等都发生了方式上的根本性改变。传统商务活动中最典型的情景就是"推销员满天飞"，"采购员遍地跑"，"说破了嘴、跑断了腿"，企业用尽各种手段找经销商推销产品；而消费者在各大小商场中筋疲力尽地寻找自己所需要的物美价廉的商品。现在，消费者能够足不出户，就可货比三家，同时还能够以一种轻松自由的自我服务的方式来完成交易。电子商务缩短了厂商与客户的距离，企业可以跳过传统的经销商而与客户直接联系，客户的需求直接转换为企业生产的指令。而客户通过互联网浏览、采购各类产品的同时，还能得到在线服务，并利用网络进行货款结算服务。这种从厂家到消费者的市场模式，是一种间接经济到直接经济的变革，是工业经济向信息经济的一种转变。

二、电子商务将改变人们的消费方式

电子商务的推动下，由于市场结构的变化，导致商业活动也发生了改变。原来在传统商场开展的商业活动变成了通过网络进行。网上购物的最大特征是消费者的主导性，购物意愿掌握在消费者手中。消费者的消费行为和消费需求的变化表现如下：第一，网络购物拓展了选择范围，消费者可以通过网络搜索供应商并进行反复比较，找到理想的供应商；第二，消费者的消费行为将变得更加理智，对商品的价格可以精心比较，不再因为不了解行情而上当受骗；第三，消费者可直接参与生产和商业流通，向商家和生产厂家主动表达自己对某种产品的欲望，定制化生产将变得越来越普遍。

三、电子商务将改变企业的生产方式

电子商务对企业生产方式的影响，可概括为以下三个方面：第一，企业生产过程的现代化。电子商务为商务活动建立了一个完整的管理信息系统。在企业生产过程中，可在管理信息系统的基础上采用计算机辅助设计与制造，建立计算机集成制造系统；可在开发决策支持系统的基础上，通过人机对话实施计划与控制，从物流资源规划发展到制造资源规划和企业资源规划。这些技术把信息技术和生产技术紧密地融为一体，使传统的生产方式更新换代，对企业文化更新也有着深远的影响。第二，改善库存情况。在企业的各种成本中，库存成本占据着不容忽视的比例。这其中包括仓库场地占用费、建造费、维护费、仓库管理人员的开支和库存商品损毁等。此外，库存占用了企业大量资金，也增加了企业的成本。实施电子商务后，各个生产阶段可以通过网络相互联系，以信息代替库存，将供应链作为仓库，实现物流的敏捷配送，提高了库存周转率，降低库存总量，从而把库存成本降到最低限度。第三，数字化定制生产。进入电子商务时代，消费需求向多样化和个性化发展，市场细分的彻底化使企业必须针对每位顾客的需求进行一对一的"微营销"。生产厂商通过构建数据库记录客户需求，掌握最新需求动向，进行数字化定制生产，既突出产品的设计风格，又增加顾客满意度。

四、电子商务将对传统行业带来一场革命

以往的市场模式当中，企业与消费者之间存在着大量的中介环节，电子商务的出现从根本上减少了传统商务活动中的中间环节，缩短了企业与用户需求之间的距离，极大地提高了商务活动的效率。传统的制造业藉此进入小批量、多品种的时代，"零库存"成为可能；传统的零售业和批发业开创了"无店铺"，"网上营销"的新模式；各种线上服务为传统服务业提供了全新的服务方式。

五、电子商务将带来一个全新的金融业

由于在线电子支付是电子商务的关键环节，也是电子商务得以顺利发展的基础条件，随着电子商务在电子交易环节上的突破，网上银行、银行卡支付网络、银行电子支付系统以及网上结账服务、电子支票、电子现金等服务，将传统的金融业带入一个全新的领域。

六、电子商务将转变政府的行为

政府承担着大量的社会、经济、文化的管理和服务功能，尤其作为"看得见的手"，在调节市场经济运行，防止市场失灵带来的不足方面有着很大的作用。在电子商务时代，企业应用电子商务进行生产经营，银行实施金融电子化，消费者趋于网上消费，政府管理也要应对新的要求。电子政府（或称网上政府）将随着电子商务发展而成为一个重要的社会角色。

七、电子商务将改变企业的竞争形象

电子商务为企业提供了一个全面展示自己产品和服务的虚拟空间，企业通过制造良好的网络广告方案，提高自身的知名度和商业信誉，达到提高企业的竞争形象目的。企

业也可以利用网络营销优势，与顾客进行充分的、高效的交流。客户的需求经过提炼和加工后反馈到企业，将直接转化为生产指令，这样做不仅可以大大加强企业与顾客的联系，满足顾客个性化需求，而且还可以省去许多中间环节，使企业大幅度降低管理成本、组织成本以及生产成本。总之，信息技术与管理相结合发展的本质是实现高效率、自动化的流程管理，以信息流动代替物质和能量的流动，透过技术的实现，帮助人们实现业务流程的优化，降低内耗，提高经营效率。

除了上述这些影响外，电子商务正在从企业的竞争和运作模式、政府和社会组织的运作模式、教育及娱乐方式等各方面影响着人们的生活与工作。电子商务可以帮助企业优化企业运作，增加客户信任度，接触新的客户，以更快的方式将产品和服务推向市场；它还可以帮助政府更好地为市民服务，并因此提高公众对政府的满意度；它更新着人类的消费观念和生活方式，将人类真正带入信息社会。总而言之，作为一种商务活动过程，电子商务对社会经济的影响会远远超过商务的本身，它将带来一场史无前例的革命。

1.3.2.2　电子商务给企业带来的直接效益

企业作为人们为社会提供产品和服务的组织形式，是商品生产、建设和流通的直接承担者，因此对电子商务的效益分析也应从企业开始。电子商务给企业带来的效益主要是指通过电子商务活动而得到的可以进行定量分析的货币价值。从测量方法来讲，可以通过比较企业在应用电子商务前后的各个方面指标，统计数据得出相关结论。

一、管理成本的降低

电子商务通过电子手段、电子货币大幅降低了传统书面形式的费用，节约了单位贸易成本。有统计显示，使用电子商务方式处理单证可以有效节约管理成本，费用只是原来书面形式的1/10。

二、降低采购价格

对于企业而言，物资或劳务的采购是一个复杂的多阶段过程。首先，购买者要寻找相应的产品供应商，调查他们的产品在数量、质量、价格方面是否满足要求。在选定了一个供应商后，企业需要把详细计划和需求信息传送给供应商，以便供应商能够准确地按照客户要求的性能指标进行生产。当产品生产出来后，如果达到顾客要求，则由供应商向顾客发货，并进行相关的财务工作。采购过程的费用相当复杂和庞大，利用电子商务进行采购，可以在增加沟通机会的同时降低大量的劳动力和物流成本。

三、减少库存和产品的积压

大量的库存意味着企业流动资金的占用和仓储面积的增加，也意味着运转费用的增加和效益的降低。通过电子商务可以减少商品库存的时间、降低商品积压程度，进而有机会实现"零库存"。

四、缩短生产周期

生产周期是制造产品所需的总时间。制造任何一种产品都与某些固定的开销相联系，这些固定开销不随产量的变化而变化，但与时间有关。固定开销包括设备折旧费、大部分公用设施和建筑物费用以及大部分管理和监督费用。电子商务活动可以使生产周期缩短,可以花费同等的或较低的费用生产更多的产品。目前,电子商务活动通过计算机辅助制造(CAM)系统可以缩短产品的设计时间;通过电子数据交换系统与大供应商交流生产与计划需求,可以改善供应链的各个环节之间的信息交流。

五、更有效的客户关系管理

许多公司正在开始使用互联网进行客户服务:公司在网上介绍产品、为客户提供技术支持、提供订单查询和处理信息等。这样做可以解放公司的客户服务人员,把他们从烦琐的日常事务处理中解放出来,把更多的精力放在复杂问题的处理上,调整与客户的关系,从而提高客户服务质量。

章节要点小结(请同学们在本章节中查找知识要点的对应页码,以便复习)

知识要点	章节页码
1. 电子商务概念的广义和狭义之分	
2. 电子商务概念的通俗说法	
3. 电子商务的优点	
4. 电子商务的功能	
5. 电子商务为企业和社会带来的效益	

延展学习活动: 请同学们帮助小能在阅读上述材料后,就电子商务发展的不同阶段,找出一些同期出名的电子商务企业,关注其发展历程,总结它们在当时带来了什么社会效益和变革的新思路。如果企业后来失败了,列举失败的原因。

第 2 章
电子商务概况

2.1 电子商务的基本组成要素

这边厢，观音给小能布置作业。那边厢，八戒诚心请教：菩萨，您说的电子商务前景的确非常吸引人，它是怎么构成的？

观音：它跟天庭一样，有个组织架构。我给你仔细说说其中的基本组成要素。

电子商务的基本组成要素如下图所示，包括了计算机网络、用户、物流配送、认证中心、网上支付中心、商家等。电子商务的基本组成要素如图 2-1 所示。

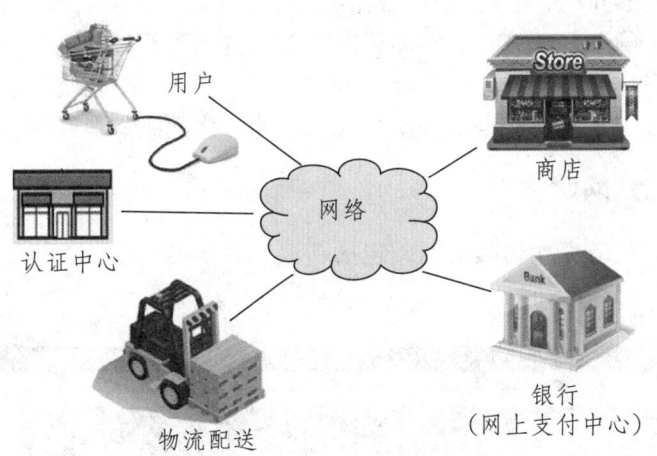

图 2-1 电子商务的基本组成要素

■计算机网络

计算机网络包括互联网（Internet）、内联网（Intranet）、外联网（Extranet）。互联网是电子商务的技术基础，是商务、业务信息传送的载体；内联网是企业内部商务活动的场所；外联网是企业与企业之间以及企业与个人用户之间进行商务活动的纽带。

■用户

电子商务用户可分为个人用户和企业用户两种。个人用户使用计算机、电视机顶盒、手机、个人数字助理等接入互联网后进行信息获取、比价、购买商品等电子商务活动。

企业用户建立企业内联网、外联网和企业管理信息系统，对人、财、物、供、销、存等进行科学管理。

■认证中心（CA）

认证中心是法律承认的权威机构，负责发放和管理电子证书，使网上交易的各方能相互确认身份。电子证书是一个包含证书持有人、个人信息、公开密匙、证书序号、有效期、发证单位电子签名等内容的数字文件。

■物流配送

物流配送是指物流企业接受商家的送货要求，组织运送买家下单购买的商品，跟踪商品的流向，将商品送到客户的手中。

■网上支付中心

网上支付中心是指在互联网上实现资金流转业务的机构。网上支付中心与银行、信用卡公司合作，发放电子钱包，提供网上支付手段，为电子商务交易中的用户和商家提供24小时实时服务，节省交易开销。

2.2　电子商务的分类和商业模式

2.2.1　互联网各类网站简介

听罢观音菩萨的介绍，小能这边也抛出自己的问题：菩萨，我戒掉网游后，经常上一些网站查资料、聊天、学习，其实那些网站怎么盈利呢？

观音：问得好！网站盈利方式与互联网的商业模式有关。了解互联网商业模式有助于你们企业搭建基于互联网的组织构架模式。小能，你熟悉的是哪些网站？

2.2.1.1　门户网站

小能挠挠头：我最喜欢访问的网站包括新浪、凤凰网……

图2-2　门户网站

观音：新浪、凤凰网是同一类商业模式——门户网站。互联网创建之初，以新闻报道为主的门户网站是互联网最有影响力的商业模式，Yahoo、新浪、网易当年是互联网炙手广受追捧的新贵。"门户网站"一词源于英文中的 Portal，又称 Web Portal、Portal Site，原意是"入口"或"正门"，从名字就可以看出门户网站当年的辉煌。在 20 世纪 90 年代，互联网网站的类型还很少，以新闻报道为主的门户网站成为网上浏览者的主要出发地点，人们经由这道门进入网络世界，所以门户网站也可以看作是上网的"启动港"。

小能：门户网站如何盈利呢？

观音：传统门户网站的最大盈利方式是页面广告，另外，参与广告联盟、用新闻内容匹配广告，也是目前新闻门户网站的重要盈利方式。

小能：像电视台一样，播放节目不收钱，但是要收广告的费用吗？

观音：是的，不过随着移动互联网的兴起，门户网站原有盈利模式已经面临挑战，它们不得不快速地拓展各种新的业务类型来吸引和留住互联网用户，以至于目前门户网站的业务包罗万象，已成为网络世界的"百货商场"或"网络超市"。

小能：听说搜狐把网络视频业务的发展作为核心战略？

观音：是的。就现在的情况来看，新闻、搜索引擎、网络接入、电子公告牌（BBS）、免费邮箱、影音资讯、电子商务、网络社区、网络游戏、免费网页空间等都是门户网站常见的业务类型。

小能：刚才门户网站盈利模式里面提到的广告联盟是什么机构？

观音：团结不同类型的中小网站，联合发布广告，共同获得报酬的联盟就是网络广告联盟。广告联盟营销包括三个要素：广告主、联盟会员和广告联盟营销平台。广告主按照网络广告的实际效果（如销售额、引导数等）向联盟会员支付合理的广告费用，节约营销开支，提高营销质量。广告联盟营销平台为联盟会员提供广告主的商品销售、会员注册等效果广告以及值得信赖的第三方用户访问跟踪、实时报告系统、佣金结算、营销等方面的服务，此外还提供网络营销的咨询、策划、创意、广告投放效果监测等广泛的增值服务。

2.2.1.2 电子商务网站

小能继续发问：我和同学们都喜欢去淘宝、京东或者天猫购物，它们这些网站怎么赚钱呢？据我所知，部分网站免除小商铺的入场费，那怎么实现盈利？

观音：淘宝、京东等网站是最典型的电子商务网站，是网民求购物品的需求信息与支付系统、信用系统、物流系统相结合的产物。这种商业模式最早出现在 BBS（电子公告牌）中，人们有什么物品要出售，就在论坛中发一条信息，需求者看到后线下联系进行购买。到了 20 世纪 90 年代，物品出售的信息被专门聚合到一个网站上呈现。为了保证交易双方的利益，电子商务的信用问题被提到了议事日程。一些网站通过营业执照认证、身份证认证，交易后相互评价等方式实现了信用体系的建立。在信用问题解决后，交易资金支付的问题也急需解决，于是第三方支付功能出现了。用户可以通过银行网络接口把资金交给第三方支付平台保管，并在交易后支付给销售者。当前电子商务发展的瓶颈是物流问题，因此很多电子商务公司选择组建自己的物流公司进行货物运输。

图 2-3 电子商务网站实例

小能：我知道，第三方支付最出名的是支付宝。京东商城正在砸巨资自建物流，阿里巴巴牵头投资数千亿元建立菜鸟网络，打造一个开放的社会化物流大平台。但是我只看见它们烧钱，不知道它们怎么赚钱。

观音：这些电子网站类似现实生活的批发市场或大商场，你回想一下，现实生活中这些地方如何赚钱？

小能：首先要吸引人气，既要招商也要招客。然后在商场门口和其他显眼的地方给商家做广告，节假日出租小广场给商家搞促销活动。最后是要交通便利，方便商品流通。但是我还有一个疑问：现实生活中的商场收商家租金是主要的收入来源，但据我所知有些电子商务网站没有收取卖家这部分的费用啊。

观音：很好，小能，这说明你有思考了。其实电子商务活动与此类似，电子商务网站也需要聚集人气，商家多，人气就旺。不同的是现实生活中的商场主要的收入来源是商家租金，而电子商务网站则采取不收或少收商家租金，并且提供基础性免费服务来集聚人气的模式。它们主要通过为商家提供更深层次的、个性化的需求数据、资源和服务赚钱。

小能：能赚钱的数据？菩萨您能够举个例子吗？

观音：比如电子商务网站收集庞大的消费者数据，进行研究，找出消费者购买行为和消费行为的动态变化趋势，让商家可以进行针对性和差异化的营销。还有一些店铺网上开店不用交租金，但是请人做针对性的网店页面设计是要付费的。另外，有些电子商务网站基于这些资源，进一步提供技术或者营销方面的支持，就是俗称的电商小二帮助商家创业，这些也是要收费的。

小能：明白，还有其他像网站显著位置的商品展示、品牌展示和通信工具的植入广告，这也是网站重要的收入吧。

观音：对，其实关键词的搜索也是很重要的收益来源。有些商家付费购买关键词，用于提高搜索结果中的排名，增加店铺的流量。

2.2.1.3 搜索引擎

小能：菩萨，说到关键词的搜索，我们更常用 Google 或者百度进行搜索。Google 的母公司 Alphabet 在全球公司市值排名中稳居前列，这说明搜索引擎非常赚钱吧。

观音：没错，搜索引擎已成为互联网新霸主和网站访问入口，人们已经习惯通过搜索引擎寻找答案，因此如何在搜索引擎的搜索结果中提高自己的排名成为很多网站迫切的需求。正是这种需求成就了搜索引擎的主要商业盈利模式。

观音打开了一个搜索引擎的画面（见图 2-4），问道：小能，你看看搜索引擎如何盈利？

图 2-4 搜索引擎网站实例

小能仔细看了看，回答道：搜索结果显示页面的右侧有不少的信息。

观音：不错，按关键词进行排序的右侧广告是搜索引擎公司重要盈利模式。传统的门户网站因为广告位数量有限，门户网站的广告数量明显受到了限制，只能在首页、二级页面或新闻页面做广告。而搜索引擎的广告位几乎是无穷的，因为上亿的使用者每天会用数不尽的关键词搜索网页，每个关键词产生的网页都可以成为广告位。例如电子商务网站、电子商务培训学校可以选择在搜索关键字为"电子商务"的搜索结果右侧显示自己的推广信息；手机服务提供商可以选择在搜索关键字为"智能手机"的搜索结果右侧显示自己的推广信息。

小能：我看见第一条搜索的结果好像也是推广信息。

观音：是的，这是竞价排名。竞价排名就是在搜索引擎搜索结果里，对应于用户输入的关键字，哪个商家出钱多，哪家网页就展示在搜索的最前面，这样一来，排前列的网站就有机会获取更多的关注度和流量。例如在"汽车"这个关键词产生的搜索页面中，A 汽车公司愿意就这个关键字搜索的每次官网链接支付 1 元钱，而 B 汽车公司愿意每次单击出 1.01 元，那么当用户搜索"汽车"时，他会看到 B 汽车公司的网页地址链接排名比 A 汽车公司的要靠前。但是竞价排名后来受到用户很大的质疑，认为这种方式违反公平原则，那些真正流量大知名度高的网站会排在出钱多的小网站后面，更为严重的是假冒伪劣网站会通过购买的方式排在真正网站的前面。所以现在搜索引擎对于竞价排名的规则也作了一些修改。

小能：那维基百科里面好像没有广告啊，它怎么盈利？

观音：维基百科（Wiki）这一类互联网的百科全书被认为是人类创造的知识网格系统。它是一个平等、共享、自由的互联网百科全书协作式写作计划，任何人可以在 Web 的基础上对 Wiki 任意文本进行浏览、创建、更改。维基百科的协作者自然地构成了一个社群，Wiki 系统为这个社群提供简单的交流工具。从根本上说，它是利用人的自豪感和历史责任感吸引用户无偿贡献自己的知识成果。维基百科由维基媒体基金会负责运营，它是非盈利慈善机构，靠公众的捐助来维持运营。百度百科与维基百科的运营模式不尽相同，百度百科会融入商业软文，例如企业百科、明星百科、地产百科等。

小能：我明白了。互联网的百科全书网站 Wiki 不一定直接获利，但是网站浏览的人多了，网站黏度自然也高了。

2.2.1.4 社交网络——博客、微博、微信

观音：小能，你现在经常用什么方式跟朋友联络？

小能听到观音菩萨这个问题，可来了精神：菩萨，我最喜欢用互联网通信工具跟朋友聊天了，像 QQ、微信这些我都有。我也有自己的博客跟微博，经常有朋友过来踩踩，对我发表的东西说出自己的看法。自从我戒掉网游，我觉得这个最过瘾。

翠兰着急了，怕小能又犯毛病：这孩子，我说怎么还老蹲在电脑旁，不出去和别人交际，又迷上什么不好的东西了？

观音菩萨制止了翠兰的数落，说道：小能，你所说的这些应用都是社交网络的一部分。知道什么是社交网络吗？

小能挠挠头，碰到概念性的东西，他只能求助于网络了。

社交网络服务（Social Networking Service，简称 SNS）主要作用是为一群拥有相同兴趣与活动的人创建在线社区。它们基于互联网，为用户提供各种联系、交流的交互通路，如电子邮件、实时消息服务等。此类网站通常通过朋友，一传十、十传百地把网络信息展延出去，极其类似树叶的脉络，华文地区一般称之为"社交网站"。QQ、微信、微博等都属于社交网络服务。

观音笑道：不错，你懂得马上求助搜索引擎了。网络社交是当今一个热点，它的起点是电子邮件，最大好处是降低了点对点（朋友与朋友）之间的社交成本。BBS 更进了一步，降低了点对面交流的成本，实现了向所有人发布信息并讨论话题的功能，扩展了受众人群。微博像是即时通信（IM）和博客（Blog）两个社交工具的升级版，即时通信提高了即时效果（传输速度）和同时交流能力（并行处理）；博客和微博则体现了社会学和心理学的理论——信息发布节点开始体现越来越强的个体意识，因为在时间维度上的分散信息开始逐渐被聚合，进而成为信息发布节点的"形象"和"性格"。这些都是丰富网络社交的工具。

小能听到这些高深的理论不由咋舌：菩萨，上网聊个天都和社会学和心理学扯上关系？

观音：小能，你也说过电子商务是一个颠覆性的行业，那么，它涉及的学科自然也是多维度的。例如社交网络跟电子商务挂上钩，这情况你有留意不？

小能：这个，难道是指我向朋友推销商品？

翠兰接过话来：小能，经验不足了吧。我虽然不知道什么是网络，但我在现实服装销售过程中总能和顾客做成朋友，平时互相分享一下购物心得，家长里短，八卦新闻什么的，关系越来越融洽，如果有新衣服到货，聊天的时候告诉她们一声，她们总会过来捧捧场，这可以说得上是一种情感营销。

观音：没错。社交电子商务可以把现实生活中的情感营销嫁接到网络，借助社交媒介、网络媒介的传播途径，通过社交互动、用户自生内容等手段来辅助商品的购买和销售行为。这些社交媒介一般可以分为两种：一种专注于商品信息，主要通过用户在社交平台上分享个人购物体验，从而在社交圈推荐商品的应用。另一种新模式是通过社交平台直接介入了商品的销售过程，它让终端用户介入到商品销售过程当中，通过社交媒介来销售商品。

小能：菩萨，我大概明白您说的社交网络所存在的商机了。

2.2.1.5　分类网站

小能打开了 58 同城的网站（见图 2-5），继续说道：除了刚才提到的那些网站，其实我还喜欢到 58 同城、赶集网看有没有便宜货买。

八戒也凑过来看该网站的界面，惊奇地说道：这不就是平时报纸期刊的分类广告嘛！

观音：是的，这是分类网站。报刊上的分类信息广告查找起来总是不太方便。随着分类信息数量的增加，查找难度也在增加。而且报纸看完一扔，信息就很难找回。另外，从费用上考虑，传统媒体的广告价格较高，短时间内推广效果并不理想，长时间刊登的话，财力资源耗费又太多。分类信息网站很好地弥补了传统分类广告的不足。分类网站不仅信息量大，而且信息随时在线，永不丢失，更重要的是，利用分类搜索，可以保证用户无论何时何地都能非常方便快捷地查询。

八戒听了观音的话，很有感触：看来网络的确提升了人类的生活。分类网站聚合了海量个人信息和商家信息，大到买车买房，小到生活物品交换，用户都有了更多的选择和更便利的途径来满足自己在精神、物质等方面上的各种需求。

观音：是的，八戒，你很有商业头脑，马上看到问题所在。靠着出色的定向投放能

图2-5 分类网站实例

力与受众区分能力,以及个人信息自主发布、分类明确、方便查找、更新迅速等特性,分类信息网站开始与传统媒介分庭抗礼。

小能听着菩萨的介绍,又提出问题:菩萨,分类网站如何盈利?

观音:一般在分类信息网站发布信息是免费的,但是如果希望自己的信息能够出现在突出的位置,让更多人看到,那就需要支付一定的费用。这是信息网站重要的商业模式。

2.2.1.6 换客、掘客和威客

观音继续说道:小能,你知道吗?除了博客,互联网上还有换客、掘客和威客。

小能:我知道,换客其实是指物物交换。换客通过网络关系建立强大的人脉和物资资源网,互联网用户A不需要的东西可能恰恰是用户B所需要的,同时用户B拥有的东西也是A所需要的,这时他们就可以通过换客网站达成交易(换客模拟过程如图2-6所示)。换客网站好像不需要支付费用?

图2-6 换客

观音:是的,不需要。换客就是利用物物交易,打破时间和空间的限制,实现不同需求者之间商品或服务的自由交换。

小能：那掘客是要发掘什么宝藏？

观音：掘客网站本质上是一个新闻网站（掘客网站实例如图 2-7 所示）。掘客类网站结合了书签、博客、RSS 以及无等级评论控制，让用户来判断该文章是否有用。收藏文章的用户数越多，说明文章越有看点。也就是说，如果读者认为这篇文章不错，就 Digg 一下，Digg 数达到一定程度，文章就会出现在首页或者其他页面上。

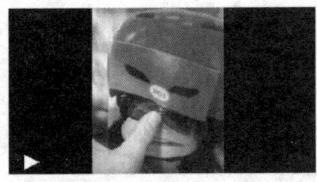

图 2-7　掘客网站实例——DIGG 网站

小能：哦，这样我们就很容易知道时下热点了！

观音：是的。不过随着掘客网站的发展，时间因素也被加入到排序因素当中，新近发布的文章排序比较靠前。

小能：这种网站如何跟商业挂钩？

观音：现在这种由用户推荐数决定排序方式的模式不是主流，不过以后商业网站可以用这种模式，将好评或者用户的商品交给消费者评判，认为好的 Digg 一下，Digg 数达到一定程度，这些商品就放在首页，那么人们的购买决策就更有依据了。

小能：这创意真棒！

观音：小能，看得多、想得多，创意自然就有了。你继续看看威客网站，跟你爸还有点渊源呢！

猪小能疑惑地打开搜索界面，查看威客的含义。

> 　　威客的英文 Witkey 是由 wit（智慧）、key（钥匙）两个单词组成，也是 The Key of Wisdom 的缩写，是指那些通过互联网把自己的智慧、知识、能力、经验转换成实际收益的人，他们在互联网上通过解决科学、技术、工作、生活、学习中的问题从而让知识、智慧、经验、技能体现经济价值。（资料来源：百度百科）
> 　　威客的运营模式主要由三种：悬赏模式、招标模式和威客地图。
> 　　1. 现金悬赏任务模式
> 　　现金悬赏任务模式源于 2003 年 Google Answer，2004 年 k68 将现金悬赏发展

为"全额付款,永不退款,网站扣20%""金牌会员扣10%"的制度。这一制度后来被许多中国威客模式网站所采纳。

流程为:任务发布者发布任务→全额预付现金给威客网站→众多威客参与任务→任务奖金支付给作品最好的一名威客。

现金悬赏任务模式易于操作和理解,但它的应用范围有一定的限制。它主要适用于:

(1)生活相关领域,如百度知道、新浪爱问等用虚拟现金(积分)进行悬赏。

(2)简单的在线工作,如取名、撰写文章、金额较低的图像设计、程序设计等。

(3)威客营销,如万元悬赏征集广告语、好点子、产品使用建议等。

2. 招标任务模式

这种模式是将企业的设计任务通过互联网发包给高水平的设计师。2005年科技转移领域开始应用这种模式。

流程为:任务发布者发布任务→支付少量定金或不支付定金→任务发布者选择合适威客开始工作→根据工作进度由任务发布者或威客网站向威客支付酬劳。

它适合的领域包括:

(1)金额较大,难度较高的在线工作任务,如高水平翻译、网站建设、企业策划、法律问题、软件开发等。

(2)科学技术领域,如化工、建筑、工程、电力、能源等。

3. 威客地图模式

威客地图借用了知识管理当中知识地图的概念,通过互联网将人的地理位置、专业特长或兴趣、联系方式、威客空间这四个最重要的属性聚合在一起从而形成关于人的搜索引擎。在威客空间中,威客把自己的知识、智慧、经验、技能形成作品出售,威客网站可以通过威客地图的衍生产品进行盈利,如知识交易、右侧广告、竞价排名、威客推荐、联系方式信息费等。(资料来源:百度百科)

八戒父子看着威客的介绍,突然发现新大陆:咦,原来有个猪八戒网(图2-8)。它是威客网站的典型代表,怪不得菩萨说威客网和我们有渊源。菩萨,我们可以上猪八戒网招标,建设我们企业的电子商务网站。这个功能目前对我们而言非常实用。

图2-8 威客网站实例——猪八戒网

观音：是的。威客网站可以解决搜索引擎无法创造性给出答案的问题，它体现的不仅仅是货币价值，也包括自豪感、成就感等无形价值，通过价值激励能让人类有价值的隐性知识表现出来；威客模式打破了地域、时间、工作方式的限制，体现了一种灵活的就业方式。它给世界各地同一平台上的劳动者提供了公平竞争的互联网环境，也带来更多自由工作时间、创意和想法；这种模式提高了用户使用互联网的积极性，也促进互联网知识产权的保护。

最后，给八戒一家上了一整天的电子商务课的观音给小能布置任务：小能，你们企业现在迫切需要了解的是电子商务网站这个类型的运营和盈利模式。我再给你一份资料，你好好研究，看看这些电子商务网站怎么盈利，各有什么优点和不足。这对你们企业从事电子商务活动有很大的裨益。

小能：得令！谢谢菩萨！

2.3 扩展资料：电子商务的商业模式

电子商务涵盖的范围很广，可以按不同准则进行分类，通常：

◆按照商业活动的运行方式划分，可分为完全电子商务和非完全电子商务。

◆按照商务活动的内容差别划分，可分为间接电子商务（有形货物的电子订货和付款，仍然需要利用传统渠道如邮政服务和商业快递车送货）和直接电子商务（无形货物和服务，如某些计算机软件、娱乐产品的联机订购、付款和交付，或者是全球规模的信息服务）。

◆按照开展电子交易的范围划分，可分为区域化电子商务、远程国内电子商务、全球电子商务。

◆按照使用网络的类型划分，可分为基于专门增值网络（EDI）的电子商务、基于互联网的电子商务、基于内联网的电子商务。

◆按照交易对象划分，可分为企业对企业的电子商务（B2B），企业对消费者的电子商务（B2C），企业对政府的电子商务（B2G），政府对公众的电子商务（G2C），消费者对消费者的电子商务（C2C）、企业、消费者、代理商三者相互转化的电子商务（ABC）等多种商业模式。

其中，按电子商务的交易对象进行分类是最常见做法。

2.3.1 B2B（Business to Business）

一、定义

B2B是企业间的电子商务商业模式，即企业与企业之间通过互联网进行产品、服务及信息的交换。通俗的说法是指进行电子商务交易的供需双方（都是商家、企业、公司）使用 Internet 的技术或各种商务网络平台，完成商务交易的过程。这些过程包括：发布供求信息，订货及确认订货，支付，票据的签发、传送和接收，确定配送方案并监控配送过程等。它将企业内部网通过 B2B 网站与客户紧密结合起来，通过网络的快速反应，为客户提供更好的服务，从而促进企业的业务发展。

B2B 电子商务模式是电子商务应用中的重头戏。借助 B2B 电子商务模式，处于生产领域的商品生产企业可以广泛寻找合适的生产原材料，提高产品质量，降低生产成本；可以根据买方的需求和数量进行生产，减少库存以及实现个性化的生产；可以广泛寻求产品的销售渠道，为产品打开销路。处于流通领域的商贸企业可以更及时、更准确地获取消费者的需求信息，从而准确订货，减少库存，并通过网络促进销售，提高效率、降低成本，获取更大的利益。不论是生产企业还是商贸企业均能通过 B2B 模式广泛发布企业及产品的信息，扩大影响，推广品牌。

二、B2B 的参与主体

在 B2B 电子商务运行模式中，参与主体主要包括认证机构、采购商、供应商、B2B 服务平台、物流配送中心和网上银行等（如图 2-9 所示）。

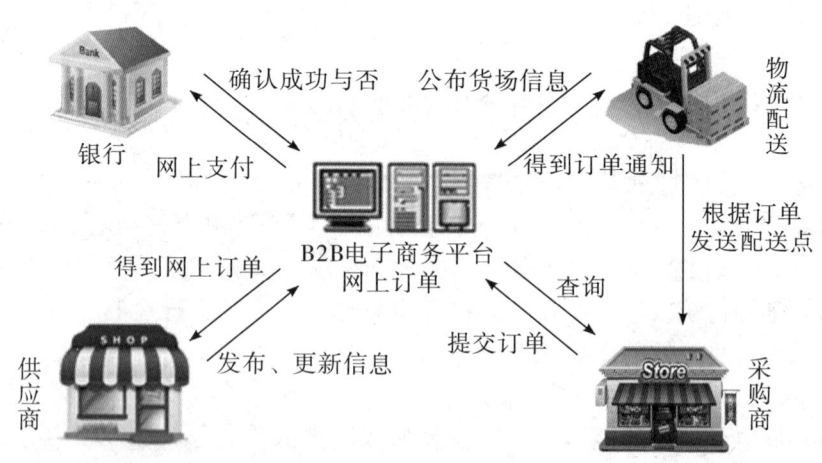

图 2-9 B2B 电子商务模式

其中，供应商的主要业务有产品目录制作和发布、产品数据维护、在线投标、在线洽谈、网上签约、订单处理和在线业务数据统计等。采购商的主要业务有在线招标、在线洽谈、网上签约、订单处理、支付货款、货物接收和在线业务数据统计等。B2B 服务平台的任务是进行信息发布、信息处理、网上支付、物流配送业务等各种商务流程的管理以及后台管理。后台管理的主要内容有注册会员管理、系统运营维护、供求产品管理、交易订单管理和企业信息发布等。

供应商和客户在网络上发布信息，寻找贸易机会，通过信息交流比较商品的价格和其他条件，详细了解对方的经营情况，选择交易对象。交易过程中涉及的签约、支付、交货、纳税等一系列操作都可以迅速完成，加快了货物和资金的流转速度。同时企业也利用 B2B 服务平台，寻找合作伙伴，结成供应链合作伙伴关系。

三、国内 B2B 常用商业模式

纵观当前国内 B2B 领域，B2B 电子商务的常用商业模式包括以下几种：

■ 在线商店模式

在线商店（Online Stores Model）模式是指企业在网上开设虚拟商店，以此网页宣传所经营的产品和服务，进而提供网上交易的便利。这是 B2B 电子商务模式中最基本的商业模式，目前为大多数企业所采用。在线电子商店主要有两种，一种是在行业垂直类 B2B 电子商务网站开店。垂直电商即针对一个行业做深、做透的电子商务网站，比如中国化工网、全球五金网等，此类网站在专业上具有权威性，精确性。而另一种则是在水平型的综合类 B2B 电子商务网站开店，综合类电商覆盖多个行业，在广度上下功夫，比如阿里巴巴、环球资源等网站就是其中的典型。

■ 内联网模式

内联网模式是指企业将内联网络有限度地对商业伙伴开放，允许已有的或潜在的商业伙伴有条件地通过国际互联网进入自己的内部网络，从而最大限度地实现商业信息传输和处理的自动化。

■ 中介模式

中介模式是指中介机构在网上将销售商或采购商汇集到一起，商业机构的采购代表通过中介机构的网址直接查询销售商及产品。专业性较强的网上中介机构通过向客户提供会员资格收取费用，也有部分中介机构收取销售商月租费或按单笔交易收费。

■ B2B 电子拍卖模式

B2B 电子拍卖模式是指企业或第三方拍卖机构利用互联网，以商业机构为市场对象组织的拍卖式经营活动。参与拍卖的企业大多是拍卖过剩或者不用的物资，而另外一些企业则将拍卖市场作为取得廉价物料供应的附属渠道。

■ 专业服务模式

专业服务模式是指网上机构通过标准化的网上服务为企业内部管理提供专业化的解决方案，帮助企业减少不必要的开支，降低运营成本，提高客户对企业的信任度和忠诚度。

■ 虚拟战略伙伴模式

虚拟战略伙伴模式也被称为虚拟公司模式（Virtual Corporation），是指若干名商业伙伴借助于以互联网为基础的 B2B 电子商务平台，组建虚拟公司的运作体系，利用网络优势，共同分摊成本、共享资源，以达到赢得群体优势、充分提高资源利用效率和创造新的商业机遇等目的。

■ 关联企业模式

关联企业模式是指企业在互联网上建立网站，专供相关联的企业交流信息，共享企业信息资源，让企业的运营更加方便快捷，同时降低运营成本，减少重复劳动。

据中国电子商务研究中心发布的《2015年度中国电子商务市场数据监测报告》显示，2015年中国B2B电子商务交易额达11.4万亿元，同比增长14%。B2B电子商务服务商的营收规模约为220亿元，同比下降13.7%。在B2B行业市场份额公布中，阿里巴巴继续排名首位，市场份额为42%，环球资源5%，慧聪网4.2%，上海钢联3.7%（见图2-10）。另外，B2B领域获得投融资企业数量超过100家。

中国电子商务研究中心预测，2016年国内B2B市场将呈现以下发展趋势：B2B成为中国电商新的"增长动力"；深度服务将成为未来B2B电商发展方向；企业级SaaS市场黄金投资期来临。

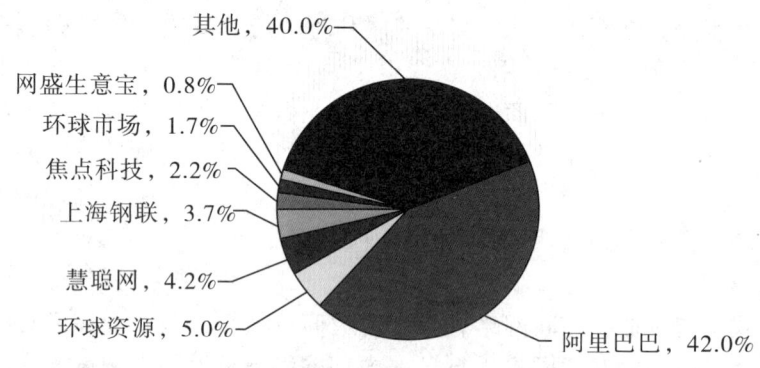

图2-10 2015年中国B2B服务商市场份额占比图

2.3.2 B2C (Business to Consumer)

一、定义

B2C，即商家对顾客的电子商务营销模式，也就是通常说的商业零售，是商家直面消费者销售产品和服务的营销模式。商家或者企业借助于互联网开展在线销售活动，通过互联网为消费者提供一个新型的购物环境——网上商店，消费者通过网络实现网上购物和在线支付。

二、B2C的商业类型

B2C的商业类型有综合商城、垂直商店、复合品牌店、服务型网店、导购引擎型和在线商品定制型等。其中，综合商城类似现实生活的大商城，网上的综合商城拥有庞大的购物群体，稳定的网站平台，完备的支付体系和诚信安全体系，而且不受时间、地域限制，产品种类丰富，广受网民关注。综合商城最突出的例子就是淘宝商城。垂直商店专注于特定人群或某种特定需求，提供更全面更专业的服务，比如极限户外网旗下的极限户外商城专注于户外用品行业。不少电商从做垂直类B2C网站起家，然后转型为平台综合类B2C，如京东。

目前B2C电子商务的付款方式是货到付款与网上支付相结合，而企业货物的配送，大多数选择物流外包方式以节约运营成本。随着用户消费习惯的改变以及优秀企业示范效应的促进，网上购物用户的数量正在迅速增长，这种商业的运营模式在我国已经基本成熟。B2C 电子商务的运营模式如图 2-11 所示。

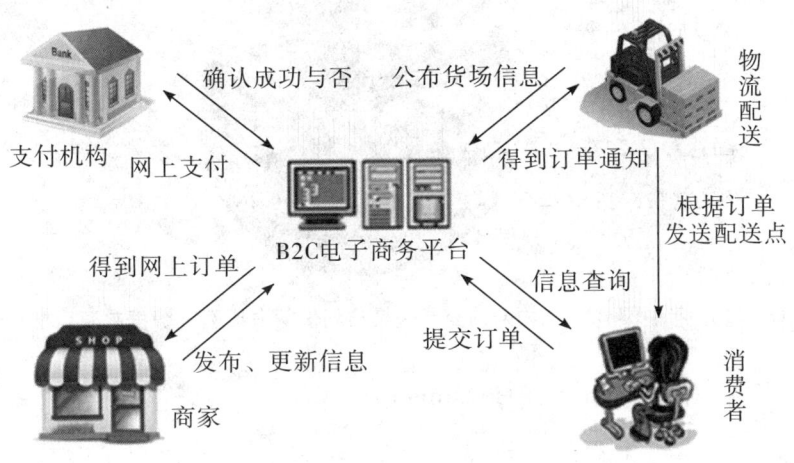

图 2-11　B2C 电子商务的运营模式

三、B2C 发展现状

据艾瑞咨询数据显示，2015 年中国网络购物市场交易规模达 3.8 万亿元，同比增长 36.2%。其中 B2C 交易规模在网上零售市场的比重达到 51.9%，较 2014 年的 45.2% 提高 6.7 个百分点，年度占比首次超过 C2C；从增速来看，B2C 市场的 56.6% 增速远超 C2C 市场的 19.5% 增速。

艾瑞分析认为，2015 年年中大促除了沿袭往年的促销活动以外，还通过加入品牌商品和海外进口商品提升了整体格调。易观智库研究认为，在网上零售行业整体格局稳定的背景下，电商已经脱离传统的"拼规模降成本"竞争模式，转变为"筑壁垒提技术降成本"的新阶段。例如唯品会在"特卖"模式上的深耕细作，帮助企业有效提升市场占有率；阿里巴巴推出大数据营销产品"达摩剑"，京东腾讯联推"品商"大数据营销服务。

据中国电子商务研究中心检测数据显示，截至 2015 年 12 月中国 B2C 网络零售市场（包括平台式与自主销售式，不含品牌电商）上，排名第一的依旧是天猫商城，京东占比有所增长。唯品会占据第三位。艾瑞数据显示，从增速来看，京东、苏宁易购、唯品会和国美在线的增速高于 B2C 行业 56.6% 的整体增速，几家企业规模总和超过三成。2015 年中国 B2C 购物网站交易规模市场份额占比如图 2-12 所示。

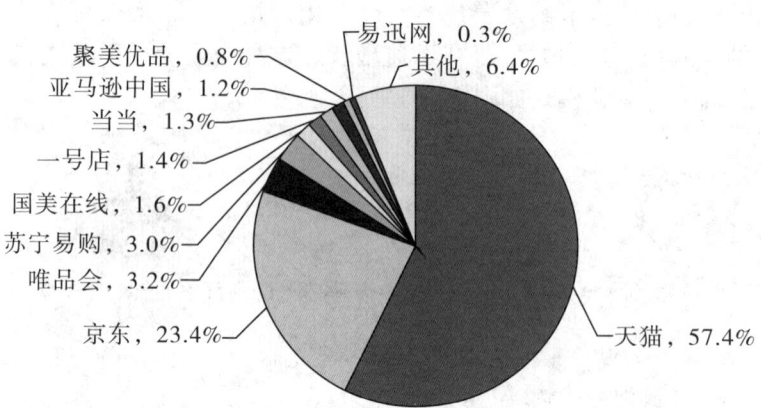

图 2－12　2015 年中国 B2C 购物网站交易规模市场份额占比图（数据来源：艾瑞调查）

2.3.3　C2C（Consumer to Consumer）

一、定义

C2C 是消费者（Consumer）与消费者之间的电子商务商业模式。C2C 商务平台为买卖双方（都是消费者）提供一个在线交易平台，让卖方可以主动提供商品上网拍卖，而买方可以自行选择商品进行竞价。C2C 电子商务的运营模式如图 2－13 所示。

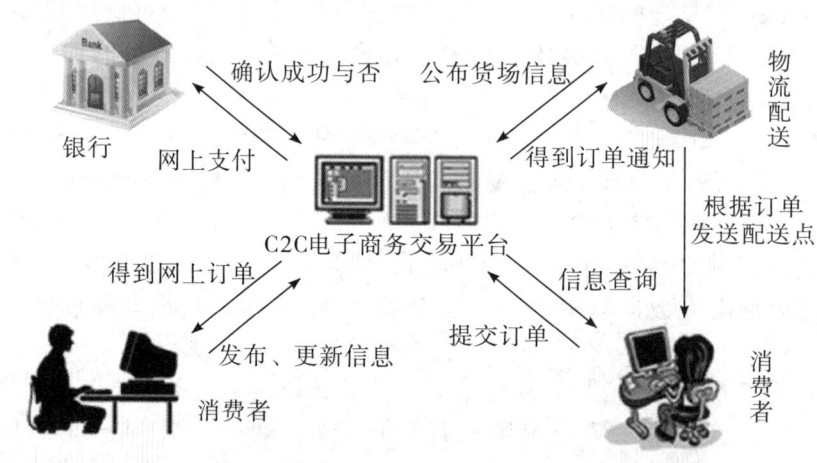

图 2－13　C2C 电子商务的运营模式

二、特点

C2C 的特点是大众化交易，是一种个人对个人的网上交易行为，这种行为在由 C2C 电子商务企业提供的 C2C 服务平台上得以实现。目前 C2C 电子商务企业采用的运作模式是通过为买卖双方搭建拍卖平台，按比例收取交易费用，或者提供平台方便个人在平台上开设网上商店，以会员制方式收取服务费用。C2C 电子商务企业在提供安全高效的网络交易平台的同时，创造了物流、支付、营销等产业链上大量的就业机会。

三、C2C 发展现状

据艾瑞调查数据显示，2015 年在 3.8 万亿元的零售市场销售总额当中，C2C 市场交易规模占比 48.1%，较 2014 年 54.8%，减少了 6.7%。随着网络零售市场的日益发展和用户对网购要求的日益提高，"人人开网店""鱼龙混杂"的时代已经过去，伴随着京东关闭拍拍网，淘宝加强监管力度，个人网店的优胜劣汰必将在不断规范的 C2C 市场中进行。

2.3.4　G2B（Government to Business）

G2B 是政府管理部门与企业之间通过网络进行交易活动的运作模式，比如电子通关、电子报税、网上采购等。G2B 比较典型的例子是网上采购，即政府机构在网上进行产品、服务的招标和采购，供货商直接从网上下载招标书，并以电子数据的形式发回投标书。在这种模式下，政府降低了投标费用，供货商可以得到更多的甚至是世界范围内的投标机会，规模较小的公司也能获得投标的机会。G2B 电子商务的运营模式如图 2-14 所示。

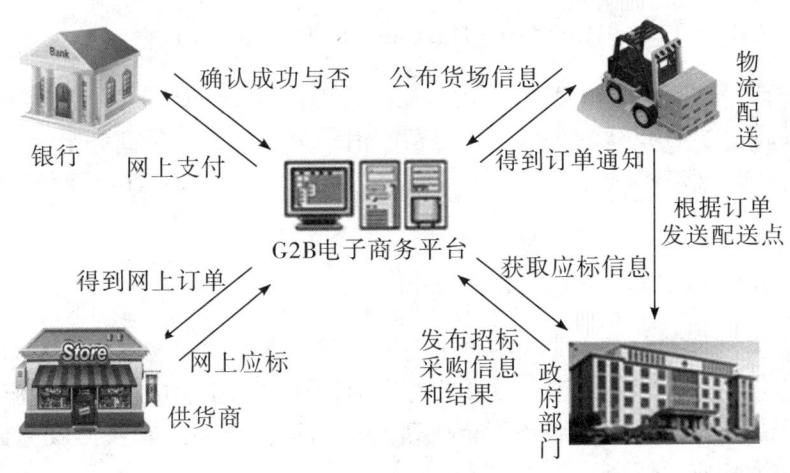

图 2-14　G2B 电子商务的运营模式

2.3.5　G2C（Government to Citizen）

G2C 即政府机构对公众的电子商务（电子政务）。政府通过各级政府网站，提供在线办事、便民公告、政策答疑、民意调查、福利费发放、个人缴税等一系列便民服务。G2C 电子商务的运营模式如图 2-15 所示。

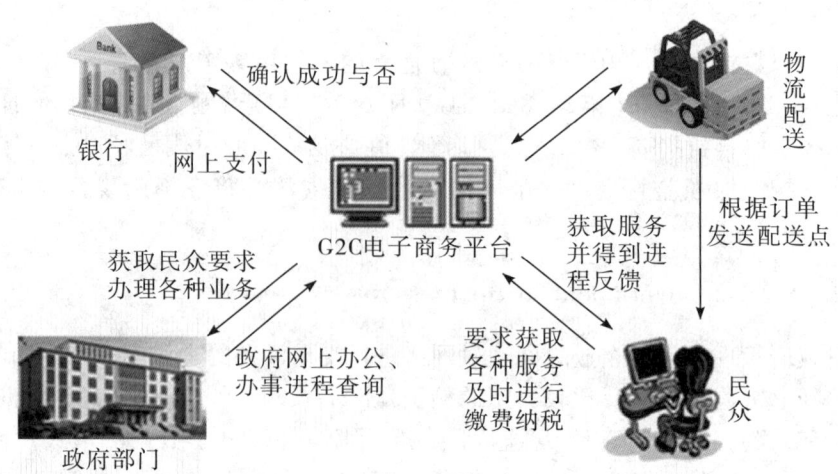

图 2-15　G2C 电子商务的运营模式

2.3.6　ABC 模式（Agents to Business to Consumer）

ABC 模式是一种新型电子商务模式，是由代理商（Agents）、商家（Business）和消费者（Consumer）共同搭建的集生产、经营、消费为一体的电子商务平台。被誉为继阿里巴巴 B2B 模式、京东商城、天猫 B2C 模式、淘宝 C2C 模式之后电子商务界的第四大模式。

2.3.7　B2M（Business to Manager）

B2M 是企业与职业经理人之间的电子商务模式。企业通过网络平台发布该企业的产品或者服务需求信息，职业经理人（M）通过网络获取该企业的产品或者服务信息后为该企业提供产品销售或者提供服务，企业藉此达到销售产品或者获得服务目的的同时，职业经理人获取相应的佣金。

2.3.8　O2O（Online to Offline）

O2O 将线下商务的机会与互联网相结合，让互联网成为线下交易的前台。这样线下服务可以在线上揽客，消费者也可以在线上筛选服务后直接在线结算。O2O 模式的本质，是使商品与消费者相互之间更容易碰面。它既要充分利用互联网的海量消息和无边界性，又要挖掘线下资源。场景化消费是它的重要特征，它为客户提供与所处场景密切相关的移动互联网服务。因此 O2O 不是简单的单向过程，而是互相融合渗透的过程。

传统企业一般通过两个方向进行 O2O 实践，一些行业例如服装、化妆等企业倾向将线下客户引入线上实现销售，线下门店成为线上平台的入口；以体验、娱乐、餐饮等服务业消费为主的传统企业倾向把线上客户引流到线下完成必须在线下实现的消费。O2O 的应用拓宽了电子商务特别是移动电子商务的发展方向，由规模化走向多元化。总之，O2O 能让互联网的技术释放传统企业中未被开发的潜力。O2O 电子商务的运营模式如图 2-16 所示。

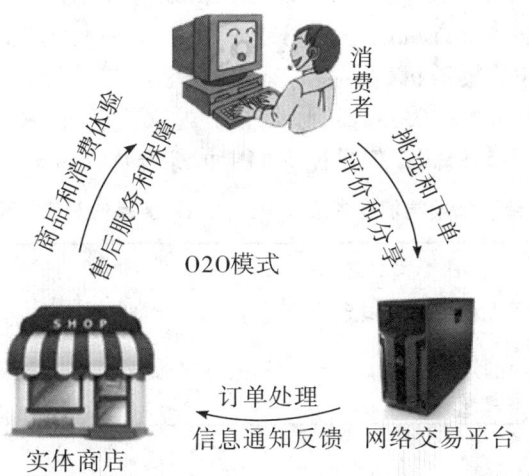

图 2-16　O2O 电子商务的运营模式

2.3.9　C2B（Consumer to Business）

C2B 即消费者对企业（Customer to Business）电子商务模式。这种模式最早流行于美国，通过聚合分散分布但数量庞大的用户形成一个强大的采购集团，以此来改变 B2C 模式中用户一对一出价的弱势地位，使之享受到以大批发商的价格买单件商品的利益。C2B 是一种完全以消费者意愿进行操作并完成的电子商务模式，它由买家发布商品、价格、大小、样式等构成要约成立的需求信息，召集众商家联合合作营销，按顾客的要求进行定做。（编者注：C2B 模式的操作过程如图 2-17 所示）

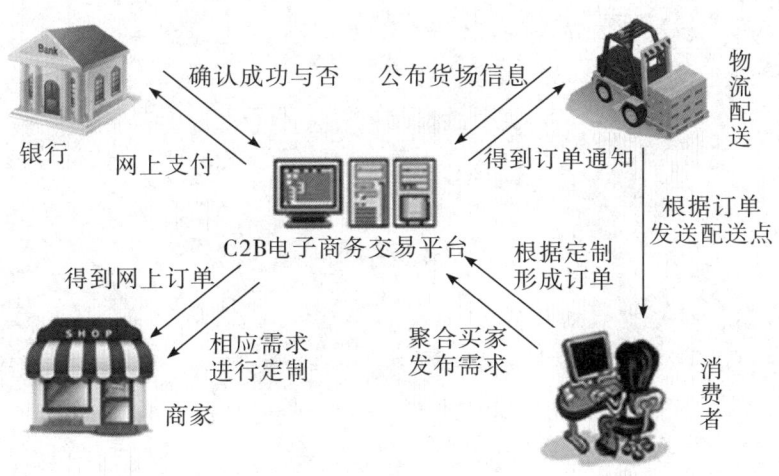

图 2-17　C2B 模式的操作过程

2.3.10　B2B2C（Business to Business to Customer）

B2B2C 是一种新的网络通信销售模式。第一个 B 指广义的卖方（即成品、半成品、材料提供商等），第二个 B 指交易平台，即提供卖方与买方的联系平台，同时提供优质的附加服务，C 即指买方。卖方可以是公司或个人，即一种逻辑上的买卖关系中的卖方。平台提供高附加值服务的渠道机构，拥有客户管理、信息反馈、数据库管理、决策支持等功能。买方同样是逻辑上的关系，可以是企业内部或者外部。B2B2C 模式包括了现存的 B2C 和 C2C 平台的商业模式，但是比它们更加综合化，可以提供更优质的服务。

章节要点小结（请同学们在本章节中查找知识要点的对应页码，以便复习）

知识要点	章节页码
1. 电子商务组成要素清单及各要素的概念	
2. 互联网的商业模式概念及实例	
3. 电子商务的商业模式概念及实例	

延展学习活动： 请同学们帮助猪小能看完上述材料，判断自己平常访问的电子商务网站属于何种类型，该类型的电子商务网站有何优缺点。

第 3 章 电子商务文化

话说八戒一家正和观音菩萨谈论电子商务的基础知识,一把久违的嗓音从门边传来:各位,不好意思,贫僧迟到了。

八戒一家抬眼望去,又惊又喜,躬身拜礼:师父!/师公!您来咯!

原来唐僧来到了高老庄。紧接着小能就去给唐僧捧上了热茶。

唐僧接过小能捧来的热茶,说道:这次与观音菩萨约定前来高老庄,就是为了了解这边的电子商务情况。其实,自从前些日子接到了观音菩萨的千里传讯,我就一直对如何构建天庭电子商务这个问题进行思考。现在凡间科技发展得很快,以前神仙的千里传讯,现在凡间也实现了,我们的确要反过来到凡间取经。想当年,我们师徒四人到西天取经,除了带回经书,更重要的是传播了文化。我们现在要取电子商务的真经,也该了解互联网和电子商务的文化。

3.1 网络文化

3.1.1 文化的概念

八戒很疑惑:师父,电子商务也要讲文化?

唐僧:是的。文化是一个很难精确定义的概念。笼统地说,文化是一种社会现象,是人们长期创造形成的产物,同时又是一种历史现象,是社会历史的积淀物。确切地说,文化是指一个国家或民族或一种特定人群的历史、地理、风土人情、传统习俗、生活方式、文学艺术、行为规范、思维方式、价值观念等。

八戒:文化的含义我大致了解,不过这跟互联网也有关系吗?

唐僧:有关系。当今世界处在一个大变革时代,随着互联网技术的不断发展,网络应用的丰富程度越来越高,人们越来越依赖互联网,信息获取方式、人际交流方式、娱乐和休闲方式、购物和金融理财方式、教育和工作方式等纷纷网络化了。网络带给人们生活的改变,使人们有了全新的生活体验和更高的生活质量。人们的生活方式得到改变,直接导致思维习惯、观念的改变,整个社会生态系统的都发生了变革,网络文化也就逐渐形成了。

3.1.2 互联网文化

观音赞许地点点头:三藏,你说说,互联网文化有什么特点?
唐僧:菩萨,我总结了以下几点。您听听是否妥当。

3.1.2.1 创新文化

互联网是这个时代的一大创新,它是一个创新的平台。网络打破了信息垄断,能够让人专注于研究前沿而不是重复别人做过的事。网络为人们提供了自我表现、接触信息的机会以及相互交流的便利,有利于开展合作和创新。网络血液中流动着的创新特质,让各种互联网的创新性技术和创新性应用不断出现。

3.1.2.2 草根文化

互联网的特点之一是打破了资讯的垄断,人们随时随地都可以在互联网这个海量的、开放的、实时的"图书馆"里面快速搜索自己想要的知识或信息,并分享自己的体验和想法。互联网信息的传播不再是先通过精英、专家,然后再传播给普通人的单向传播模式,而是以普通人为主体的交互的、多方向合力的传播模式。互联网中草根意识比较重,网民们会创造各种独特的互联网文字或文体或说话模式。

3.1.2.3 网络依赖文化

由于网络搜索引擎的智能化和傻瓜化,不少人染上了"搜索依赖症",只要一遇见问题,就通过网络搜索引擎输入关键字,搜索答案。不少人的记忆方式也在发生变化,他们把网络当作不花钱的管家或助手,还有一些人把衣食住行的出现的问题全通过网络解决。网络的确可以提高人们办事的效率,但是同时也减少了出门的机会,小部分人长时间待在家里,形成了依赖网络的"宅"文化。网络依赖文化场景如图 3-1 所示。

图 3-1 网络依赖文化场景

3.1.2.4 "速食阅读"文化

互联网提高了信息的传播速度,给信息的传播和交流提供了极大的便利。但是实时海量的资讯容易让人迷失。为了在丰富的资讯中突出自己，信息的传播更喜欢以图像、表格等形象化的形式，或以短小精悍的碎片化语言形式出现，形成了一种"速食阅读"文化。"速食阅读"文化和当今快节奏、高效率的生活非常匹配，人们习惯于利用碎片化的时间获取资讯和处理问题。人们的思维方式也从传统的线性思维逐渐转变为多线程的非线性网络思维。

3.1.2.5 小圈子文化

网络的特点是自由、平等、崇尚个性化。传统的权威专家不再是令人尊崇的角色，部分人通过贬低专家、驳倒专家来获得快感，所以嘲讽、质疑等成为常见的风格。互联网让用户可以寻求他们已经同意的观点或者消息，创造出在线信息隔离区，不同派别和圈子的观点很少混杂。这种鄙视传统的权威专家，但是又迷信小群体或某些网络名人的思维被称为小圈子文化。

3.1.3 互联网文化的影响

小能听了唐僧的叙述，不由点头附和：互联网的确有自己独有文化。不过这些文化与电子商务有什么关联呢？

观音：电子商务可以围绕这些独有的文化特性进行针对性的操作。比如我刚才从掘客模式中引申的点赞模式的电子商务网站，还有威客模式，这些都是互联网的创新，当你有自己的创新，就能在互联网世界发挥自己的影响，即使你是草根，也能发挥很大的作用，对人类做出巨大的贡献。

唐僧补充道：还有电子商务活动，要认识到自己从事商业活动的受众群是谁。草根比较多，企业要对这部分的人群进行分析，实施针对性营销，进而宣传自己的企业品牌，将企业做大。

八戒插嘴道：类似于师父当年带领我们取经，要深入凡间进行宣传。

唐僧：八戒所言甚是。还有"速食阅读"文化，用户已习惯于利用碎片化的时间获取资讯和处理问题，那么我们的宣传和营销等操作就应该适应时代的变化。

观音：互联网时代，每个人都有"平等"的话语权，每个人都能成为一个自媒体，可以分享观点、表明态度、发帖子、"晒"信息……这种媒介基础凭借其交互性、自主性的特征，使得新闻自由度显著提高，传媒生态发生了前所未有的转变。自媒体的崛起虽然现在还有"浮躁有余，底蕴不足"的弊病，但是我认为它会对传统的渠道、传统的门户、传统的平台有很大的挑战。三藏，你怎么看小圈子文化对电子商务的影响？

唐僧：它打破了传统权威，营造了一个平等、共享的环境。那么我们可以利用这个平台将富于个性和企业特征的经营理念、管理策略、行为规范等信息传递给企业的关系者乃至全社会，在企业的内部、外部以及相关环境产生一致的认同感和价值观，从而为企业的生存发展创造出良好的经营环境和社会环境。

喝了一口热茶，唐僧继续说道：企业借助网络实施形象塑造，让更多受众认识、了解、接受企业。等企业拥有一定的网络影响力，大家对企业有了认同感后，企业就可以把具有个性化和企业特征的经营理念、管理策略、行为规范等信息，运用统一化、规范化的视觉传达系统以及广泛的公共关系活动，传达给企业的关系者乃至全社会，在企业的内部、外部以及相关环境产生一致的认同感和价值观，从而为企业的生存发展创造出良好的经营环境和社会环境。企业借助网络来塑造形象，让更多受众认识、了解、接受企业。总之，企业可以将网站视为虚拟市场的终端、企业形象的窗口、信息流的发布起点、中转枢纽和终点，使企业形象由形式表现，上升到行为表达。企业可以利用网络实现企业品牌知名度、美誉度、忠诚度、信誉度的有效传播。

3.2 营销文化

3.2.1 电子商务营销和传统营销的区别

翠兰一直听着大家的讨论，这时也参与进来：菩萨，师父，你们总说借助网络营销，这和传统营销有什么不同？我们夫妻俩跑营销，那是跑断腿，磨破嘴和喝坏胃的日子，实在是艰难！

观音：传统营销中，制造型企业面对的是批发和零售商，货品要由他们转手卖给顾客。而电子商务当中，顾客直接面对企业，各种性格，各种偏好的顾客们对产品的爱好、款式、质量等的需求，能直接反映到企业设计部门。怎么满足顾客需求，成了企业生存发展的前提。如果企业漠视顾客的意见，会影响顾客对产品的口碑，进而对企业产生怀疑。这就好像顾客成了三藏，企业成了孙悟空，顾客一念咒，企业就头疼。了解顾客的特点、需求是个关键点，所以企业具体要怎么做，前提条件是了解网民，了解电子商务文化。

唐僧补充道：电子商务文化是网络文化的一个组成部分，它的核心是电子商务营销文化。所谓营销，是指根据市场需要组织生产产品，并通过销售手段把产品提供给有需要的客户。营销的外延是一种物的传递方式，内涵是一种人际交流的形态。营销活动的效果，取决于营销行为与消费者内心期望的吻合程度。在各类物质高度充盈时期，营销更着重于与消费者交流、互动、展示与分享。成功的电子商务营销，往往是建立在对消费者和自身已经充分了解的基础上，通过充分地沟通交流让双方共同满意。这个过程就是营销者自身营销文化即"软实力"的展现过程。

小能插嘴道：师公，我就是不喜欢传统营销的跑断腿，磨破嘴和喝坏胃这些不健康的运作方式，所以一直不想接手爸妈的企业。神仙虽然可以钻进人的头脑里暂时控制一下他们的想法，但只是暂时性的。况且面对这么多客户，神仙也没法逐个控制他们呀。所以还是如您所说，与消费者充分沟通达至双赢才是真正的好！不过，这互联网沟通有多少种方法可行呢？

唐僧：1969年到1983年，互联网诞生了五个最基本的运用：电子邮件、文件传送（FTP）、网络游戏、应用软件和电子公告牌（BBS）。而BBS，就是互联网交流的初始运用工具。1983年以后，BBS的功能不断分离并逐渐形成了独立的众多互联网应用，例如博客、微博、维客、换客、SNS、威客等。电子公告牌功能的分裂如图3-2所示。

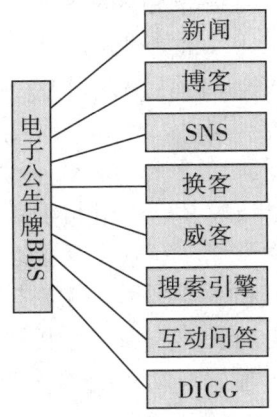

图 3-2 电子公告牌功能的分裂

小能：菩萨刚才说过，这些互联网的应用都是社交网络的一部分。哦，我明白了！利用这些社交网络，能够跟消费者聊天，了解消费者需求，展示自己的形象，最终让消费者认可企业的产品。

3.2.2 互联网进化原理

唐僧：小能，要想更清晰了解顾客，有个知识你该关注一下。你知道吗，互联网的结构和人类大脑高度相似，而且有些功能更为健壮。

小能：这个说法没听说过，好新鲜。（注：互联网和人脑存在一样的进化原理是现今一个热门话题，赞同和反对的各领域科学家都有。详情请参考科学院客座研究员，《互联网进化论》作者，威客创始人刘锋的研究报告。）

唐僧：小能，你看看下面这幅图。（互联网虚拟大脑部位对应图如图 3-3 所示）

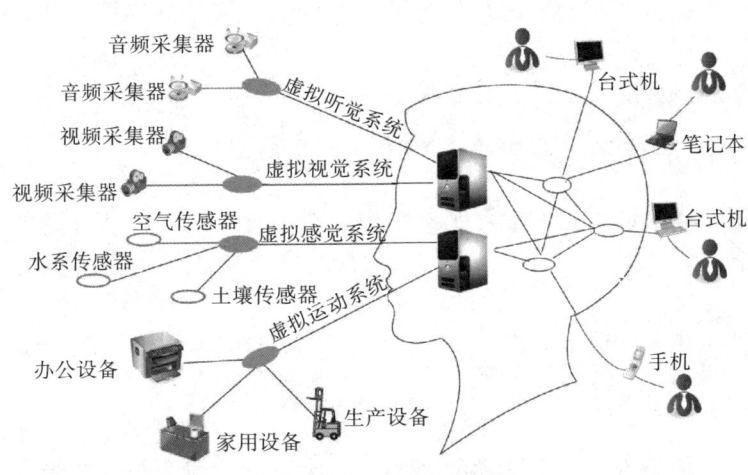

图 3-3 互联网虚拟大脑部位对应图

唐僧解说道：从神经生物学角度看，人类的感觉可以按照其发生的感觉通道分为以下五个基本种类：视觉、听觉、嗅觉、味觉和躯体感觉。其中躯体感觉包括触觉、痛觉、温度觉、体位觉、运动觉和震动觉。目前已有机构在河流、土地、空气中安放传感器，通过网络进行汇总，实时监控温度、湿度、风速、气压等，这种做法其实是互联网虚拟躯体感觉系统的萌芽。安放在家庭、工厂、旅游区、交通路口的监视器和视频录制系统，会把收集到的视频信号，音频信号通过互联网进行汇聚，这些视频音频录制系统将发展为互联网虚拟视觉系统和虚拟听觉系统。互联网虚拟运动系统起源于机械设备的远程控制，目前人们已经可以通过局域网和互联网远程控制打印机、小家电、手术刀等。随着互联网的发展，这些远程设备将更加灵敏和强大，互联网用户将可以通过各自的互联网虚拟大脑神经元进而经过互联网的虚拟运动系统远程操控挖掘机、潜水器、收割机、家用电器、工厂生产设备和仪器等。

小能一边看着拟人化的互联网图一边听着讲解：那么这些海量的信息通过网络线路送到中心服务器，就像信息由我们人的神经末梢送到大脑中？

唐僧：是的，大量的互联网虚拟感觉系统、虚拟视觉系统、虚拟听觉系统、虚拟运动系统的信息将通过网络线路传送到互联网信息处理中心服务器中进行筛选和整理。这些服务器将担当互联网虚拟大脑的海马区功能。（注：人类大脑海马区的机能是主管人类近期主要记忆，作用类似计算机的内存，将几周内或几个月内的记忆鲜明暂留，以便快速存取。记忆其实是神经细胞之间的连结形态。然而，储存或抛掉某些信息，却不是出自有意识的判断，而是由人脑中的海马区来处理。海马区在记忆的过程中，有着转换站的功能。当大脑皮质中的神经元接收到各种感官或知觉讯息时，它们会把讯息传递给海马区。假如海马区有所反应，神经元就会开始形成持久的网络，但如果没有通过这种认可的模式，那么脑部接收到的经验就自动消逝无踪。）

唐僧抿了一口茶，接着解释：互联网用户通过各自的互联网虚拟大脑神经元从这个中央信息处理中心获得需要的信息，并转移到自己的虚拟神经元以及所在的互联网社区和兴趣小组里，这个过程就实现了记忆信息从互联网虚拟海马区向互联网虚拟大脑皮层的扩散和转移。

小能：这些新名词我要记下来，好好琢磨。

3.2.3 电子商务营销文化要素

待到小能停笔，唐僧说道：你学习了这么多，要不总结一下你所理解的电子商务营销文化是何种概念？

小能：好！

电子商务营销文化包括以下要素：

3.2.3.1 数字神经系统

成功的营销来自于交流，营销活动的效果，取决于营销行为与消费者期望的吻合程度。互联网可以记录消费者和潜在消费者的全部活动痕迹，比如网页点击情况，购买和收藏情况，评论，与客服的交谈，消费者的购物习惯和社交情况等。有了这些数据，企业就能够建立一个与消费者的神经系统连接的数字神经系统，在与消费者进行充分沟通交流的情况下，进行精准营销。

3.2.3.2 情感营销文化

消费者在满足了基本的物质需求后，更注重满足多方面情感的需求。营销者在营销过程中，通过和消费者的互动交流，不断地调整自己的观念、行为习惯以及情感表达方式，从而不断发现自己、提高自己。营销者与消费者之间的这种交流互动，是一个相互陶冶、相互感受，并产生感情的过程。

3.2.3.3 合作与分享文化

企业如果想做强做大，合作共赢才是正确的道路。想要与他人或其他方长期合作，必须摆正自己位置，学会价值分享。在双方都有更长期的合作预期下，真诚合作、优势互补。

3.3 法律文化

3.3.1 电子商务立法问题

唐僧给大家介绍了自己这段时间的思考心得后，也提出了自己的困惑：天庭有天规，凡间有法律，这样事情才能依据而行。现在凡间电子商务发展得很快，但是由于电子商务法律制度的发展远远落后于电子商务的发展，加上社会上存在商业道德缺失的情况，虚拟的环境给了一些不法分子从事违法乱纪活动的机会。这些现实情况造成人们对电子商务的疑虑，大大影响了电子商务的发展。天庭要进行电子商务活动，立法也要马上提上议事日程。

小能深有同感：是啊，我们有些同学上网购物，个人的基本信息不知道在哪个环节被提供给别人了，经常会接收到一些乱七八糟的垃圾邮件，骚扰短信。我们都觉得网络虽好，但是缺乏安全感，没有个人隐私。

唐僧继续补充道：没错。比如"Google 街景"未经当事者同意上传了一些隐私照片；还有一些事件，尚未有是非定论，当事人的工作单位、家庭地址和电话等私人信息就已经被网上公开了。这些都会引起人们对电子商务应用的忧虑。

3.3.2 电子商务法律文化要素

观音：你们所言极是。其实在天庭决定向凡间取经的时候，我已经在考虑电子商务的立法问题。电子商务打破了地域、时域等的限制，它有着和现实生活不同的特质，在考虑制定法律之前，我首先总结了电子商务法律文化的特点。

电子商务法律文化主要包含以下要素：

3.3.2.1 公平思想、平等文化

网络公平地给予所有用户平等的空间。网络上所有的信息都是开放的，可以共享的，在网络上所有的人在获取公开信息和资源的机会都是平等的。所以网络上涉及电子商务

的全部人群和企业，无论大小，无论身份地位，一律平等、权利责任相同相等。这点是电子商务法律的基石，和其他法律文化也是共通的。

3.3.2.2 诚信文化

在电子商务领域，最终决定企业胜负的不是资金或技术，而是"诚信"。电子商务发展初期，在信用评价、法律制度和监管机制不健全的环境下，部分人不诚实、不守信，劣币驱逐良币，导致消费者对电子商务的信心大失，严重制约了电子商务的健康发展。后来，通过对商家和个人进行实名认证、建立诚信评价体系、使用以支付宝为代表的第三方支付平台以及一些涉及电子商务的法律条文的颁布和实施，例如2005年中国颁布的《中华人民共和国电子签名法》（以下简称《电子签法》），从制度上为交易双方的利益提供了保障，从而改善了电子商务的生态环境，使得电子商务得以快速发展。人们也越来越深刻地认识到，网络经济就是诚信经济，诚信不仅是一个道德标准，更是一种资源，是能够创造价值的资本，诚信才是核心竞争力。越来越多电子商务企业尽力营造出文明、诚信的电子商务交易环境。2015年中国电子商务投诉与维权公共服务平台接到的全国网络消费者用户涉及电商的投诉数量，同比增长3.27%，其中跨境网购、微商、互联网金融成为新的投诉增长点，可见诚信问题依然是一个不可忽略的发展阻碍。

3.3.2.3 电子信息化行为文化

以电子邮件、淘宝旺旺、QQ、微信等网络信息传播手段和电子合同、身份认证、数字签名等技术的支持作为中介的电子商务活动，让现存的法律行为规则面临着重新改写的巨大挑战。在传统诉讼过程中，书证作为证据时应该是原件，这一般被称为最佳证据原则和原件主义。但是电子商务活动中广泛认可的各种电子证据，实际上都是复制件。而且与传统证据不同，电子数据具有脆弱性、隐蔽性、"挥发性"并强烈依赖于计算机网络信息系统的特点。电子证据的取证、分析、展示和保存与传统法律中的书证的模式都不同，为适应电子证据的特点，电子商务法律行为规则自然要改写。

3.3.2.4 注重个人隐私权保障文化

互联网发展到了今天，个人信息成为大数据的重要组成部分，对个人信息的利用程度和相关需求的满足度决定了社会信息化的程度。但是电子商务离不开消费者，而消费者非常关心隐私信息的安全。传统的隐私权包括姓名、性别、年龄、手机号码等个人信息。人们普遍认为网络环境中隐私权的保护的范围应该更大些，有专家提出网络环境中隐私权还需要包括IP地址、用户名、用户密码、电子邮件地址、网上账号、邮箱等。

大数据时代，个人信息是金矿。商家通过互联网掌握大量的个人数据，并对这些数据进行分析，就可以掌控消费者的消费喜好，预测市场需求和获得潜在的消费者。而对用户而言，隐私权受侵害可能带来经济损失，比如消费者的身份证、信用卡账号、电子邮箱、手机等信息的泄密可能导致网上银行或支付宝里面资金被转走。所以个人隐私在网络环境中有了一定的财产属性。因此，个人信息权属的界定、个人信息保护与合理运用的平衡、商家利益与个人利益的矛盾的解决、监督的模式与方法等，都是电子商务法律讨论的焦点问题。

观音总结有关立法问题后，建议道：我这里有一些电子商务法律的资料，三藏你带回去研究一下。小能，你很聪明，也非常容易接受新生事物。但是要帮爸妈的企业搞电子商务还有好长的路要走，我建议你和你爸妈都去进修一下。

各人答应着分头忙自己的事情暂且不提。

3.3.3 扩展资源：电子商务法律

3.3.3.1 电子商务法律概述

电子商务作为新兴的交易方式，由于网络的虚拟性、无形性，使电子商务较之传统的交易方式有很大的不同。因此，电子商务的法律问题较传统商务更复杂，涉及电子合同，网上税收，知识产权，个人隐私，竞争规则，交易安全等，而中国目前尚无专门的电子商务法律，需充分利用传统的法律和已有的行政法规来规范和保护现在电子商务交易行为，同时不断研究、补充、完善相关的法律法规。

3.3.3.2 电子商务的立法现状

随着互联网和信息技术的迅猛发展，电子商务作为全球经济一体化背景下的一种全新的商业机制应运而生。它以高效率、无疆界、无时限和低成本等特点，挑战传统商业模式的法律体系，受到各国及国际组织的关注，目前最具影响力的法律法规、合约有以下几项：

■1995 年，美国颁布的《数字签名法》是美国乃至全世界范围的第一部全面确立电子商务运行规范的法律文件。

■1996 年 6 月 14 日，联合国国际贸易法委员会颁布了《电子商务示范法》。该示范法的颁布为逐步解决电子商务的法律问题奠定了基础，为各国制定本国电子商务法规提供了框架和示范文本。

■1999 年我国颁布的新《中华人民共和国合同法》（以下简称《合同法》），增加"数据电文"条款，确定电子合同的到达时间，成立地点，为电子商务活动奠定了法律基础。

■2002 年 1 月 24 日，联合国国际贸易法委员会通过了《电子签字示范法》。

■2004 年 8 月 28 日，我国通过《中华人民共和国电子签名法》，自 2005 年 4 月 1 日实施，首次赋予电子签名与手写签字或盖章同等的法律效力，并明确了电子认证服务的市场准入制度。2015 年 4 月 24 日通过修正。

■2005 年 7 月，联合国国际贸易法委员会审议并通过《联合国国际合同使用电子通信公约》，2005 年 11 月联合国大会通过该公约，2006 年 1 月 1 日起开放公约供各国签署。2006 年 7 月 6 日，在美国纽约联合国总部召开的联合国贸易法委员会第三十九届年会上，中国政府签署了《联合国国际合同使用电子通信公约》，该公约的签署将有助于我国的电子商务立法进一步与国际电子商务法律接轨，提高国际贸易的便利化，推动中国电子商务的发展。

■2013 年 12 月 27 日，全国人大财经委召开电子商务法起草组成立暨第一次全体会议。会议确定了电子商务立法的初步"时间表"，标志着中国电子商务法立法工作正式启动。"时间表"安排为：从起草组成立至 2014 年 12 月，进行专题调研和课题研究并完成研究报告，形成立法大纲。2015 年 1 月至 2016 年 6 月，开展并完成法律草案起草。

3.3.3.3　诚信契约：电子合同

合同，也称契约。我国《合同法》第二条规定："合同是平等主体的自然人、法人、其他组织之间设立、变更、终止权利义务关系的协议。"传统合同形式主要有口头形式和书面形式两种。合同反映了双方或多方意思表示一致的法律行为。

电子合同是通过计算机网络系统订立，以数据电文的方式生成、储存或传递的合同。联合国《电子商务示范法》第二条规定："数据电文指经由电子手段、光学手段或类似手段生成、储存或传递的信息，这些手段包括但不限于电子数据交换（EDI）、电子邮件、电报、电传或传真。"

电子合同的法律效力在我国新实施的《合同法》第十一条："书面形式的合同是指合同书、信件和数据电文（包括电报、电传、传真、电子数据交换和电子邮件）等可以有形地表现所载的内容的形式。"中得以明确。

与传统合同相比，电子合同的形式发生变化：以数据电文的方式取代传统口头和书面形式，传统电子合同订立过程中的提出要约、承诺、缔结合同的形式也通过数据电文来传递，电子合同的生效也用电子签章取代传统的当事人签字盖章。这些变化给世界各国都带来一系列法律问题。

由于电子商务交易的涉及范围非常广泛，国内和国外，虚拟和现实。传统的交易民事管辖权原则（属人原则、属地原则、物之所在地原则、行为地原则、当事人协商原则、最密切联系地原则）应用于电子商务交易的时候，出现界定模糊的问题。新《合同法》第三十四条规定：承诺生效的地点为合同成立的地点；采用数据电文形式订立合同；收件人的主营业地为合同成立的地点；没有主营业地的，其经常居住地为合同成立的地点；当事人另有约定的，按照其约定。该法规为确定电子合同成立的地点，明确合同的法律适用范围以及确认合同纠纷的管辖权提供了重要的法律依据。

3.3.3.4　电子证据

在电子商务活动中，电子合同、订货单、提单、确认书、转运单、保险单、付款通知、有关票据等电子文件，进行交易洽谈、谈判的网络聊天记录，以上这些作为证据被法律认可的可能性，证明效力的大小……这些疑问都需要法律解释。

1996 年联合国国际贸易法委员会通过了《电子商务示范法》。该法第五条规定："不得仅仅以某项信息采用数据电文形式为理由而否定其法律效力、有效性或可执行性。"该法第八条对原件作了规定："符合一定条件的数据电文也被视为原件。"该法在第九条中还规定："如果数据电文是举证人按合理预期所能得到的最佳证据，不得以其不是原件而否定其作为证据的可接受性。"我国《民事诉讼法》第六十三条规定了 7 种法定的可采纳的证据当中，因为电子证据可显示为可读形式，所以电子证据可归入其中的"视听资料"类。由此可见，我国法律在证据采纳方面的规定不会成为将电子证据采纳为证据的障碍。

但是，电子证据在实际运用中需要注意以下问题：

■电子证据是在计算机内磁性介质中传递、存储的电子数据，虽然形成技术较为复杂，但易伪造，易修改，易删除，而且这些操作往往不留痕迹。因此，在当事人提出以电子文件做证据时，需负责对该电子证据取证、和就该证据的真实性进行举证。

■电子证据并不必然被采信，必须经过国家有关部门认证或专业的技术鉴定综合衡量后才能用作定案的根据。

■我国《民事诉讼法》把电子证据归为采纳证据中的"视听资料"类证据，而法律上对"视听资料"的归类定位为间接证据的范畴。间接证据，就是不能单独或者直接证明案件事实的证据，除需要法院审查核实外，还需要同其他证据相互印证。

3.3.3.5 电子支付的法律问题

电子支付是通过网络实施的一种货币支付和资金转移行为，与传统的支付方式类似，同样涉及资金转移方面的法律关系的发生、变更和消灭。电子支付的类型包括网上支付、电话支付、移动支付、销售点终端交易，自动柜员机交易等。关于电子商务的电子支付，以网上支付或移动支付为主；电子支付的当事人包括付款人、收款人、银行，有时还经过中介机构：第三方支付平台。

国际上，对于电子支付在规范各当事人的权利和保障资金安全方面的立法相对滞后，我国亦未有专门的电子支付制定法；在类似传统资金转移和支付方面的法律判定，涉及银行法、证券法、消费者权益保护法、财务披露制度、隐私保护法、知识产权法和货币银行制度等多种法规。

电子支付面临的法律问题有以下方面：

■电子支付工具的法律效力：银行卡支付已经比较普遍，其效力已经得到充分认可，而电子支票、电子现金效力与传统的法律规定有一定的抵触，2005年4月实施的《电子签名法》，定义了什么是数据电文，并明确规定电子文件与纸介质书面文件具有同等效力，虽然为电子商务法制环境的完善奠定了基础，但并未与《公司法》、《票据法》等传统法律良好衔接。关于其效力问题依然存在争议。

■电子支付各方当事人之间的权利义务和各方应承担的法律责任缺乏明文规定：2005年10月26日，为规范电子支付业务，防范支付风险，保证资金安全，维护银行及其客户在电子支付活动中的合法权益，中国人民银行制定和实施《电子支付指引》；2010年6月，为规范金融体系，加强金融秩序，中国人民银行发布了《非金融机构支付服务管理方法》，将第三方支付平台纳入国家金融管理秩序中，详细规定非金融机构支付服务业务（即第三方支付服务）主体资格的申请和批准、经营活动的监督和管理。但电子支付作为一个新生事物，新的问题不断出现，例如：如果黑客利用银行主页上的链接点欺诈银行的客户，客户有可能会提起诉讼，要求银行赔偿损失，那银行是否该担责？……当事人各方权责的确定缺乏法规指引。

■与电子支付有关的立法主要停留在计算机网络的建设运行、域名注册、网络安全等网络发展初期的层面上，而对该领域不断出现的新问题：如网上支付的洗钱，违法交易的法律责任分担、黑客的盗窃，钓鱼式诈骗等，在立法和执法上都有待加强。

（资料来源：电子支付安全法律问题研究 http://www.xzbu.com）

3.3.3.6 电子商务交易安全的法律问题

随着电子商务技术的发展，电子商务已成为我国国民经济的重要组成部分，它具有快捷、方便、高效、低成本、突破地域和营业时间束缚的优势，但电子商务中网络交易还存在很多安全问题，不管是个人或商户都需承担交易安全的风险，如：资金账号安全，隐私泄露，合同履行风险等，这已经成为制约电子商务发展的因素之一。

我国《消费者权益保护法》将交易安全问题规定为消费者享有的基本权利。但在电子商务中，传统方法已无法有效保障消费者交易安全。网络的虚拟性，经营者信息和商品信息的虚假都增加了维护权利的难度。

根据《消费者权益保护法》的规定，我国消费者在购买、使用商品和接受服务时享有安全保障权、知悉真情权、公平交易权、求偿权以及监督权等，电子商务领域则强调安全权，知情权、公平交易权、索赔权，这些权利的主要法律保障依据是现行法律体系中的《民法通则》、《消费者权益保护法》、《合同法》、《广告法》、《产品质量法》、《反不正当竞争法》以及《食品卫生法》等。

电子商务的另一个安全隐患是隐私数据如何得到安全保障。在网络环境下，个人资料是指特定个人信息（姓名、性别、出生日期、身份证号码）、敏感信息（宗教信仰、婚姻、家庭、职业、病历、收入、经历）、电子邮件地址、IP 地址、账号密码等，这些个人资料属于消费者个人所有，不可以用于商业目的，或作为"信息产品"进行买卖。

现实当中，个人数据在电子商务中的流转主要有两种形式：一种是商家之间相互交换各自收集的信息，或者是与合作伙伴共享信息；另一种是将个人数据作为"信息产品"销售给第三人或转让给他人使用。虽然前者没有信息买卖的行为，但已经用于交易以外的目的，两种行为都侵犯了个人隐私权利。

电子商务离不开消费者，而消费者非常在意个人信息的安全，所以保护消费者的隐私权对电子商务的发展具有非常重要的意义。

国外在 20 世纪 60 年代就开始了个人隐私权方面的法律研究和制定。美国政府在 1966 年颁布的《信息自由法》就提及对政府档案中个人信息的保护；1986 年颁布了《电子通信隐私法》；1999 年公布了《互联网保护个人隐私的政策》。而我国现阶段并无关于隐私权的完整的法律体系，只是在宪法和民法有关人身权和财产权的规定中涉及隐私权的保护。为了规范我国计算机信息网络的发展，有关部门曾相继出台了一些规定，其中也涉及网络空间个人隐私权的法律保护问题。例如 1997 年 12 月《中华人民共和国计算机信息网络国际联网管理暂行规定实施办法》第十八条规定："用户应当服从接入单位的管理，遵守用户守则；不得进入未经许可的计算机系统，篡改他人信息；不得在网络上散发恶意信息，冒用他人名义发出信息，侵犯他人隐私……"《计算机信息网络国际联网安全保护管理办法》第七条规定："用户的通信自由和通信秘密受法律保护。任何单位和个人不得违反法律规定，利用国际联网侵犯用户的通信自由和通信秘密。" 2000 年 1 月《全国人民代表大会常务委员会关于维护互联网安全的决定》规定：利用互联网侮辱他人或捏造事实诽谤他人；非法截获、篡改、删除他人电子邮件或者其他数据资料，侵犯公民通信自由和通信秘密；构成犯罪的，依刑法追究刑事责任。上述规定都过于笼统，不便于实际操作，难以为网络隐私权提供足够的保护。

美国、法国、德国等国家采取直接保护方式，承认隐私权为一项独立的人格权，当个人隐私受到侵害时，受害人能够以侵犯隐私权为由提起诉讼。我国民法上虽有关于隐私权的规定，但仅采取间接保护方式，当侵犯隐私权的事情发生时，公民只能借助名誉权或者其他人格权进行救济，但是某些行为虽然侵犯了消费者的隐私权，却未必损及个人的名誉，换而言之消费者的隐私权也就失去了救济的途径。

有关电子商务隐私权的保护法律还欠完善，电子商务运营商须尽到谨慎从事的义务来保证消费者个人资料的安全。

3.3.3.7　电子商务中的不正当竞争和垄断

在电子商务中的不正当竞争泛指经营者采用各种虚假、欺诈，损人利己等违法手段，损害其他经营者的合法权益，扰乱电子秩序的行为。电子商务的发展与传统商务相似，需要保护正当的市场竞争，排斥不正当竞争，参与电子商务的经营者同样受《反不正当竞争法》的规制。

电子商务不正当竞争行为有以下表现：

■将他人商标、商号、厂商名称或者知名商品特有的名称、包装、装潢移作自己网页的图标，或者将它们的设计作为自己网页的一部分，足以使人产生混淆。

■在自己网页上将他人的注册商标、商号、厂商名称或者知名商品特有的名称、包装、装潢用作链接标志。

■运用网络广告贬损他人商誉。

■在论坛、博客、微博、微信等公共信息空间故意捏造、散布虚伪事实，损害竞争对手的商誉或匿名的网络诽谤。

■侵犯商业秘密。

■域名抢注和使用与他人商标相同或近似的域名。

■电子商务的垄断。

有关不正当竞争的官司有不少，例如某家纺商家利用搜索竞价排名，劫持另一商家的品牌关键词，把该关键字的搜索结果的第一位链接指向自家的电商网站。虽然这家家纺的做法与前面列举的表现形式并不一致，但最终法院依据《反不正当竞争法》和《商标法》判决另一商家胜诉。从该案例可以看出，在网络环境，电子商务不正当竞争的形式不断变化，不断翻新，因此对这类不正当竞争行为要有充分认识，在援引《反不正当竞争法》以及其他相关法律法规制止电子商务中不正当竞争行为的过程中，当产生了现实法律不能满足网络发展需要的矛盾，只能根据《反不正当竞争法》的自愿、平等、公平、诚实信用、遵守公认的商业道德等一系列基本原则予以规范；另外，企业在进行网络推广时，注意遵守法律相关规定的同时应注意保护自己的利益，因为信息在网络上传播更快，范围更广，后果更严重，损失更大。

3.3.3.8　电子商务中的知识产权问题

在电子商务中，涉及知识产权的法律问题、纠纷远高于其他领域。由于网络与知识产权的融合和交织，使得知识产权内容更宽泛，争议的问题更多，保护的难度更大。计算机和网络技术、信息技术与电子商务的发展，对知识产权的冲击相当巨大，围绕软件下载，电子书籍下载，音像视频作品播放，域名注册等侵权问题随之而来；知识产权是私权，具有专有性，而网络上的信息是公开的，难以受到严格控制，这导致网络知识产权（包括版权、专利权、商标权等）侵权行为随处可见。其中，域名抢注与域名窃取，以及域名变异争议较大，定性与维权较难。网络产品以有形或无形的形式存在的特性也是企业要顾及的知识产权问题。

我国缺乏专门的电子商务法律，涉及知识产权保护的法律纠纷大部分以现有的相关法律条文与参加的国际公约为审判依据。例如依据《伯尔尼公约》、《日内瓦公约》以及我国制定的《实施国际著作权条约的规定》，将以数字形式在电子媒体上的复制纳入传统复制的范畴，传播途径也包括了在电子商务活动中的传输。

1996年12月20日，由世界知识产权组织（WIPO）主持，129个国家代表参加的外交会议上缔结的《WIPO版权条约》和《WIPO表演和录音制品条约》解决了网络环境下应用数字技术而产生的著作权保护的新问题。1999年中美两国政府就中国加入世界贸易组织（WTO）达成双边协议，我国在加入WTO后，将全面执行WTO一系列协议，其中《与贸易有关的知识产权协议》便是一个十分重要的协议。

2006年7月1日，《信息网络传播权保护条例》（简称《条例》）正式施行，进一步规范互联网上信息的发布、传达、引用等一系列问题。《条例》第二十三条规定："网络服务提供者为服务对象提供搜索或者链接服务，在接到权利人的通知书后，根据本条例规定断开与侵权的作品、表演、录音录像制品的链接的，不承担赔偿责任；但是，明知或者应知所链接的作品、表演、录音录像制品侵权的，应当承担共同侵权责任。"（这是著名的"避风港"原则与"红旗"原则。"红旗"原则是指如果侵犯信息网络传播权的事实是显而易见的，就像是红旗一样飘扬，网络服务商就不能视而不见。）

对于域名抢注，互联网名称与数字地址分配机构ICANN于1999年8月通过的《统一域名争议解决规则》（UDRP）规定，在满足下列三个条件时，域名注册机构可认定某域名的注册属于抢注，并有权撤销、变更和转让域名注册，同时规定法院对域名争议拥有最终的司法管辖权。三个条件分别是：①该域名与异议人拥有权利的某商标或服务标志相同或引起混淆的类似；②域名持有人不享有涉及该域名的任何权利或合法利益；③该域名已经被恶意注册和使用。在国内，1997年5月30日国务院信息化工作领导小组办公室颁布了《中国互联网络域名注册暂行管理办法》和《中国互联网络域名注册实施细则》；北京市高级人民法院于2000年8月出台《关于审理因域名注册、使用而引起的知识产权民事纠纷案件的若干指导意见》；2001年6月26日，最高人民法院颁布了《关于审理涉及计算机网络域名民事纠纷案件适用法律若干问题的解释》。

■电子商务的经营者，在网络推广的过程中需注意以下几个知识产权保护问题：

■电子商务网站的网页内容必须尊重受他人版权、专利商标、服务标识等保护的知识产权。

■域名注册避免与他人的商标或企业名称相同、也要注意防范别人恶意抢注域名、窃取域名，以及故意误拼的域名变异。

■在设计网站以及在网页上发布宣传产品时，小心评价或比较他人产品，以免被认为是对他人产品的诽谤或诋毁。判断诽谤和诋毁有很大的主观性，开拓国际市场的企业尤其需谨慎。网页中加入的网页或网站链接、网页快照，在明知或应知链接为侵权作品时，需承担法律责任。另外，链接网页内容往往会让人误认为是从属于网站。有关法规也要注意遵守。

3.3.3.9 电子商务中的征税问题

电子商务的发展，在加速了国际贸易全球化的进程同时，也使企业经营活动打破地域、国界、时间、空间的限制，因此传统税收的征管手段，征税范围，课税对象等都受影响，鉴于电子商务是国际贸易中的重要组成部分，以及其所引发的税收问题，各国政府以及各大经济主体均高度重视，纷纷制定出相应政策和研究探索该领域内不断出现的新问题。

美国是世界上电子商务最发达的国家。从自身利益出发，美国极力主张对除网上形成的有形交易外（如电子出版物，软件）的电子商务实施永久免征关税，从1998年10月起通过了《互联网免税法案》，强调税收中性原则，不应阻碍电子商务发展；税收透明简便原则，不增加网络交易成本；不开征新税种；免征跨国交易关税等。欧盟于1998年6月发表了《关于保护增值税收入和促进电子商务发展的报告》，并与美国就免征电子商务（在因特网上销售电子数字化产品）关税问题达成一致。但欧盟也迫使美国同意把通过因特网销售的数字化产品视为劳务销售征收间接税（增值税）。

目前我国电子商务的迅猛发展，也引发不少相关的税收问题，政府一直在积极研究对策。基于税收中立性（中立性原则是指保持传统贸易和电子商务税负一致性）和公平性原则（公平性原则是指纳税人无论采用传统贸易方式还是电子商务方式都应享有同等的税负），我国对电子商务税收的基本政策是：不免税。但出于国家层面上对电子商务的支持与扶持，以及网络交易征税的困难，不排除在一定时期，对部分税种实施免征，缓征或优惠。

3.3.3.10 虚拟财产的法律保护

虚拟财产是因网络空间而存在的一种特殊的，非现实的数字化财产，包括网络账号、游戏账号、游戏货币、游戏装备、电子邮件账号等一系列信息产品，在网游盛行时，虚拟财产很大程度上特指网络游戏空间存在的财物，如游戏账号等级、游戏货币、各种装备等，而在电子商务领域，虚拟财产包括网店账号、信用值、抵用券等。从技术上看，虚拟财产是存储于服务器上的、以数字化形式存在的记录数据，可修改，可支配，可交易，有一定价值。

而虚拟财产的法律问题围绕两个要点，一是"财产"，目前来说还不是民法通则、物权法所定义的财产，因此不能按财产的方式去处理；二是"虚拟"，既然不是实物资产，那如何衡量财产的价值，这需要法律界进行界定，才能对其占有、管理、使用、收益、处分，予以明确。

目前我国就虚拟财产的立法还是处于空白，对虚拟财产的保护只依赖《民法通则》、《合同法》等相关法律。

章节要点小结（请同学们在本章节中查找知识要点的对应页码，以便复习）

知识要点	章节页码
1. 文化的概念	
2. 互联网文化的种类及其概念	
3. 电子商务营销文化要素	
4. 电子商务法律文化要素	

延展学习活动： 请各位同学就"互联网文化"的各种文化类型所带来的商机进行资料搜索、分析和汇总。同时，除了文中提及的文化形式，是否还有其他的类型。

第 2 部分

电子商务基础设施

书接上回,八戒一家接受了观音菩萨的教诲,一家人一起去学习新知识。八戒和翠兰先去上电子商务启蒙课,启蒙课的老师竟然是老相识,镇元子大师。

镇元子大师在第一堂课,就谈到了电子商务在现今经济生活中的重要性:八戒,你们准备让企业进行电子商务方面的拓展?从事电子商务不能凭感觉、凭老经验,而要先了解这个行业,比如电子商务的基础设施是什么?协议,网络结构,HTML,FTP这些名词是什么意思?了解清楚了才能做出正确的决策。

八戒:电子商务也有基础设施?

镇元子:是的。电子商务当中的"电子",是指计算机网络。网络是电子商务技术的基础设施。

第 4 章
互联网简介

4.1 Internet、Intranet 和 Extranet

镇元子：Internet（因特网）是现在最大的计算机网络。它是我们经常使用的、以相互交流信息和资源为目的的开放性公用平台。由于 Internet 的影响力巨大，提到电子商务时，人们普遍认为就是利用 Internet 进行商务工作。

八戒：大师您这话的意思是网络的种类不止一个？

镇元子：没错，网络分为 Internet、Intranet 和 Extranet 三种。你们看看下面这个表格。

表 4-1 Internet、Intranet 和 Extranet 的区别

种类	特点
Internet	Internet 是把各种不同类型的网络及单机按照一定的协议组成的全球性计算机网络，它是一个以相互交流信息和资源为目的的开放性平台，具有开放性、实时性、交互性、交流成本低廉、界面友好、应用层面广泛等优点
Intranet	Intranet 是采用 Internet 技术建立的企业内部网络。Intranet 的基本思想是：在内部网络中采用 TCP/IP 作为通信协议，保留了 Internet 允许异构平台互通信息和资源的特性，同时建立防火墙把内部网和 Internet 分开，使企业内部的私密和敏感信息受到网络防火墙的安全保护
Extranet	Extranet 是一个介于完全开放给大众的公用网 Internet 和专门为特定人群使用的 Intranet 之间的网络。它一般位于网络防火墙之后，负责把企业内部已存在的网络扩展到企业之外，使之可以完成一些合作性的商业应用（如企业与客户、供应商之间的电子商务、供应管理等）

镇元子大师让八戒夫妇看完三个网络各自的特点，然后继续讲解道：目前，跟外界联系的常用网络就是 Internet，它类似于我们的千里传音和千里眼等法术的综合体，能接收和发送信息到千里之外。法术耗费我们的功力，并且传播的信息有限，很难共享。而 Internet 却能轻松实现一对一、一对多、多对一、多对多等维度的联系。Internet 成功搭建了一个能够实现信息与资源共享、互动通讯和社交、网上商务活动的基础平台。它已经

成为影响力最大的新闻媒体之一，推动世界经济发展……Internet 一直在发展、变化中，它的技术定义也会随着发展再进行调整。

八戒：Internet 既然如此强大，那为什么还要有 Intranet 和 Extranet？

镇元子：Internet 虽然强大，但是开放性网络会带来安全性问题，有些企业的内部信息不适合公开。Intranet（企业内部网）就是为满足企业重要的、敏感的、私密的信息的保密需求而诞生的产物。

八戒顿悟：我明白了，Internet 是公共场合，Intranet 是一个私人的、有限制性的区域。企业内部要用 Intranet 理顺各部门关系，加强信息管理与提高工作效率。那么 Extranet（外联网）是我们企业与客户以及合作伙伴联络的合作性网络吗？

镇元子：Extranet 更大程度上是一种思想或概念的创新，而非一种新技术。实现 Extranet 不仅涉及技术问题，更重要的是涉及企业管理理念、组织结构、企业战略等管理问题。理念的培养和更新对 Extranet 的实现尤为重要。

八戒：那等咱家企业做大，准备跟师父、大师哥和沙师弟他们合作的时候，我们师徒就可以联手建设 Extranet 了。

镇元子：嘿，你的野心不小。

4.2 协议

4.2.1 互联网架构

八戒继续学习：看来观音菩萨和师父说得没错，Internet 已经帮助人类突破自身局限，其中有些功能已经赶超神仙的法力了。

镇元子点头赞同：是的，人类学习的能力的确不可小觑，他们擅长用工具去突破自身的局限。互联网可以看成是人类对自己头脑局限的一种扩展。

4.2.1.1 互联网虚拟大脑

镇元子：1969 年，美国国防部高级研究计划管理局（Advanced Research Projects Agency，ARPA）开始建立一个命名为 ARPAnet（阿帕网）的网络，把美国的几个军事及研究用计算机连接起来。1969 年 11 月 21 日，在加州大学洛杉矶分校首先完成了第一台计算机与数百英里外的斯坦福大学的另一台计算机进行数据传输实验。同年年底，又成功地将四个节点联网，这就是阿帕网的起点。阿帕网的诞生标志着人类历史从此掀开了网络时代的崭新一页。人类大脑的信息从此可以通过网络实现相互连接，而这一连接最终导致了知识和智慧的大爆炸。在研究人类互联网技术发展的过程中，我和多位上仙都觉得互联网的架构从设立之初就和人的大脑结构非常相似。（互联网虚拟大脑完整图如图 4-1 所示。）

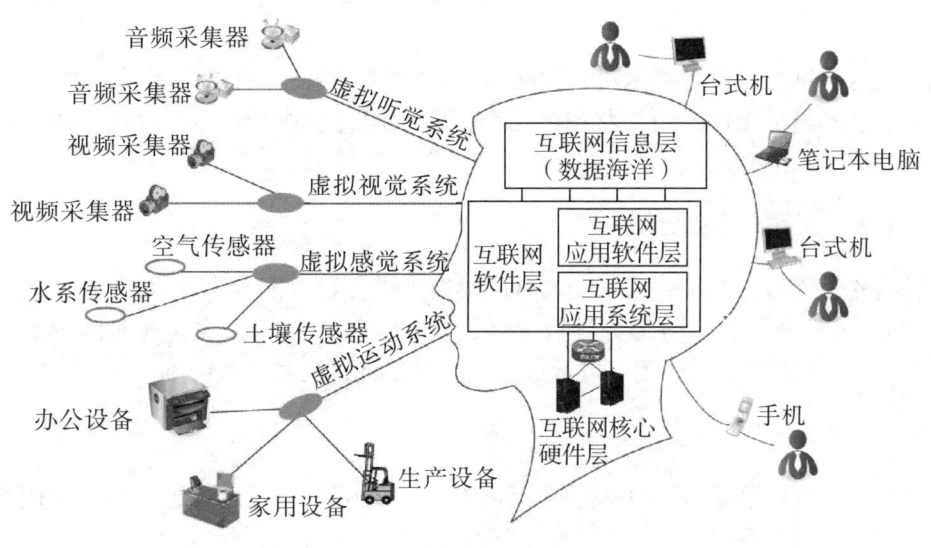

图 4-1　互联网虚拟大脑完整图

4.2.1.2　虚拟大脑组成

镇元子在大家看图的同时解说道：1969 年互联网诞生后，互联网从美国的四个实验室逐渐扩张到整个美国，之后欧洲、亚洲、大洋洲也连接到互联网中，到 21 世纪前 10 年，互联网的范围已经到达北冰洋和南极洲，人类几乎可以在地球任何一个地方接驳到互联网。

互联网从阿帕网发展到现在，机器的功能也不断细化。这个庞大的网络基本由三大部分组成：

■信息采集部分，类似人的虚拟感觉、虚拟视觉、虚拟听觉和虚拟运动神经系统。

■互联网的中枢神经系统，它由互联网核心硬件层、互联网软件层、互联网信息层（数据海洋）组成。

■互联网终端以及使用终端的互联网用户。

4.2.1.3　信息采集部分

左侧外层主要由视音频等各类虚拟传感系统的采集器、传感器、办公设备、家用设备、生产设备等组成，这些设备组成了互联网虚拟感官系统。

4.2.1.4　互联网的中枢神经系统

互联网虚拟大脑的中心的是核心层，它主要分成三个部分：

■互联网核心硬件层，主要由互联网服务器、互联网主干网络路由器、互联网骨干网交换机组成，他们在未来将成为互联网中枢神经系统的硬件基础。

■ 互联网软件层，是互联网的中间层，也是互联网的灵魂，它负责激活和运行互联网的硬件层，提供应用程序与互联网用户进行交互，管理和维护互联网中的信息、数据和资料。

■ 互联网信息层，包含展示给互联网用户的文字、图片、文档、视频、音频等信息。互联网的信息一直呈爆炸式增长状态，因而互联网信息层作为信息交换的主要场所，是互联网最为活跃的部分。

4.2.1.5 互联网终端用户

互联网的使用者，互联网用户通过计算机、手机等智能设备接入互联网，并通过"个人空间"与互联网的其他部分进行交互，这些个体相当于人类在互联网中的"大脑功能映射区"，其中的个人应用可以看成是大脑神经元的一种。

4.2.2 协议

八戒学习了互联网架构的知识后，提出疑问：大师，不同计算机和网络之间存在技术差异，它们如何联系？

镇元子：需要制定统一的规则和通用的支撑技术，才能真正实现全球性联网。

八戒：这些规则和技术的内容是什么？

镇元子：这是一种协议。

所谓协议，指的是一组网络规则的集合，它规定网络传输数据的格式和顺序，并检查这些数据中的错误。

为了能进行通信，规定每个终端都要把各自字符集中的字符变换为标准字符集的字符后，才进入网络传送，到达目的终端之后，重新变换为该终端字符集的字符。当然，对于不相容终端，除了需变换字符集字符外，其他特性，如显示格式、行长、行数、屏幕滚动方式等也需作相应的变换。

4.2.2.1 TCP/IP 协议体系

镇元子等八戒夫妇消化了协议的知识后，继续介绍：1974 年，由美国科学家文顿·瑟夫和罗伯特·卡恩共同开发的互联网核心技术——TCP/IP 协议的正式出台是互联网技术发展的重要突破。TCP/IP 协议体系是 Internet 使用的一组基础协议，即计算机与计算机之间相互通信需要共同遵守的规则集合。通过 TCP/IP 协议体系，Internet 能够将各种不同的低层网络细节（比如采用什么样的低层网络技术和拓扑结构等）隐藏起来，向用户和应用程序提供通用的、一致性的网络服务。所有连接在网络上的计算机，只要各自遵照这两个协议，都能够进行通信和交互，实现信息包的传输。

4.2.2.2 IP 地址

八戒问道：IP 地址类似我们现实生活的居住地址吗？

镇元子：有点相像。在日常通信中，电话用户靠电话号码来标识。Internet 中，联网的机器利用 IP 地址进行标识。Internet 中每一台主机都有自己唯一的 IP 地址，IP 协议就是使用这个地址在主机之间传递信息，这也是 Internet 能够运行的基础。

现在使用的 IP 地址是一个 32 位的二进制数，通常被分割为 4 个"8 位二进制数"，也就是 4 个字节，每个字节都是 0～255 之间的十进制整数。这种地址称为 IPv4 地址。为了便于寻址，每个 IP 地址包括两个部分：网络地址和主机地址。寻址时先找网络，再在本网络中寻找主机，这种算法原理和打电话时先找区号然后找具体电话号码的方法接近。

由于 Internet 的飞速发展，到了 2011 年 2 月 3 日 IPv4 位地址已经分配完毕。为避免因为 IP 地址不足而阻碍 Internet 的发展，所以 IETF 定义了 IPv6 来替代 IPv4。现在 IPv6 已是推广运用阶段。IPv6 采用 128 位地址长度，海量的地址解决了网络地址资源数量的问题，同时也为需要占用大量 IP 地址的物联网的广泛推广扫清了障碍。

4.2.2.3　DNS（Domain Name System，域名服务器）

八戒：哦，我明白了，IP 地址更像每台机器的身份证号码。但是这么多的数字，如何识别地址与服务器的对应关系？

镇元子：这个问题，人类使用域名和 DNS（域名服务器）来解决。DNS 是 Internet 为解决 IP 地址不好记忆问题而推出的一项的服务，它相当于 IP 地址的别名。人的大脑记忆一大堆有含义的字母、文字及其组合比记忆一大堆数字串容易多了，所以人们用字符型地址——域名来替代 IP 地址。利用 DNS，人们可以直接输入域名，然后由 DNS 解析出对应的 IP 地址。比如输入华南师范大学的域名 www.scnu.edu.cn 来代替记忆 IP 地址 202.116.32.5。

八戒：这样的记忆的确比较容易。那域名命名需要遵守什么规则吗？

镇元子：域名有一定的语法规则：

■域名最长可达 67 个字节，可以是特定字符集、英文字母、数字及"-"的组合，但是开头及结尾均不能含有"-"。中文域名长度限制在 26 个合法字符（汉字，英文 a-z，A-Z，数字 0-9 和 - 等均算一个字符）。

■域名中字母不分大小写。

■域名由两个或两个以上的词构成，中间由点号分隔开。最右边的那个词称为顶级域名。

顶级域名分为两类。一类是国家顶级域名，比如中国是 cn，美国是 us。另一类是国际顶级域名，比如表示工商企业的 com，表示网络提供商的 net，表示非营利组织的 org 等。

二级域名位于顶级域名的左边，中间由点号分隔开。在国际顶级域名下，它指域名注册人的网上名称，例如 ibm 等；在国家顶级域名下，它表示注册企业类别的符号，比如用于工商金融企业的 com，用于教育机构的 edu，用于政府部门的 gov，用于互联网络信息中心和运行中心的 net，用于非营利组织的 org 等。

三级域名位于二级域名的左边，中间由点号分隔开，用于表示域名注册人的网上名称。

（注：常见顶级域名列表和域名系统的树状结构图分别如表 4-2 和图 4-2 所示）

表4-2 常见顶级域名列表

域名	含义	域名	含义
ac	科研机构	com	企业
edu	教育机构	gov	政府部门
mil	军事机构	net	网络服务组织
org	非营利性的组织	biz	网络商务向导，商业公司
info	提供信息服务的企业	pro	医生、律师、会计师等专业人员
name	个人注册的域名	coop	商业合作社
aero	航空运输业	museum	博物馆
mobi	手机网络	int	国际组织
cc	商业领域	tv	视听、电影、电视等全球无线电与广播电台领域
cn	中国	hk	中国香港
tw	中国台湾	us	美国
jp	日本	uk	英国

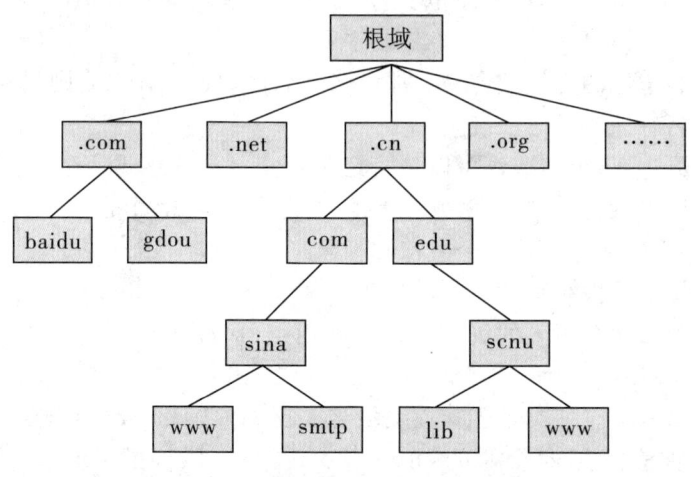

由上到下一次是根域、二级域、子域、主机

图4-2 域名系统的树状结构图

八戒：我明白了，百度是二级域名：baidu.com，它由两个词组成，顶级域名com表示它是一个企业，baidu是它的名字。华南师范大学的域名是三级域名：scnu.edu.cn，顶级域名cn，表示它位于中国，二级域名edu表示它是一个教育机构，三级域名scnu是它的英文名字的缩写（South China Normal University）。那www是什么？

镇元子：DNS由解析器以及域名服务器组成，www正是域名下的主机名。域名服务器是指保存有该网络中所有主机的域名和对应IP地址，并具有将域名转换为IP地址功能的服务器。域名必须对应某一个IP地址，但IP地址可以没有域名。将域名映射为IP地址的过程就称为域名解析。

八戒：我懂了，DNS 就是一个 IP 和域名之间的翻译器。

4.2.2.4 HTTP 协议

八戒：HTTP 这个应用层的协议上网时经常可以看到，它是非常重要的协议吧？

镇元子：是的，HTTP 对互联网有着极其重要的影响。我们在网上浏览信息的时候少不了它的帮忙。

> HTTP 协议（Hyper Text Transfer Protocol，超文本传输协议）是一种浏览器通过互联网与万维网服务器相互传输数据时需要遵循的协议。HTTP 协议运行在 TCP/IP 模型的应用层，和其他的互联网协议一样，HTTP 采用客户机/服务器模式，可以使浏览器更加高效，减少网络传输。它不仅保证计算机能正确快速地传输超文本文档，还能确定传输文档中的哪一部分，以及哪部分内容优先显示（如文本先于图形）。由于采用 HTTP 协议的用户数量增长很快，因此 HTTP 对互联网有着极其重要的影响。（HTTP 协议工作原理如图 4-3 所示）

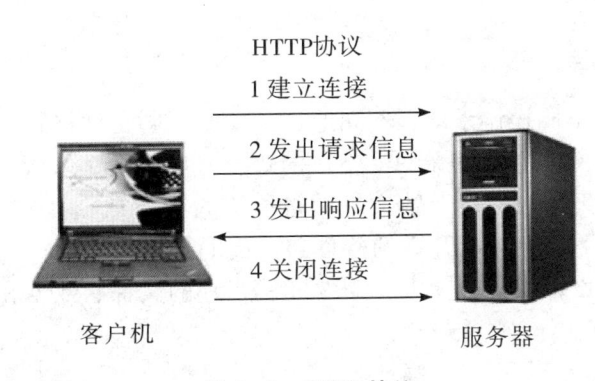

图 4-3　HTTP 协议

4.2.2.5 远程登录协议 Telnet

课堂期间，学校的服务器出现了问题，负责维护服务器的工作人员马上告知镇元子。镇元子赶忙用 Telnet 远程登录检测服务器，查找问题。

> Telnet 是 Internet 的远程登录协议。用户在本地计算机上运行 Telnet 程序，让计算机成为远程服务器的一个暂时性仿真终端，再用它连接到远方提供 Telnet 服务的服务器上，输入有关命令就能远程登录并控制远端服务器，获取服务器提供的资源和服务。（远程登录协议 Telnet 工作原理如图 4-4 所示）

图 4-4 通过 Telnet 程序远程登录并控制远端服务器

4.2.2.6 文件传输协议 FTP

镇元子通过检测,发现事故是某个软件没有及时下载补丁堵住漏洞而导致的。他赶忙用 FTP 下载该软件补丁并安装。

> FTP 是 Internet 上不同计算机之间传送文件的协议。FTP 使用 TCP 协议进行信息控制和数据传输,控制连接方式与 Telnet 协议比较接近,但是功能单一,只做文件存储和传输工作,不会接触到服务器的操作系统和主要文件,所以可靠性和安全性更好。

使用 FTP 服务,不同操作系统、不同地域、甚至不同文件格式的文件都可以进行传输和交换。FTP 采用客户机/服务器(C/S)模式。客户机将文件传送到服务器的过程称为"上传",客户机获取服务器上的文件的过程称为"下载"。许多软硬件公司都提供 FTP 服务以方便公众下载交付或升级的软件包、漏洞补丁等资源。一般的公司、政府机构、事业单位和个人也喜欢把一些大家需要或感兴趣的文件、数据和软件等各种资源等放在 FTP 服务器上。

图 4-5 通过 FTP 服务,实现文件的传输和交换

4.3 标记语言

镇元子在完成服务器抢修工作后,熟练地打开一个浏览器,输入一个网址,电脑屏幕上便出现了多种媒体组成的画面。

镇元子:这个就是超文本文档。它是由标记语言构成的。标记语言,又叫置标语言,是一种将文本以及相关的其他信息结合起来,展现出关于文档结构和数据处理细节的计算机文字编码。HTML 和 XML 就是应用最广泛的两种标记语言。

八戒：这个名词很新鲜，麻烦大师您给我说说。

4.3.1 GML（Generalized Markup Language，通用标记语言）

标记最早应用在出版业，其目的是为作者、编辑以及出版商之间描述出版作品的排版格式而服务。通用的文档格式可以提高系统的移植性，利用电子方式存储以及将这些格式解释成不同版式、版面的程序可以极大地节省时间和成本。为此20世纪60年代IBM创建了GML，将文件结构化为通用的标准的格式。

4.3.2 SGML（Standard Generalized Markup Language，标准通用标记语言）

IBM团队继续完善GML，形成了SGML，并且在1986年被国际标准化组织（ISO）所采纳。SGML功能非常强大，同时也非常复杂，需要许多软件配合运行，因此难以推广。

4.3.3 HTML（Hyper Text Mark up Language，超文本标记语言）

HTML可看做在Web中使用的SGML的一个子集、应用和国际标准。HTML是当前网络上应用最为广泛的语言，也是构成网页文档的主要标记语言。这些标记直接嵌入网页，当浏览器读取这个文件后，就会对标记符进行解释和显示其标记的内容（如文字如何处理，画面如何安排，动画如何显示等），使得人们在不同的计算机上都可以看到相同的或很相近的网页效果。

HTML文本中包含了一种特殊的标记——超级链接（Hyperlink）。超级链接是一种统一资源定位器（Uniform Resource Locator，简称URL）指针。通过点击它，可以让浏览器跳转或打开一个新目标，如一个新网页、一张图片、相同网页上的不同位置、一个电子邮件地址、一份文件、一个应用程序等。超级链接是HTML的特色，也是其名字的由来。

早期网页通常是由HTML构成，甚至有种说法：万维网（WWW）是建立在超文本基础之上的。慢慢地其他的技术如脚本语言、CGI、组件等融入网页中，丰富了网页的功能。再后来随着XML等其他技术的出现，HTML的市场份额有所缩减。

4.3.4 XML（Extensible Markup Language，可扩展标记语言）

XML是Web中使用的SGML的另一个子集、应用和国际标准，主要用于描述和交换独立于应用程序或供应商的结构化数据。XML可以用来标记数据、定义数据类型，是一种允许用户对自己的标记语言进行定义的源语言。XML与HTML关注焦点不同：XML被设计为传输和存储数据，其焦点是数据的内容。而HTML被设计用来显示数据，其焦点是数据的外观。XML定义了WWW可以显示哪些数据，而HTML定义了如何显示这些信息。它们都可以定义网页文档，但是功能和目标不同，XML可以视为对HTML的补充。

XML的重心在数据共享和交换上，它的优点很多：

■ 良好的兼容性。XML可以在Windows、MacOS、Linux等各种平台下读写在任何应用程序中的数据。XML所拥有的优良的异构应用系统间数据的共享功能和交互功能，使它成为数据表示的一个开放标准，同时也为信息技术的发展带来新的动力。

■ 简单易用的管理数据存取格式。XML吸收了人们使用HTML的经验，以灵活通用有效的方式定义管理信息的结构。XML 设计者用 SGML 约 20% 的语句，实现 SGML 约 80% 的功能。以 XML 格式存储的数据符合层次结构和面向对象原则，给用户存储和管理数据库数据、网络数据和网管数据提供了便利。

■底层传输的数据可读性。传统的网络传输底层数据用二进制位流进行传输。二进制位流在不同的应用协议中的定义不一，难以兼容。如果底层数据改用 XML 格式定义和描述，底层数据就有很好的可读性。

■数据跟踪能力。XML 可提供元数据（关于信息的数据），元数据能帮助人们找到信息，并帮助信息的使用者和提供者找到彼此。XML 这一特点将改变网络数据的共享方式和检索数据库或文件的方式。

XML 是网络标记语言后起之秀，论应用影响力暂时还比不上 HTML，但是在大数据时代，待到电子商务应用成熟时，它的影响力不能低估。

4.4 互联网的各种应用

镇元子介绍完上述知识后，又说道：上面这些都是互联网基础设施，有了这些基础设施，技术人员和爱好者就可以开发和探索多种多样的互联网应用来满足用户的需求。

八戒：观音菩萨和师父都曾经说过，1969 年到 1983 年，互联网诞生了五个最基本的运用：电子邮件、文件传送（FTP）、网络游戏、应用软件和电子公告牌（BBS）。1983 年以后，BBS 的功能不断分离并逐渐形成了众多独立的互联网应用，例如博客、微博、维客、换客、威客，等等。

镇元子：没错。现在你们做做功课，统计一下互联网主要的应用类型。

八戒、翠兰答应后，一起上网找资料完成作业。

4.4.1 互联网常见应用

4.4.1.1 WWW（World Wide Web）

> WWW，中文称为"万维网""环球网"等，通常简称为 Web，是一个全球性的分布式信息系统。

WWW 提供使用超文本标记语言（HTML）编写，含有丰富的文本和图形、音频、视频等多媒体信息的整合文档。它还提供页面之间的超链接功能，方便用户浏览不同网页。HTTP（超文本传输协议）是 WWW 客户机/浏览器和 WWW 服务器之间的超文本信息传输协议，负责传输各种超文本页面和数据。由于 WWW 内容丰富，浏览方便，目前已经成为 Internet 中最广泛运用的服务之一（客户机通过 WWW 访问全球的服务器流程如图 4-6 所示）。

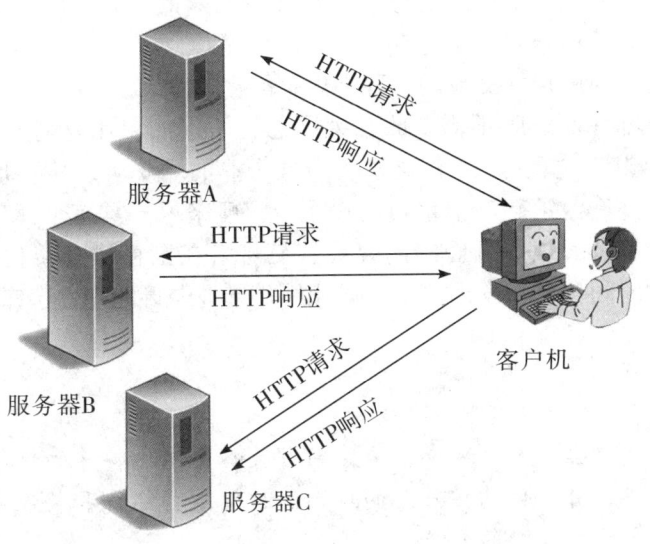

图 4-6 客户机通过 WWW 访问全球的服务器

4.4.1.2 电子邮件

> 电子邮件（Electronic Mail，简称 E-Mail），是发信人和收信人之间，通过互联网进行书写、发送和接收信件，实现信息交互的一种方式。电子邮箱是电子邮件的载体，具备存储和收发电子信息的功能，是因特网中最重要的信息交流工具。

发信人和收信人双方均用电子邮件地址来标识自己。电子邮件地址的格式由三部分组成，第一部分是用户信箱的账号，对于同一个邮件接收服务器来说，这个账号必须是唯一的；第二部分"@"是分隔符；第三部分是用户信箱的邮件接收服务器域名，用以标志其所在的位置（电子邮件简单流程如图 4-7 所示）。

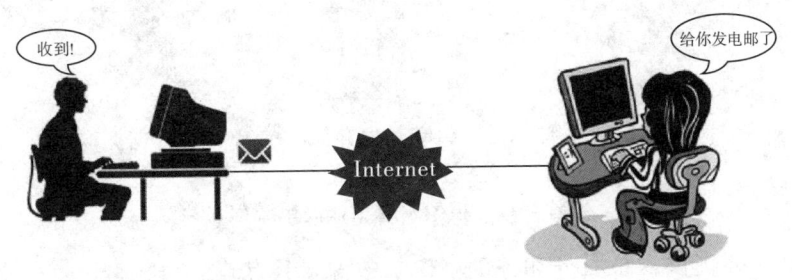

图 4-7 电子邮件简单流程

电子邮件采用"储存—转发"的报文发送方式，在网络上逐级传递信息。在网络传输非高峰期间传送电子邮件可以达到实时的效果，在高峰期间某些极端情况下可能有所延误。但是总体而言，电子邮件营销的成本低廉、操作简单、营销价值人群基数大、精准度高和传播速度比较快等特性还是让它获得不少商家的青睐。电子邮件在电子商务企业当中应用面更广,从用户可能感兴趣的活动和产品的推广到每一笔订单的状态跟踪,电子邮件一直是商家与用户的交流的一种常规手段。

但是由于电子邮件发送时不需要收信人同意,所以如果用户对邮件内容不感兴趣,邮件也许会被标记为"垃圾邮件",这样会降低企业的品牌美誉度,形成反效果。所以正确的策略对电子邮件营销起到很重要的作用。一般来说,具有个性化内容的、能够引起用户关注的、能够掌握用户喜好的内容更容易将潜在销售机会转化为实际销售成果;有礼貌的、在合适时间和频率发出的、可以让用户选择退订的邮件会减少用户的厌恶感。

4.4.1.3 搜索引擎

> 搜索引擎是根据用户的要求,依照某种策略、使用特殊的计算机程序从因特网上搜集信息,并对信息按一定的规则和权重进行组织和处理后,将用户检索的相关信息展示给用户的系统。

由于因特网的快速发展,海量的数据和信息让用户难以准确及时地找到自己的所需所求。搜索引擎这个因特网的信息检索系统可以帮助用户过滤掉大量不相关的内容,为用户提供相关信息的检索服务,以便尽快达成目标。所以搜索引擎成为因特网上最常用的应用之一(搜索引擎工作简单流程如图4-8所示)。

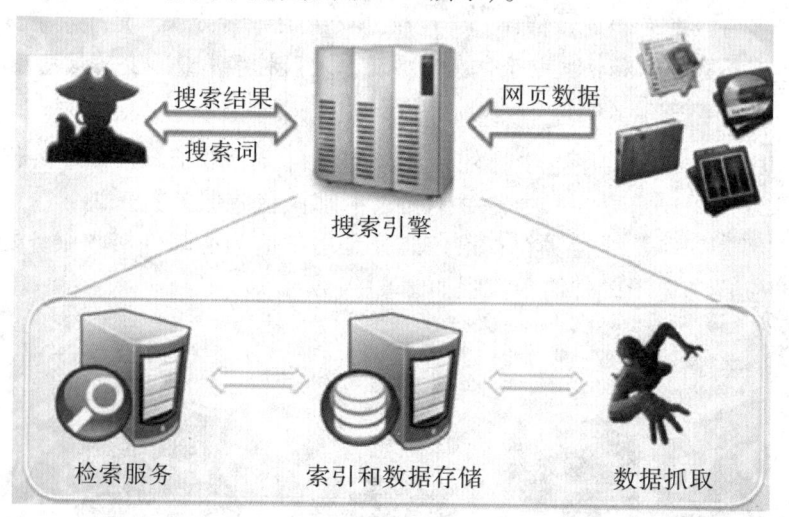

图4-8 搜索引擎工作简单流程

搜索引擎主要提供目录服务和关键字检索两种服务方式。

目录索引也叫分类检索,它通过搜集和整理因特网的资源,利用网址作为标识,为网站建立类似图书馆书目的分类树形结构索引。用户根据这个目录索引可以很快找到自己需要的网络信息。目录索引严格意义上并不算搜索引擎,它只是一个由自定规则或主观印象形成的目录分类列表而已。但是它方便实用,位置信息比较固定,受到不喜欢大变动的用户的欢迎。

关键字检索在全文数据库中进行。全文搜索引擎可分为两类，一类拥有自己的检索程序，自建数据库，定期进行全网网页搜索，搜索结果直接从自身的数据库中调用，例如谷歌和百度；另一类则是租用其他搜索引擎的数据库，并按自定的格式排列搜索结果，如 Lycos 搜索引擎。当用户通过关键词查找信息时，搜索引擎会在数据库中进行搜寻，如果找到与用户要求相符的网站，系统会根据网页中关键词的匹配程度、出现的位置、频次、链接质量等计算出各网页的相关度及排名等级，然后根据关联度高低，按顺序将这些网页链接返回给用户。

4.4.1.4 电子公告牌（BBS）

> 电子公告牌（Bulletin Board System），BBS，也叫论坛，是一种因特网上的电子信息服务系统。它提供提供的服务类似一块公共电子白板，每个用户都可以在上面发布信息或提出看法。它是一种交互性强，内容丰富的因特网电子信息服务系统，用户在 BBS 站点上可以获得各种信息服务、发布各种信息、进行讨论、聊天等。

BBS 在因特网发展初期就出现了。随着网民数量的增加和互联网应用的发展，BBS 不再是功能简单、信息杂乱的电子公告板，它被分成很多不同的主题，功能也不断扩充，成为一个以兴趣为中心来聚集志同道合者的交流平台。BBS 是最早的草根自由发言的场所，随着因特网的迅速发展，BBS 显示出强大的聚众能力，能够让某个话题或某个事件进行持续的传播，甚至引发新闻事件，它因此成了商家青睐的营销场所。

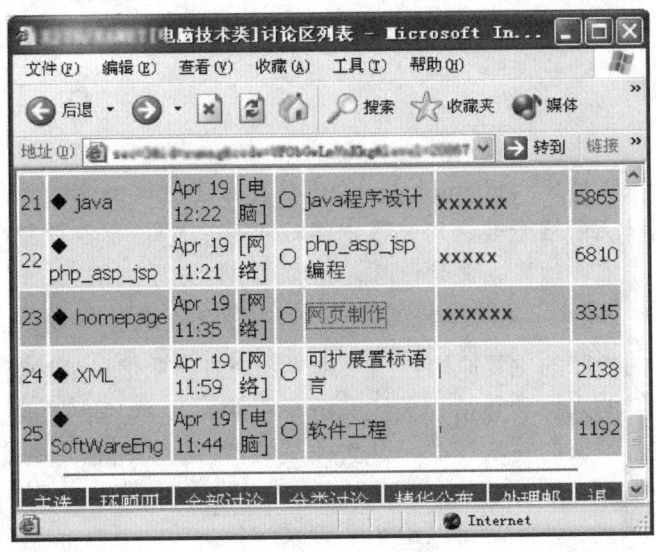

图 4-9　电子公告牌（BBS）

商家希望利用论坛的超高人气开展各种层次的营销传播，通过论坛活动的强大聚众能力实现与消费者的深度互动。商家通过热门事件以及对网民感兴趣的活动的策划，把自己的品牌、产品、形象等内容植入传播内容中，再利用 BBS 的持续传播效应，引发新闻事件，触发传播的连锁反应。如此一来，商家就可以在比传统营销花费更少的情况下，达到理想的营销效果。

BBS 一般采用管理人员分级管理论坛的管理方式，给管理人员很大的权限。由于对管理规则和处理方法有不同意见，管理人员与普通会员之间的冲突时有发生。博客、微博等个人管理的新模式的出现，分走了 BBS 的部分人气。

4.4.1.5　博客

> 博客（Blog），也叫网络日志、部落格或部落阁等，是一种由个人或团体管理、不定期张贴新帖子的网站，也可以说是一个综合性网络社交平台。博客的操作很简单，是"傻瓜式"系统的典范。博客的好处在于给个人成为内容和消息制造者的机会，所以博客获得了大众的欢迎，成为主流的网络交流方式之一。

有人把博客作为自由发表言论的演讲台，有人把它作为积累、加工、提炼知识的工厂，有人认为这是一个同好进行交流沟通的角落，有人认为这是一个进行营销的好地方，还有人认为这是草根获取话语权的阵地……博客就是一个分享、交互和展现自我的开放互动平台，大家在上面享受成为主角的乐趣。博客可以分为个人博客和企业博客两类。一般而言，企业博客比个人博客具有更明确的企业营销目的，博客文章中或多或少会带有企业营销的色彩。

博客营销形式很多，成功案例也不少，但本质看，大多数在于通过发布原创、专业化的内容来传播知识和争夺话语权，通过建立可信可靠的形象、形成个人品牌，进而影响读者的思想和购买决策。

4.4.1.6　微博

> 微博，是微型博客（MicroBlog）的简称，它是通过关注机制分享简短实时信息的广播式社交网络平台，用户可以通过 Web、Wap 等各种客户端组建个人社区，以 140 字左右的文字更新信息，并实现即时分享。

微博得到大众的青睐的主要原因包括：用户发现自己从信息消费者变成信息生产者，这极大地激发了他们的兴趣和热情；关注和分享机制，实际上是对海量的信息进行选择和过滤，同时也迎合了人们喜欢互动、喜欢社交的特性；实时信息的广播式传播（有人称之为"病毒式传播"）方式，让微博成为媒体中信息传播最快、影响力最大的媒体之一。微博影响力巨大，一条微博可以给企业带来大量的收入，一条微博谣言也有可能毁掉一个企业甚至是一个行业。

微博草根性很强，内容更多地反映了百姓的看法和心声，对于企业来说，这里是最接"地气"的场所。微博营销与传统营销不同，微博信息是在熟人、朋友、同事、家人之间复合传播，熟人间的信任和传播中的相互印证，最终实现传统广告难以到达的裂变式传播效果。一条微博的内容不超过 140 字，内容简短，使用流量少，门槛较低，实时信息共享便捷，营销费用比传统媒体低廉，但是由于用户的信息获取具有很强的自主性，所以企业需要进行高质量的营销才有可能获得关注。伴随微博的普及，O2O 模式等基于微博的新营销模式也不断涌现。

4.4.1.7 微信

> 微信是腾讯公司为智能手机免费提供的即时通讯服务 APP。微信通过网络技术，实现跨通信运营商、跨操作系统平台的语音短信、视频、图片和文字快速发送，还支持多人群聊。微信还提供公众平台、朋友圈、消息推送等功能，用户可以通过摇一摇、搜索号码、附近的人、扫二维码等方式添加好友，关注公众平台，同时微信帮助用户把精彩内容分享给好友。

由于应用免费、功能不断推陈出新，微信客户急剧增加。到 2015 年底，微信用户数已经突破 6 亿人，成为全球下载量和用户量最多的通信软件。

微信与微博都属于社交网络平台，重叠的使用人群和发送实时信息的共同特质让大家感觉两者相近，但其实两者存在区别。微博是社会化信息网络，发布的信息是公开的、扩散的，更接近新闻媒体平台；微信是社会化关系网络，发布的信息是私密闭环传播的。微信注重用户圈子、用户关系的维系，可以通过具有针对性的对话，进行一对一的交流。从企业营销角度来看，一个是横向工作，一个是纵向工作，两者刚好互补。微博通过多样的、海量的信息广播，获取关注、导入流量；微信通过少量的、精准的、百分百到达率的信息推送，深入互动交流，获取价值沉淀。

4.4.1.8 网络游戏

> 网络游戏，也称在线游戏（Online Game），一般指以互联网为媒介，进行互动娱乐的游戏。

一看到这个应用，八戒就皱眉头：网络游戏不是什么好东西。当初小能就是沉迷网络游戏，差点变成废人了，网络游戏害人不浅！

镇元子：过度沉迷网络游戏当然危害不浅。但是大多数人把互联网作为一个休闲娱乐的放松场所。游戏能够实现娱乐、休闲、交流和获取虚拟成就等目的，所以游戏的玩家数量巨大。而商家也看到了其中的商机，把它作为营销和广告的场所。

八戒：有人气的地方就有商机。网络游戏玩家众多，众商家当然不会放过这个营销场所。不过网络游戏是如何进行营销和广告呢？

镇元子：最常见的模式是通过强化记忆或营造特定场景的方式让用户在放松的状态中增加品牌认知，激发购买欲望。个别商家专门为自己度身定制一个游戏，结合游戏角色来无缝整合用户体验，达到营销目的。举个例子，众所周知，逗利是、讨红包是民间过年的传统习俗。微信红包 2014 年初次登场，身份就是财付通这个第三方支付平台根据习俗在春节期间推出的小游戏。微信用户只要关注财付通运营的名为"新年红包"的公众号，就可以发红包、查收发记录和提现。用户发送的红包有两种，一种是不同金额的红包，另一种是等额红包，最为流行的是对群用户发放不同金额的红包。而发送和提现功能就必须在银行卡与财付通绑定后才能够完成。微信红包对用户来说是一个分享快乐、获得利益激励的网络游戏；对于支付平台来说，这个网络游戏让它获得大量用户，并且增加了已有用户的黏性。

八戒：明白了。高明的营销模式就是微信红包那样，通过游戏或者其他合适的方式，让人们自发地、在不知不觉中达到营销效果。

4.4.2 移动互联网

认真求学的八戒夫妇在第二天开课之前把作业交给了镇元子。镇元子看完八戒夫妻的功课，说道：不错，你们对常见应用都有了一个梳理和总结。现在的人们除了用电脑上网，还用手机上网。从大众心理来看，快速的生活节奏，使得他们更青睐在碎片化的时间内完成事情，而手机上网非常匹配人们这种生活需求，所以手机上网的前景很大，企业进行电子商务建设的时候要适应移动互联网这个平台的需求。

八戒、翠兰：移动互联网？

> 移动互联网（Mobile Internet，简称MI），它是互联网的技术、平台、商业模式以及应用与移动通信技术结合并实践的活动总称。它继承了移动随时随地随身和互联网分享、开放、互动的优势，是整合二者优势获取业务和服务的新事物。（企业为移动互联用户提供IT服务的示意图如图4-10所示）

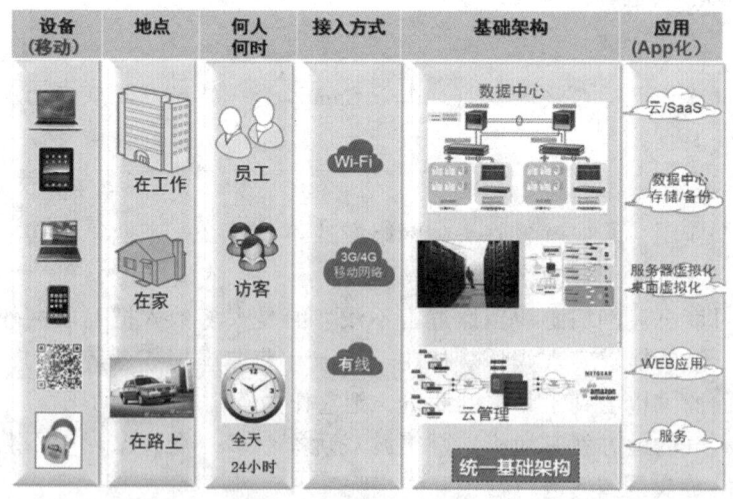

图4-10 企业为移动互联用户提供IT服务的示意图

4.4.2.1 4G

> 4G是第四代无线传输技术的缩写，属于宽带移动通信阶段。它能够提供更广泛的业务种类，例如因特网接入、图像传送、视频点播、数据互传，甚至实时地观看电视节目等数据或多媒体业务。

4G具有较高的传输速率和传输质量，能够承载大量的多媒体信息。它具有50～100Mbt/s的最大传输速率、非对称的上下行链路速率、地区的连续覆盖、QoS机制、较低的比特开销等功能。（不同时代可支持应用如图4-11所示）

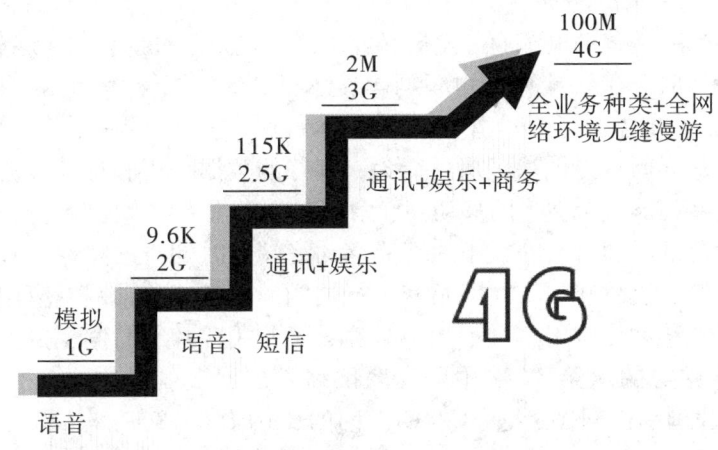

图4-11 不同时代可支持的应用

4G系统能实现各类媒体、通信主机及网络之间的"无缝"连接，使得用户能够自由地在各种网络环境间无缝漫游，因此4G具有灵活多样的业务功能。4G系统是一个高度自治、高度智能化的网络，具有很好的重构性、可交性、自组织性等，可满足不同用户在不同环境下的通信需求。

4.4.2.2 智能移动终端

移动互联网的宽带多媒体业务和服务的主要载体是智能移动终端，如智能手机、平板电脑、电子书、MID等，而传统互联网的业务和服务的载体是计算机。载体不同，决定了他们的技术、平台、商业模式有以下不同之处：

■从移动频率来看，传统互联网中大部分计算机是在某些相对固定的位置上面使用的，网络技术较为简单，而智能移动终端一般随身携带，所以如何在位置不断移动的过程中获取稳定的无线高速数据是移动互联网的难点。

■从载体尺寸来看，计算机拥有较大尺寸的显示器和主机，处理能力强，智能移动终端一般尺寸较小，处理能力较弱，所以移动互联网追求简洁的界面，务求以最少的资源、最简洁的操作获取需要的信息和应用。

■从使用习惯来看，计算机一般是用完就关机，手机等移动终端一般是随时在线。

从大众心理来看，快速的生活节奏，使得他们更青睐在碎片化的时间内完成事情，所以更加便捷易用的移动互联平台、商业模式和应用就飞速流行起来了。

4.4.2.3 移动互联网特点

移动互联网中即时通讯、社交、移动电子商务、手机支付等应用的发展异常迅猛。其中移动电子商务以用户需求为中心，结合了互联网分享、开放、互动的优点，创造出自己的特色：

■构建开放性平台。传统的移动平台是封闭的，移动互联网继承互联网的开放、自由等优点，建设开放性移动平台、整合数字内容资源，实现跨平台商务流的互通互联。但是当前 iOS、Android 两大系统各自独立，相对封闭，应用服务开发者需要进行多个平台的 APP 开发，这种情况违背了互联网互通互联的精神。不过，不同品牌、类型的移动终端实现互联互通，是移动电子商务发展必经阶段，也是不可逆转的大趋势。

■重视用户体验。在云计算、物联网等技术的带动之下，移动互联网也逐渐步入"大数据"时代。大数据技术结合用户定位技术、用户身份识别技术，提供简洁优雅、按用户喜好布置的界面，提供基于用户行为、喜好的数据分析和推荐，提供基于预处理的高效搜索。这些精准、个性化的移动互联营销服务优化了用户体验。

■利用碎片化的时间。尺寸较小的智能移动终端随时随身的特性，有利于用户抓住碎片时间推送微博、玩游戏、访问网站和进行网购……随着移动网上应用不断创新，功能不断增多，智能移动终端用户群不知不觉养成了利用碎片化时间上网的习惯。依据中国互联网络信息中心的《第 37 次中国互联网络发展状况统计报告》数据显示，截至 2015 年 12 月，我国手机网民通过 3G/4G 上网的比例为 88.8%，较 2015 年 6 月增长了 3.1 个百分点。在网民使用台式电脑、笔记本电脑、平板电脑的触网比例再次下降的同时，使用手机上网的比例持续增加。

■培养客户的"黏性"。不断的"行动—反馈—行动—反馈"的闭环，能够让用户加深印象和培养习惯。用户如果离开计算机，交互就容易中断了，多次打断的情况下，"黏性"就难以培养。相比之下，智能移动终端随时随身的特性，更容易形成交互的闭环。

■培养创新平台和模式。移动互联网除了自我融合，也和传统行业融合。融合方式大致有两种：一种是作为业务的推广手段，例如食品、餐饮、娱乐、航空、汽车、金融、家电等传统行业的 APP 和企业推广平台，另一种是移动端服务模式的重构，例如基于位置信息的旅游、交通、餐饮、娱乐服务的信息推送等。O2O 模式也属于移动互联网与传统行业融合所催生的新模式。

4.4.2.4 APP

APP 是一个多义词，这里专指智能终端的第三方应用程序。随着以 iOS 和 Android 系统为代表的智能终端的普及和移动通信硬件基础服务的不断优化，移动 APP 呈爆炸式增长。它结合移动通信、互联网优势，提供便捷、实用、多样化的服务，让用户数量得到迅猛提升。

APP 是一种移动端程序，它与 PC 端程序有不同的特质：

■短路径、强竞争。移动端路径比 PC 端短，用户行为比 PC 端封闭，APP 之间的竞争也比 PC 端程序间的激烈。PC 端用户从一个应用跳到另外一个应用，只需要提供超链接就可进行跳转。APP 软件需要先下载，再应用，很少进行 APP 跳转。用户下载一个 APP 后，往往体现出很好的"黏性"，有更好的流量转化率。由于每天有近 2 000 款新应用诞生，为了从海量的 APP 中脱颖而出，引导用户下载，APP 之间的竞争达到白热化地步。

■柔性广告。传统互联网的广告位置很多，表现方式不容易受限。智能终端屏幕小，位置有限，过多的广告会降低 APP 用户体验的满意度，有些用户甚至会立即卸载这个 APP。所以 APP 更喜欢通过柔性广告，比如通过做游戏、讲故事、传播知识等"软"方式来进行营销，把广告作为内容、道具或背景植入。比如"疯狂猜图"就是很好的内容植入的成功案例。该游戏融入广告品牌营销，把 Nike，IKEA 之类的品牌作为关键词，既达到了广告宣传效果，又不影响用户玩游戏的乐趣，而且因为融入了用户的互动，广告效果更好。又比如某企业通过提供《孕妇画册》APP 吸引准妈妈们下载，提供孕妇必要的保健知识，客户在获取知识的同时，不断强化对品牌的印象，商家还可以通过该 APP 精准地发布信息给潜在客户，进行营销。

■低成本高精准。只需要开发一个适合于本品牌的 APP 和少量的推广费用，需要的用户就会自行下载 APP，并获得企业传送的信息，APP 营销的成本比电视、报纸、甚至是网络都要低。而用户自己选择获取资讯的模式使得营销的准确性也提高很多。

依据中国互联网络信息中心的《第 37 次中国互联网络发展状况统计报告》数据显示，2015 年，即时通信，搜索引擎，网络新闻，网络视频，网络音乐、网络支付占据了中国网民互联网应用使用率的前 6 名。网上支付更是达到 36.8% 的年增长率。即时通信功能不断延伸，成为用户连接各类生活服务的综合性平台。搜索引擎转型为生态化平台服务。网络新闻市场融合"资深编辑"和"智能算法"，实现精准个性化推荐。商务交易类 APP 市场稳健发展，网络购物，跨境电商，农村电商，网上订餐，在线旅游，网络视频直播，还有互联网定期理财等领域百花齐放；在线教育，互联网医疗，互联网约车等公共服务类 APP 市场的用户习惯逐渐形成。

章节要点小结（请同学们在本章节中查找知识要点的对应页码，以便复习）

知识要点	章节页码
1. Internet、Intranet 和 Extranet 的概念和相互关系	
2. 网络协议的概念	
3. 标记语言的种类及其概念	
4. 互联网各种常见应用的概念	
5. 移动互联网特点及移动通信技术种类	

延展学习活动： 假设同学们计划暑假要到某地旅游，请通过手机或者电脑中的应用设计你的整个旅程。要求：

1. 列举旅游前期准备工作有哪些（例如：查攻略，购买旅游用品，买意外保险等等）。

2. 确定两种交通工具出行方案，飞机、高铁、铁路、汽车等均可选。确定购票时间，要求出发地点是在广州；机票可选择打折机票（经济舱）；铁路可选择硬座。记录购票网站或购票电话等具体内容。

3. 订好住宿标准和旅游路线，可以自由选择拼车或穷游等交通工具，请写出订房网站名（网址）、酒店名、价格、联系方式、旅游点行程安排等。

建议：首先通过网络或电话查攻略，确定交通工具的出发和抵达时间后，根据抵达时间预订当地的酒店。酒店的预订可以通过网络或电话完成。另外，要注意不要选择出发或者抵达时间在凌晨或深夜的交通班次。住宿地和旅游点行程安排也要考虑安全因素。

第 5 章
电子商务网站规划与建设

书接上回，八戒和翠兰听了镇元子大师对电子商务基础设施的启蒙课程后，感觉电子商务商机无限，同时决定加快自身企业电子商务建设的进程。但是怎么做，八戒却是茫无头绪，于是抓儿子的差，让儿子提出一个组建电子商务网站的方案。

小能对此满不在乎：组建电子商务网站有什么难？我帮你找几个同学设计一下网页，再挂到哪个服务器上就行了。

八戒：你太轻视了。企业无论做什么项目，都有一个调研筹划的过程。电子商务网站好比一个公司在一个虚拟领域中开店，不会这么简单。你还是好好找找这方面的专家咨询一下吧。这个项目算是对你这个家族企业继承人的一次考验，只许成功，不许失败！

小能不敢怠慢，忙通过威客寻找做电子商务的专才，结果一见面，原来是老熟人，哪吒。

哪吒听完小能简单的叙述以后提出疑问：要做电子商务网站？你们建设网站的目的是什么？是企业形象展示？还是产品网上销售？或者两者兼顾？网站准备采用哪种风格？面向的客户群体是谁？要提供哪些特色服务？要不要电子支付功能和物流配送作业处理……

5.1 建设电子商务网站的前期准备工作

小能被一大堆问题砸得晕头转向，深刻体会到姜还是老的辣，让老爸说中了，电子商务网站的建设不是一件简单事。他连忙虚心请教。

哪吒：要建立一个有质量的电子商务网站，需要在科学合理的基础上进行详细的分析和论证，抓住电子商务本身的特点和这个行业产品流通的特性，充分估计客户群体需求和交易习惯等。首要任务是确立建立网站的主题和目的，确定网站设计的最终目标及总体指导方针。这其中包括：网站目标定位、网站信息内容确定、网站客户定位、网站盈利模式的设定、网上购物流程的设定、客户付款方式的设定、物流配送作业处理的设定、网络广告促销计划（建设电子商务网站的前期准备工作如图 5–1 所示）

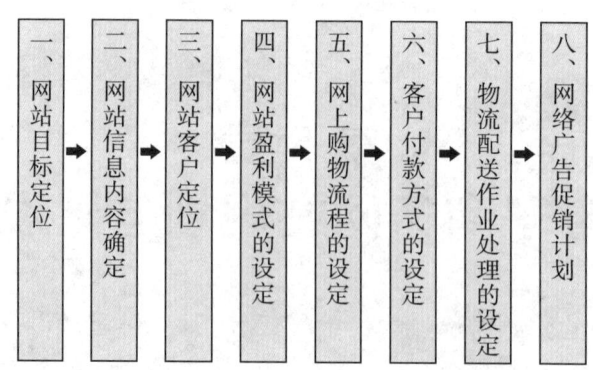

图 5-1 建设电子商务网站的前期准备工作

■网站目标定位

企业电子商务网站的建立，首先要确定电子商务建站的目的所在：是为了树立企业形象，宣传企业产品，推广企业服务，还是为了建立一个完整的电子商务系统，通过网络开展业务。

■网站信息内容确定

如何将网站建设成一个对消费者富有吸引力的电子商务网站，其网站信息内容的确定是关键。与网站的主题相关的信息内容越丰富，网站浏览者就越多。

■网站客户定位

在进行网站客户定位时，应该对本网站的竞争对象的站点进行深入和细致的分析，针对访问对象和本网站客户需求进行定位。

■网站盈利模式的设定

网站的经营收入目标与企业网站自身的知名度、网站未来的浏览量、网站未来的宣传力度和广告吸引力、上网者的购买行为以及对本网站的依赖程度等因素有密切关系。

■网上购物流程的设定

通过电子商务模式完成购物是一个比较复杂的技术流程，但这一复杂流程应当尽量做到对客户透明，使客户购物操作方便，让客户感到在网上购物与现实世界中的购物流程没有本质的差别。一个好的电子商务网站必须做到：不论购物流程在网站的内部操作是多么复杂，面对客户的界面必须简单和操作方便。

■客户付款方式的设定

网站面对的是不同类型的网上客户，企业网站应向客户提供多种可供选择的支付方式。

■物流配送作业处理的设定

企业网站在网上销售商品，必须有相应的后台物流配送作业处理流程的配合，在建站的过程中应对此加以考虑。否则，一旦发生上网者在网站购物并正常完成付款过程后，没有收到或过期才收到所购买的商品的服务欠佳事件，顾客的意见反馈将会严重影响企业网站的声誉。

■网络广告促销计划

网上的广告收入是每一个网站盈利的重要部分，同时也是在网上树立本企业良好形象的必要手段。企业网站在建立后，若要留住原有的上网者，吸引更多的新访客，必须针对本网站的业务特点和客户群设计网络广告促销推广计划。（资料来源：百度文库）

哪吒总结道：你们企业进入电子商务，因为你们都懂得运营，所以有一定先天优势。现在解决问题的侧重点应该是进行完整的规划，夯实基础建设，建立强大的后台支撑，这样才能建立一个符合你们要求的电子商务网站。

5.2 电子商务网站内容设计

小能虚心听完哪吒的介绍，回家跟爸妈讨论，明确了建设自家电子商务网站的目的与内容，连夜根据企业产品风格和自家经济实力以及潜在用户等内容做了一份详尽的需求分析报告。第二天小能顶着一双熊猫眼过来找哪吒了。

哪吒拿过小能的需求分析报告，不忘损他一句：嘿，以前挑灯玩游戏，现在越玩越大了。

小能摸摸头，嘿嘿一笑：三太子，这样的报告满意不？

哪吒：还可以，可见你做了不少工作。有些细节你以前没有接触过，难怪你没有想到。我现在正在帮一家 LED 灯具厂商做网站，你看看我们的设计，再结合我给你的资料做做总结，你应该会对自家网站的风格有更完美的想法。

小能：太好了，我马上学习一下。

5.2.1 电子商务网站内容的设计原则

给目标客户提供方便、实用的信息服务是电子商务网站设计的基本设计原则。原则的实质性内容包括以下几个方面：

■人性化的交互界面

客户访问电子商务站点是为了获取需要的商品或服务，所以网页内容必须突出重点，避免夸张，装饰不宜太多，以免喧宾夺主。在内容编排上必须简洁明了，便于浏览，信息数量比较大时应将其拆分成多个网页。在电子商务网页设计中还应当考虑残障人士等特殊人群的需要。另外，最好是找一家专业的公司来结合企业的特点和产品的特点设计出适合企业的网站，比起直接套用网站模板的设计，这样更能增加客户对网站的信任。

■方便快捷的更新维护

电子商务网站要根据市场行情的波动随时更新网页上的价格信息，要经常提供新的商品或服务，并搞促销活动以刺激客户的购买欲。有分析表明，对网站内容经常进行更新的网站，用户黏贴度较高，网站价值发挥更大。所以网站设计伊始就要考虑到内容更新的快捷简便。在内容更新的同时，还要注意保持网页在结构上的相对一致性，方便老客户快速地找到所需要的各种信息。

■优化的网页内容

在人们印象中，动态网页较静态网页更能吸引客户的注意力。但动态网页过多会降低系统响应速度，一般情况下，客户对当前网页上的内容能持续保持注意的时间长度约为 10 秒钟。若系统响应时间超过 10 秒，客户会在等待计算机完成当前操作时转向其他的任务。静态网页显示速度比动态网页要快很多，而且静态网页与动态网页相比，前者更容易被搜索引擎（如谷歌、百度等）检索，也就更容易获得较高的排名。因此，企业要进行网站本身结构、页面、内容的优化，通过对网站结构和布局等的调整，使得网站更适合浏览者和搜索引擎。

■ 准确无误的链接

网站的向外链接，以及其他网站的连入，是提高网站活力的好办法，与何种网站互链，是网站外部链接分析的关键所在。由于链接空间过大，并且各节点之间的链接关系错综复杂，用户上网浏览时可能发生迷路现象，因此，网站的链接应该保证有效性和标识清晰度。

■ 界面的统一和差异

在电子商务网页设计中，界面一致性也是必须加以仔细考虑的一个重要因素。一般认为，界面一致性主要体现在三个方面：指向性效果，系统的输入与输出之间的关系，界面的外观或视觉效果。研究表明，增强界面的一致性有利于提高用户的操作绩效和满意度，同时还可减少操作错误。

■ 流畅的视觉体验

网页设计作为一种视觉语言，编排和布局与强大的使用功能同等重要。界面美观水平与使用者对界面可用性的主观评价呈正相关，与操作绩效也呈正相关。版式设计主要是通过文字和图形的空间组合，表达出和谐与美。多页面站点页面的编排设计要求把页面之间的有机联系反映出来，把页面之间和页面内的秩序与内容的关系处理好。为了达到最佳的视觉表现效果，应讲究整体布局的合理性，使浏览者有一个流畅的视觉体验。

■ 终端与载体的协调统一

电子商务网页设计应适应客户使用的各种类型的显示器，应使用可用空间的百分比来规定布局。有时同一个网页在不同浏览器或同一浏览器的不同版本上会产生不同的显示效果，甚至有些网页功能无法正常实现。设计电子商务网站时，应注意网页在这方面的兼容性。

■ 信息安全保障

互联网是一个开放的网络，在网上进行各种商务活动，随时可能遭遇黑客的攻击、病毒的侵袭。因此，确保网上信息流通系统的安全十分重要。安全不仅仅是一个技术的问题，还涉及系统的管理和法律法规的保障等。

■ 可扩展设计定位

互联网具有巨大的商务潜能，没有人可以确切预计系统的最终访问量和最佳的商务运行模式。因此，网站设计的原则之一就是可扩展性。随着企业网上平台业务量的扩展和平台访问量的增长，系统需要具备强大的扩展能力以适应新业务的发展。

看完上述资料，哪吒让小能看看自己设计的网站（电子商务网站主页设计实例如图5-2所示）。小能看罢，提出以下几点看法：该网站风格比较务实不花哨，直截了当地突出自身的品牌和产品特征。这也许是因为它是一个高科技公司，面对的客户是偏理工类的人群，过多花哨的内容会阻碍客户短时间获取自己想要的资讯。

哪吒：是的，你抓住重点了，我为了减少用户等待的时间，在网站设计中没有使用过多动态的内容。另外，整个网站背景统一，让浏览者有一个流畅的视觉效果。同时网站也预留了可扩展的设计定位，适应该公司的新业务发展。

小能：我明白你的用意了。

图 5-2　电子商务网站主页设计实例

5.2.2　电子商务网站的风格、创意与形象设计

5.2.2.1　网站整体风格的设计

小能：刚才看的是网站的首页吧，首页设计很重要？
哪吒：没错。首页设计是企业网站整体风格设计的一部分。
小能：这个整体风格设计包括什么内容？

> 　　网站风格（Style）是抽象的。它是指站点的整体形象给浏览者的综合感受。这个"整体形象"包括站点的 CI（标志、色彩、字体、标语）、版面布局、浏览方式、交互性、文字、语气、内容价值、存在意义、站点荣誉等诸多元素。

5.2.2.2　网站页面设计技巧

哪吒：网站的页面组成一般包括以下几个部分：
■首页
网站的门面，如同公司的形象，需要特别设计和规划。
■框架页
网站的主要结构页面，又称次首页、内页。框架页是网站内部主要栏目的首页，讲究风格的一致性，并与主页呼应。
■普通页
网站内承载信息的主要页面，设计要求不高，但要求链接准确、文字无误、图文并茂，并沿袭网页的风格。

■弹出页

一般用于显示广告、新闻、消息以及外站链接等内容。

哪吒对着电脑资料给小能解释：从功能上来看，首页主要承担着树立企业形象（当然不仅仅是首页来承担整个责任）的作用；框架页在导航方面起着重要的作用，比如各栏目内部主要内容的介绍，都可以在框架页中体现再进入普通页，让浏览者能够迅速了解网站各栏目的主要内容，择其需要而浏览；而普通页则是主要的信息页面，也是网站的最终页面；弹出页经常放广告信息和更新的信息提示。对于大型网站，这种结构非常重要。而对于中小型企业而言，网站规模较小、页面数量不多，有时框架页就担当普通页的作用。

一、首页设计技巧

网站首页是企业网上的虚拟门面，网站的页面好比作"无纸的印刷品"。精良和专业的网站设计，如同制作精美的印刷品，会刺激消费者（浏览者）的购买欲望。反之，公司所提供的产品或服务将不会给消费者（浏览者）留下好印象。

网站首页的形式主要两种：纯粹的形象展示型和信息罗列型。

■纯粹的形象展示型

这种类型文字信息较少，图像信息较多，通过艺术造型和设计布局，利用一系列与公司形象、产品、服务有关的图像、文字信息，组成一幅生动的画面向浏览者展示一种形象、氛围，从而吸引浏览者进站浏览。这种形式需要设计者具有良好的设计基础和审美能力，能够努力挖掘企业深层的内涵，展示企业文化。首页在设计过程中一定要明确以设计为主导，通过色彩、布局给访问者留下深刻的印象。

■信息罗列型

这是一般的大、中型企业网站和门户网站常用的方式。信息量大、内容丰富的网站在首页中就使用框架页形式罗列出网站的主要内容分类、重点信息、网站导航、公司信息等。因为网站是以展示信息为主，网站设计就要在细微之处体现企业形象，设计人员要仔细阅读企业的 CI 手册，熟悉企业标志、吉祥物、字体及用色标准，把这些细节融入网站的局部设计中。往往平淡之中一个优美的符合企业特点的曲线就能够给人以深刻的印象，从而将企业形象印在浏览者的脑海里。设计人员在设计过程中要注意使用这些语言符号来表达一种独特的企业信息。

小能看罢资料说道：那你设计的那个公司的次首页（框架页）应该是用信息罗列型吧（如图5-3）？

哪吒：是的，公司业务以 LED 灯具为主，所以在次首页马上把灯具信息展示出来。绿色代表环保、生机、智慧，细节的设计体现了公司的科技创新和环保理念，如此一来就把企业形象印在浏览者的脑海里了。

图 5-3 信息罗列型网页设计实例

小能：明白了。那其他风格设计的网页可否给我看看，加强一下认识？（形象展示型主页实例如图 5-4、图 5-5 所示）

图 5-4 形象展示型主页实例 1

图 5-5　形象展示型主页实例 2

二、内页设计技巧

哪吒：接下来我们要确定内页设计风格。内页设计需要与网站风格保持一致。一般有以下几个执行要点：

■结构的一致性

网站的统一性在网站营销中占重要地位，而网站结构是使网站风格统一的重要手段，它包括网站布局、文字排版、装饰性元素出现的位置、导航的统一、图片的位置等。如果到国外著名的电子商务网站浏览，就会发现这些网站结构非常一致，不同的只是色彩或内容。在结构的一致性中，主要强调网站标志性元素（网站或公司名称、网站或企业标志、导航及辅助导航的形式及位置、公司联系信息等）的一致性。网站结构的一致性是目前网站设计的普遍宗旨，这样做一方面减少设计、开发的工作量，另一方面更有利于以后的网站维护与更新。

■色彩的一致性

一个色彩独特的网站会给人留下很深刻的印象，因为人的视觉对色彩要比布局更敏感，更容易在大脑中形成记忆符号。做到色彩一致的方式是保持站点主体色彩的一致，只改变局部色块。如果企业有自身的 CI 形象，最好在互联网中沿袭这个形象，给观众网上网下一致的感觉，如此更有利于企业形象的树立。建议设计时选取一两种主要色彩，几种辅助色彩。

■特别元素的一致性

在网站设计中，个别具有特色的元素（如标志、象征图形、局部设计等）的重复出现，也会给访问者留下深刻印象。网站结构在某一点上设计出变化，例如直线变为圆弧、用暗色点缀亮色、使用色彩中的补色等，都可成为特别元素。

■利用导航取得统一

导航是网站的一项重要组成部分,一个出色的富有企业特性的导航会给人留下深刻的印象,做法上可以将标志的形态寓于导航之中,或者把导航设计在整个网站布局之中等。花点力气在导航上,会设计出一个出色的站点。

■利用图像取得统一

这里所说的利用图像取得统一,不是在每页中放置几个动画,而是作为网站结构一部分的局部图像,根据网页内容的不同,配以相应的图像或动画,从而给浏览者形成页面的连续性。网页中的图像在使用上一定要慎之又慎,尤其是一些动画。要认真检查网页中的动画,删除没实质性作用的内容。

■利用背景取得统一

常用的网页背景包括背景色和背景图像两种。一般建议使用背景色或色块,不提倡使用背景图像。原因在于:第一,下载速度问题。背景色的下载速度可忽略不计,而背景图像得根据图像字节大小决定下载时长。第二,显示效果问题。如果使用背景图像,例如公司内部建筑、产品图片,或者人物照片,图像上层的文字也许难以辨认,进而影响浏览者的兴致。

设计时需要注意:要使用背景图像时,要注意图片的选择,还要加强与前景的明暗对比,即要么淡化背景,隐约可见即可,要么加深背景图像和辅助的背景色,而将显示于背景图像上层的文字亮化,以方便浏览者等待背景图像全面显示的时候预先阅读文字。

三、色彩搭配

哪吒:网页设计中最难处理的是色彩搭配的问题。如何运用最简单的色彩表达最丰富的含义、体现企业形象是网页设计人员需要不断学习、探索的课题。

小能:那么我们如何进行色彩搭配?

哪吒:色彩搭配一般有两种方法:

■运用相同色系色彩

所谓相同色系,是指几种色彩在3600色相环上位置十分相近,大约在300左右或是同一色彩不同明度的几种色彩。这种搭配的优点在于易于使网页色彩趋于一致,对于网页设计新手有很好的借鉴作用。这种用色方式容易塑造网页和谐统一的氛围,缺点是容易造成页面的单调,因此往往利用局部加入对比色来增加变化,如加入局部对比色彩的图片等。

■运用对比色或互补色

所谓对比色,是指色相环相距较远,大约在120°左右,视觉效果鲜亮、强烈。而互补色则是色相环上相距最远的色彩,即相距180°左右,其对比关系最强烈、最富有刺激性,往往使画面十分突出,这种用色方式容易塑造活泼、生动的网页效果,特别适合体现轻松、积极的素材的网站,缺点是容易造成色彩花哨。

小能:那我明白了。其实,对比色系的色彩运用会不会让页面颜色过多过杂?

哪吒:这确实是个考虑点。作为设计者,在实际应用中要注意主体色彩的运用,即以一种或两种色彩为主,其他色彩为辅,不要几种色彩等量使用,以免造成色彩的混乱。

小能：如果颜色不协调怎么办？

哪吒：使用过渡色。过渡色能够神奇地将几种不协调的色彩统一起来，在网页中合理地使用过渡色能够使色彩搭配技术更上一层楼。过渡色有几种形式：两种色彩的中间色调，在单色中混入黑、白、灰进行调和以及在单色中混入相同色彩进行调和等。

四、版面布局

哪吒：接下来要商量一下版面的布局。从排版布局的角度而言，除了一栏式版面布局，还有两栏式、三栏式、多栏式等。但因为浏览器宽幅有限，一般不宜使用三栏以上的布局。（不同栏式的网页版面布局如图5-6所示）一般来说，企业网站首页的布局（主要指内页版面布局）比较灵活。中、小型企业网站的内页布局一般比较简单，常用一栏式版面布局。

 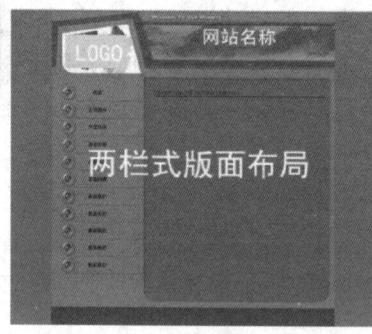 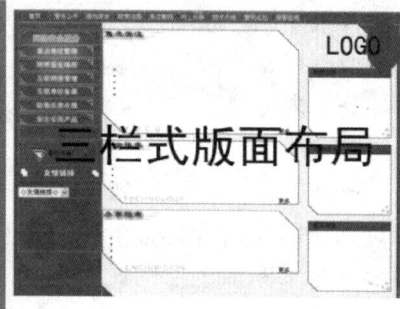

图5-6　不同栏式的网页版面布局

小能：信自达公司的网页采用的是两栏式版面布局吗？

哪吒：是的。我在版面布局中主要考虑导航、必要信息与正文之间的布局关系。采用的是顶部放置必要的信息，如公司名称、标志、广告条，将导航条放在左侧而正文放右侧。这样的布局结构清晰、易于使用。当然，也可以尝试一些变化，例如：左右两栏式布局，一半是正文，另一半是形象的图片、导航；或正文通过背景色区分，分别放置图片和文字，形成两栏式布局的错觉等。

小能：好，我明白了。

哪吒：我这里还有几个其他风格的设计草图，你拿回去做参考吧。（其他风格的网页版面布局如图5-7所示）

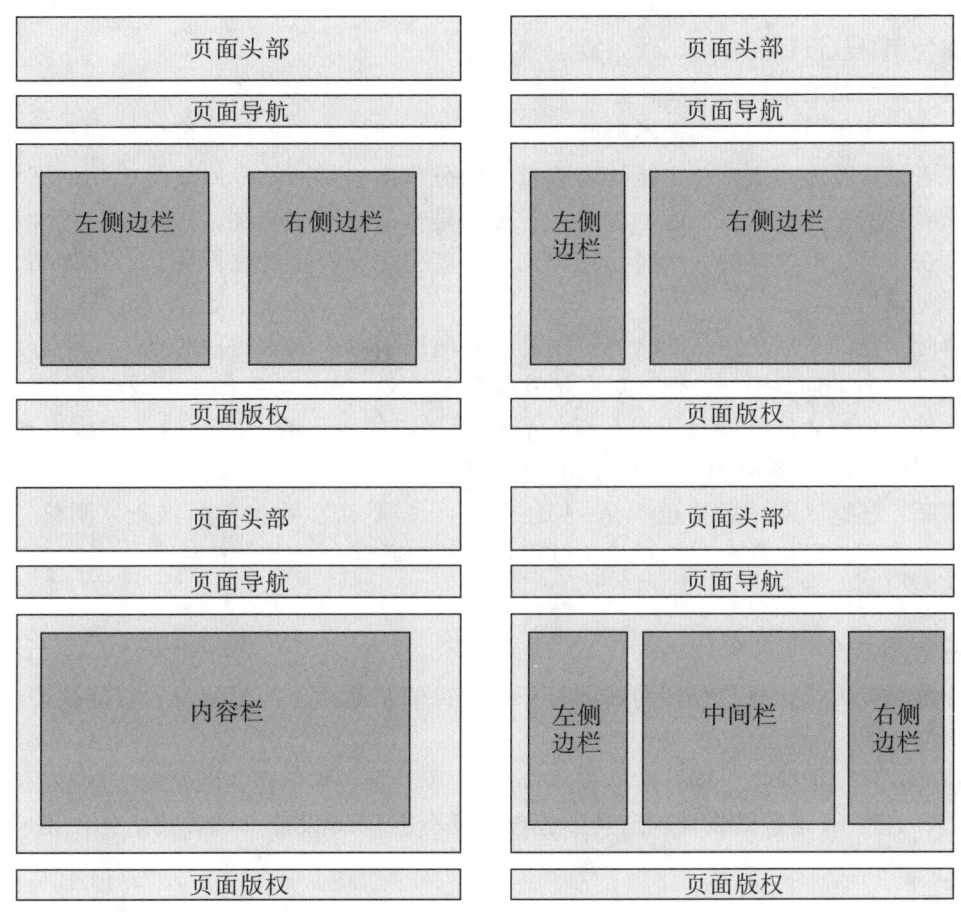

图 5-7 其他风格的网页版面布局

5.2.2.3 网站创意的产生

这一段日子，哪吒和小能都在一起商量网站建设问题。

小能：三太子，你说过，电子商务网站要想给别人别具一格的感觉，它就必须有独特风格。我们企业的网站如何体现这种独特性？

哪吒：这个要靠你自己领悟。你可以通过浏览大量的网站来找答案。

一、树立网站风格

小能听了哪吒的话后，当起了背负任务的小网虫。两天后，他有了自己的感悟：

■尽可能把网站标志 Logo 显示在每个页面上。

■突出网站标准色彩。文字的链接色彩、图片的主色彩、背景色、边框等色彩尽量使用与标准色彩一致的色彩。

■突出网站标准字体。在关键的标题、菜单、图片里使用统一的标准字体。

■突出宣传标语。把宣传标语放在醒目的位置，告诉大家网站的特色是什么。

■使用统一的语气和人称。

■使用统一的图片处理效果。比如，阴影效果的方向、厚度、模糊度都必须一样。

■创造一个站点特有的符号或图标。
■使用自己设计的花边、线条或点。
■展示网站的荣誉和成功作品。

小能一边把自己的总结递给哪吒,一边说道:网站这种独特性可以体现在色彩、技术,或者是交互方式上,总之能让浏览者明确分辨出这是网站专属就是成功的案例。普通网站看到的只是堆砌在一起的信息,只能用理性的感受来描述,比如信息量大小、浏览速度快慢等。有风格的网站能让用户浏览后产生更深一层的感性认识,比如站点有品位、感觉亲切等。

哪吒:是的,但是建站的时候要注意不要滥用创意。创意的目的是为了更好地宣传推广网站,如果创意很好,但是对网站发展毫无意义,那么,我们宁可放弃这个创意。

小能:你刚才这话的意思是:网站要告诉用户的,是关于网站的真实故事和想法。网站风格的形成应该围绕网站的目的而设,对不?

哪吒:还有,网站风格也不是一次成型的,需要在实践中不断强化、调整、修饰。你们企业的网站风格需要我们在建站过程中不断沟通磨合才能定下来。

小能:明白了。

二、网站 CI 形象设计

小能:三太子,我看很多网站都有一个独特的企业标志,很醒目,很能代表企业的形象。

哪吒:你说的应该是网站的标志(Logo)。我计划在你们企业网站的主题和框架定下来之后,进行 CI 形象的设计,这其中包含的可不止 Logo 设计一项。我给你说说 CI 的概念吧。

> CI(Corporate Identity)是通过视线来统一企业的形象。一个杰出的网站和实体公司一样,需要整体的形象包装和设计。准确的、有创意的 CI 设计,对网站的宣传推广有事半功倍的效果。标志、色彩、字体、标语,是一个网站树立 CI 形象的关键。

小能:现在我明白 CI 形象设计的概念了。对于设计中的关键点,有没有实例给我说说?

哪吒:你看看这个网页介绍:

■标志(Logo)

首先需要设计制作一个网站的标志。网站标志(Logo)如同商标一样,是站点特色内涵的集中体现,看见 Logo 就让大家联想起相应站点。Logo 标志可以是中文、英文字母,符号、图案,可以是动物或者人物等。比如:索尼公司是用 SONY 的英文作为标志,新浪用字母"sina+眼睛"作为标志。

网站如果有代表性的人物、动物、花草,可以把它们作为设计的蓝本,加以卡通化和艺术化,例如搜狐的卡通狐狸、凤凰网的凤凰羽毛。专业型网站可以用本专业的代表性物品作为标志,比如中国银行的铜板标志,奔驰汽车的方向盘标志等。

最常用和最简单的方式是用自己网站的英文名称作为标志。不同的字体加上变形的字母就可以构成网站自己的标志。

■色彩

网站给人的第一印象来自视觉冲击，因此，确定网站的标准色彩是相当重要的一步。不同的色彩搭配产生不同的效果，并可能影响到访问者的情绪。"标准色彩"是指能体现网站形象和延伸内涵的色彩。例如 IBM 的深蓝色让浏览者感觉到企业的专业和深邃。

一个网站的标准色彩一般不超过三种，太多会让人眼花缭乱。标准色彩要用于网站的标志、标题、主菜单和主色块，给人以整体统一的感觉。至于其他作为点缀和衬托的色彩绝不能喧宾夺主。一般来说，适合于网页标准色的颜色有：蓝色、黄/橙色、黑/灰/白色三大系列色。

■字体

和标准色彩一样，标准字体是指用于标志、标题、主菜单的特有字体。一般网页默认的字体是宋体。为了体现站点的"与众不同"和特有风格，可以根据需要选择一些特别字体。

■标语

网站的宣传标语可以说是网站的精神、网站的目标。可以设计一句话甚至一个词来高度概括。其作用类似实际生活中的经典广告语，例如雀巢的"味道好极了"。

以上四方面：标志、色彩、字体、标语，是一个网站树立 CI 形象的关键。

小能：明白了，你们设计的信自达电子科技有限公司的商标（见图 5-8）就直接用了中文和拼音的变形组合。标准色彩采用绿色，象征着环保主题和节能省电的 LED 灯。左上角偏黄色的过渡色，象征着灯光，对不？

图 5-8　CI 设计实例

哪吒：是的。信自达几个字设计为拱形的本意是模拟灯罩的样子，整个设计紧扣 LED 灯、绿色环保的主题。

小能：谢谢，有这样的实例，我就能继续构思我们家企业的 CI 形象了。

5.3 服务器解决方案

小能在哪吒的帮助下，终于把自家企业的网站界面搭建起来，还让专业人士做了独特的企业网站 CI 设计。看着这个拥有个性化 Logo 和宣传标语的网站，小能得意万分。谁知道哪吒又来泼冷水了：现在只是相当于帮你们把公司的门面装修了一下，要想把网站运行起来，内里还要装上电子商务的软件，以及购置合适的服务器放这些软件和网站页面。

小能一听，立刻谦虚了：那么我们逐一购买吧。首先解决服务器问题？

5.3.1 电子商务硬件的选择

哪吒：是的，首先要考虑硬件平台的构建。无论企业大小，首先要预计企业可上网交易的商品量、估算电子商务业务正常开展后所需的电子商务的从业员数量，以及系统可支持的同时在线访客数量等。其次，电子商务平台要求服务器 7×24 小时不间断提供服务，网络环境必须满足保密机制和服务器、NOS（Network Operating System）、应用软件、DK Data Base 等软硬件系统的运作要求，能够多处防范制约，使电子商务平台成为一个可靠、安全、方便交易的系统。另外，必须能够正常、有效、安全地与银行、税务、保险、统计等相关系统的网关链接。

小能：好复杂呀，像我们这样的外行企业用户数量可不少，估计大家都搞不懂。

哪吒：不需要搞懂技术层面的知识，因为电脑厂商大多会提供不同规格的电子商务平台商品供你们选择。

5.3.1.1 云服务器

小能大皱眉头：我还是觉得平台设置的参数什么的太复杂了，我们这些菜鸟都弄晕了。

哪吒：你可以采用按需租用云服务器的模式。云服务器（Elastic Compute Service，简称 ECS）是一种能够提供可弹性伸缩处理能力的资源和服务提供商。用户只要付费，就可以使用云计算平台的各种资源和服务，而且管理方式比物理服务器更简单高效。这种模式类似日常生活中水、电、煤气那样的按需购买模式，需要多少资源，就购买多少，而且还提供各种服务套餐，让用户从复杂的管理工作中解脱出来。（按需租用的云服务器模式如图 5-9 所示）

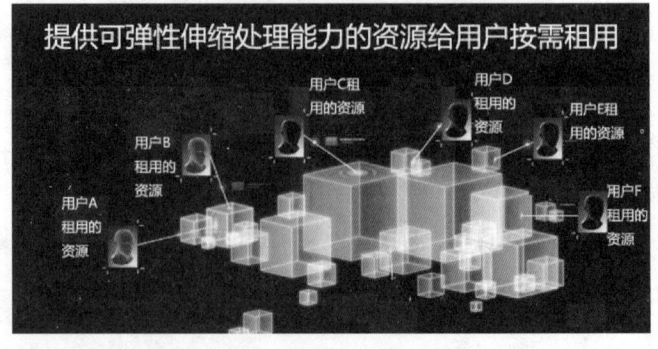

图 5-9 按需租用的云服务器模式

小能一下子来了精神：这个够给力！不过这种模式与前面的自建电子商务平台有什么不同？

哪吒：自建电子商务平台需要自己购买服务器等资源，需要一次性投入大量的成本。而且如果估算与实际不符，就无法根据业务情况立刻扩展资源或者只能闲置多买的资源了。如果采用租用云服务器模式，就可以按需租用资源，然后根据业务的需要和规模的发展随时进行弹性扩展，快速、平滑地实现业务的扩容。而且与自建平台相比，租用形式投入的成本更低，性价比更好，灵活性更强。

5.3.1.2 云服务器服务模式

小能：云服务器投入成本较低，还可以按需租用资源，这些太得我心了！对了，你刚才说云服务器可以提供我们需要的各种服务，当真？

哪吒：是的，如果你采用自建电子商务平台模式，你必须自行购买带宽资源，找专业人才对服务器进行管理，并且采取措施来确保服务器的性能和安全，具体如软硬件配置、数据备份和镜像，防范 ARP、木马和 DDoS 等工作都必须自行解决。

小能一听，头又发晕了。

哪吒缓了口气，语调一转，说道：如果租用云服务器，服务供应商会提供硬件资源隔离服务、带宽资源、多级业务备份等服务给用户。用户只需通过集中化的远程管理平台便可完成相关的操作，业务部署与配置更快速，操作更简单，大大减轻了用户的负担。云服务器普遍具备实时备份等多种快速恢复功能，还可以提供各种安全服务，例如防止 DDoS 或 ARP 攻击，阻止 MAC 欺骗，端口入侵扫描，挂马扫描，漏洞扫描等，大大减轻了用户的工作量。（两种服务器模式的对比如表 5-1 所示）

表 5-1 两种模式的对比

比对项目	传统服务器业务	云服务器租用服务
投入成本	高额的成本投入	按需付费，有效降低成本，性价比高
产品性能	难以确保获得持续可控的产品性能	有供应商提供的硬件资源的备份和隔离+独享带宽
管理能力	复杂的管理难度	简单、集中化的远程管理平台+多级业务备份
安全性	安全性一般	安全性高
扩展能力	缺乏灵活的业务弹性	快速的业务部署与配置，规模的弹性扩展与灵活调整的能力

5.1.3.3 云服务器的服务提供商

小能：云服务器提供了一种全价值链的、傻瓜型、可进行快速部署和弹性扩展的基础设施服务，可以帮助中小企业快速构建更稳定、安全的应用，降低开发运维的难度和整体 IT 成本，使我们能够更专注于核心业务工作。对了，现在有哪些云服务器可以租用？

哪吒：云服务器的服务提供商有很多家，阿里云，盛大云、腾讯云、华为云等都可以提供相关服务。不少商家都提供了免费的短期试用服务给用户，你可以试用后才决定购买。

小能：那云服务器租用需要交押金吗？

哪吒：不需要。

小能：用户可以自行选择安装哪一种操作系统吗？

哪吒：是的，用户可以随意选择和变更操作系统。

小能：如果想购买开通服务，需要多长时间？想要扩展又需要多长时间？

哪吒：以某云服务器的开通过程为例：用户只需要完成"注册用户→在线支付→购买云服务器"的步骤，就可以实时开通服务。开通后跟随步骤"登录用户管理区→云服务器管理→管理→预装操作系统"，就可以看到 Windows 2003、Windows 2008、Cent OS 5.6 等操作系统的选项。系统安装需要 10~25 分钟，系统安装完成后就可以通过远程连接进行其他应用操作。

小能：看来选择租用云服务器是个明智之举。

5.3.2　电子商务网站服务器软件的配置

哪吒：接下来我们要考虑服务器软件的安装问题。电子商务网站必须架构在服务器上，服务器软件包括核心功能（检索搜索功能与网站管理工具）、链接检查、远程服务器管理以及动态内容。

5.3.2.1　软件核心功能

■检索搜索功能

检索引擎和索引程序是一般电子商务网站服务器能提供的标准服务。检索引擎或检索工具可在本网站或整个互联网检索所请求的文档。索引程序提供全文索引（为存储在服务器上的所有文档所创建的索引），当浏览器请求网站检索时，检索引擎会比较索引中的术语和请求者的检索术语，寻找与请求术语相匹配的文档。

■网站管理工具

市面上的网站管理工具数量很多，从功能上看，可以分为代码和信息的编辑管理功能、数据分析功能和安全防护功能三种类型，这三种都是网站服务器需要的功能。

代码和信息的编辑管理功能是针对源程序代码、网站发布的各类信息进行的各种操作，让网站内容能够得到及时更新和调整。

数据分析功能能够将 WWW 服务器所获取的有关访问者的各种信息进行分析。这些信息包括谁（访问者的 URL）正在访问网站，访问者浏览网站的时间有多长，每次访问的日期和时间以及浏览了哪些页面等。这些数据放在 WWW 的运行日志文件里。通过对运行日志文件进行认真分析，可以揭示出访问者的很多有用信息，包括他们喜欢或不喜欢什么。网站管理者可以采用第三方的 WWW 运行日志文件分析程序来查询运行日志，汇总该类文件的信息，从而揭示出每天、每小时或每分钟网站的访问人数以及访问的高峰时段。

安全防护功能是指通过防火墙等各类安全防护软件的组合来保障网站、服务器和核心数据的安全。网络中的黑客很多，他们的目的不同、手段多样，对网站计算机系统和信息网络构成极大的威胁。网站管理员一般通过综合运用多种安全防护手段来进行保障。

5.3.2.2 链接检查

公司的网站应该定期检查指向公司网站内部和外部页面的链接。维护网站的链接极其重要，因为网站上过多的坏链接和死链接会使访问者离开该网站而转向其他网站。很多WWW软件包含链接检查软件，第三方的开发商也提供了多种检查程序。

只要用户输入一个网站地址并选中几个选项框，就可以运行一些免费的链接检查和网站验证（检查页面的拼写错误和其他结构性内容）程序。链接检查的结果可以在计算机上自动显示出来，也可以通过电子邮件发送。此外，一些收费的链接检查软件，能够提供更完整的结果和更细致的分析，这样的软件有LinkbotPro和SiteInspector等。

5.3.2.3 远程服务器管理

网站管理员可利用远程服务器管理工具遥控公司的网站。大多数站点的管理和控制是通过本地控制台或浏览器来完成的，管理员可以在任何地点便利地调整和修改服务器。

5.3.2.4 动态内容

动态内容是响应WWW客户机的请求而构造的非静态信息。例如，如果客户通过一台WWW客户机在表格中输入订单号来询问一份已生效订单的处理情况，WWW服务器就会检索该客户的信息，并根据找到的信息创建一个动态页面来满足该客户的请求。网站也可以利用动态内容吸引客户，并尽可能更长时间地留住客户。动态页面的内容来自公司的后端数据库或网站的内部数据，动态页面可根据请求者询问的内容定制，任何可处理动态内容的服务器都可处理来自多种数据库的信息。WWW服务器可用开放式数据库连接（ODBC）从多种不同的数据库系统（例如Oracle、SQL Server及Informix等）中获取信息。

5.3.3 面向电子商务的软件选择

小能：等服务器软件购买和配置好了，我们的网站就能运行了吧？

哪吒：别急，还要购买面向电子商务功能的软件。

小能：那我们还要买哪些软件呢？

哪吒：现在电子商务软件有很多选择，部分功能是有共性的，也有一些功能要考虑企业的自身需要。

5.3.3.1 电子商务软件基本功能

■商品目录展示

商品目录是所有电子商务软件都应该具备的基本功能。在实体商店中，消费者经常可以看到商品被分门别类地摆放在不同的柜台，甚至几种商品被特意摆放到一起促销。在网络商店中，同样可以将商品按照柜台方式展示给顾客。这里，柜台是虚拟的，其本质就是对商品进行分类。在传统的实体店铺中，由于场地等因素的限制，一种商品一般只陈列在一个柜台或者货架上。而在网络店铺中，同一商品可以被分到多个商品类别中。

为了帮助客户做出好的购买决策，一个好的网站除了提供合理的商品展示，还应该提供较好的商品搜索功能，尤其对于大型的网站，商品种类和数量非常多，顾客查找商品时需要很多时间，完善的搜索功能可以为顾客节省时间，帮助顾客买到心仪的商品。

不同规模的电子商务网站，由于销售的商品数量及种类不同，对商品分类及展示的需求也有很大的差异。小型的电子商务网站，销售商品数量比较少，种类也有限，因此网站的商品目录也简单，通常用静态网页来列表显示商品。这样的网站可通过每种商品的照片直接链接到商品介绍和详细信息的页面上。大型的网络商店需要采用动态商品目录，而大型的电子商务软件基本具备这个功能，通常会将这种动态商品目录的功能和现有的数据库链接起来，以便于存储信息到数据库中。动态商品目录通常可以提供关于商品的多个图片及商品细节的描述，并且会提供一些搜索工具方便用户搜索商品和查看库存情况。

■ 购物车

在电子商务发展的初期阶段，客户想购买某种商品时，通常需要在线填写购物的表格。在表格中，有许多关于该商品信息的列表框或者文本框，用户需要填写非常多的信息。现在，电子购物车已经替代了这种基于表格的订购方式。就像在超市里推着购物车选购商品一样，在线购物时，客户对于想要的商品只需要点击一下按钮，商品就被添加到电子购物车当中。电子购物车中会列出客户所选的所有商品，方便客户一件一件地检查、添加或者删除商品。

由于Web无法记录购物过程中传输和会话的信息，电子购物车的相关信息必须被存储下来才能被客户后续使用，同时也不能混淆不同客户购买的商品，为此，需要创建并保存Cookie文件。Cookie文件是网站为了辨别用户身份、进行session跟踪而储存在用户本地终端上的数据（通常经过加密）。Cookie由服务器端生成，发送给User-Agent（一般是浏览器），浏览器会将Cookie的key/value保存到某个目录下的文本文件内，下次请求同一网站时就发送该Cookie给服务器（前提是浏览器设置为启用Cookie）。当客户返回网站，电子购物软件便会从客户计算机的Cookie中或者从商店的数据库里读取数据。

■ 交易处理

在网络店铺中，客户需要点击结账按钮，然后到虚拟收银台处理交易。

交易处理是在线销售最复杂的部分，电子商务软件要进行一些最后的计算和统计工作，例如计算商品数量、折扣款额以及运费等，涉及境外交易的时候，还需要考虑税额以及运费成本等项目。网站的管理人员必须经常检查税率及运费的变化，以确保信息的及时更新。现在有的软件已经提供了到运输公司的链接功能，以方便结算处理。

以上三种都是所有电子商务软件必须具备的基本功能，伴随着信息技术和软件产业的飞速发展，电子商务软件的高级功能也越来越多，越来越完善。

5.3.3.2 电子商务软件高级功能

■ 中间件

大型的企业通常需要中间件（Middleware）这种软件来建立电子商务和现有系统之间的联系。中间件处于操作系统软件与用户应用软件的中间。中间件在操作系统、网络和数据库的上层，应用软件的下层，主要作用是为处于自己上层的应用软件提供运行与开发的环境，帮助用户灵活、高效地开发和集成复杂的应用软件。具体地说，中间件屏蔽了底层操作系统的复杂性，使程序开发人员面对一个简单而统一的开发环境，将注意力集中在自己的业务上，不必再为程序在不同系统软件上的移植而重复工作，从而大大减少了技术上的负担。中间件带给应用系统的，不仅是开发的简便、开发周期的缩短，还减少了系统的维护、运行和管理的工作量，以及计算机总体费用的投入。目前主要的中间件系统有 BEA、Broadvision、Digital River 和 IBM Tivoli。

■ 企业应用集成

企业应用集成（Enterprise Application Integration，EAI）能够将业务流程、应用软件、硬件和各种标准联合起来，在两个或更多的企业应用系统之间实现无缝集成，使它们像一个整体一样进行业务处理和信息共享。EAI 通过建立底层架构来联系横贯整个企业的异构系统应用、数据源等。EAI 不仅表现为对一个商业实体（例如一家公司）的信息系统进行的业务应用集成，当在多个企业系统之间进行商务交易的时候，EAI 也表现为不同公司实体之间的企业系统集成，如 B2B 的电子商务。同时，为了实现网上交易，必须将企业后台系统（比如 ERP）与企业的外部网站集成在一起，以便让客户进行自助式服务（如 B2C 的商务活动）时，EAI 也可以大显身手。

随着企业各种应用的迅速增加以及更多地把自己的业务转向电子商务，EAI 解决方案对企业的重要性也日益显现。越来越多的企业开始采用 EAI 解决方案将企业内部的应用软件与外部客户和供应商的应用软件进行链接，实现数据流和业务运作的自动化，从而达到业务的实时与快速。EAI 与电子商务的结合为企业快速实现业务的自动化提供了可靠的保证。

小能在哪吒的帮助下，终于把自家企业的网站架设起来，这个过程中，小能深感自己在电子商务方面的知识非常浅薄，要帮助自家企业成功转型自己的能力还有待加强，因此开始拿出拼命三郎的劲头学习电子商务新知识。

章节要点小结（请同学们在本章节中查找知识要点的对应页码，以便复习）

知识要点	章节页码
1. 建设电子商务网站的前期准备工作清单及具体做法	
2. 电子商务网站内容设计原则	
3. 电子商务网站的风格、网页、色彩、版面的设计技巧	
4. 服务器的作用及分类	
5. 云服务器的概念以及优势	
6. 电子商务网站软件清单及功能	

延展学习活动： 请同学们把网站首页的设计方式（信息罗列型和形象展示型）作为挑选的依据，选择这两类网站各一个，结合本章内容，分析该网站建设的目的是什么，网站设计的整体风格是什么，该设计是否可以突出了公司形象，如可以，请描述公司形象，如不可以，请说明该设计的不足之处。

第 6 章
电子商务信息安全技术

　　话分两头，八戒现在已经被互联网的花花世界给迷住了，每天通过新闻网站和微博了解时事新闻，通过收发邮件和天庭的朋友联系等等，把自家网站上的事情抛之脑后了。一天，猪八戒收到了一封来自嫦娥的邮件，邮件标题是"你还记得我吗？"。这封久违的来信，勾起了八戒深藏在心中当年暗恋嫦娥仙子而不得的思绪，惊喜之余连忙打开邮件的同名附件……坏了，他的电脑系统一下子完全瘫痪了。

　　猪八戒几天没能上网，坏消息却一个个地来：企业网站的主页给修改了，画了一个狰狞的骷髅头；个人账户中的钱、全部客户资料、价格数据、交易和付款记录都丢失了；有人以他的名义发出了多封诈骗和含毒邮件给他的客户和朋友，弄得客户和朋友直接把八戒的邮箱账户作为垃圾账户拉黑处理，给他造成了严重的信誉损失。八戒为此忙得焦头烂额，忙着找人给电脑杀毒，又要给顾客和朋友做解释工作，还要到银行进行查账、改密码和挂失等手续。正忙得一塌糊涂的当儿，一个重磅消息传来，某网站上以他的名义发布了一个自传体回忆录：《我和嫦娥，不得不说的故事》，还煞有其事地公布了几封由他账号发出的给嫦娥的肉麻邮件。后院起火，翠兰找到八戒又哭又闹，八戒一个头两个大，急召猪小能过来。

　　八戒：老婆，我真没有做任何对不起你的事情！

　　翠兰抽泣：你看网上言之凿凿，连邮件都有了！你还想否认？

　　八戒：我也不明白这邮件是怎么回事，这段日子你也看到我一直在家处理网站的事情，哪有搞那些乱七八糟的事情。

　　说罢八戒心虚地看看小能。

　　翠兰：谁知道你是不是上网跟某人私聊诉衷肠去了！

　　八戒：……老婆，我最近迷上上网是有点偷懒了，但我真的没有做对不起你的事情。这件事真是跳进黄河也洗不清了。小能，是不是你玩游戏招惹的事情？

　　小能：躺着也中枪！老爸别冤枉我，老妈也别这么动气，我们静下心来分析出了什么事。我觉得老爸的计算机是中毒了或者是给木马和黑客软件入侵了。

　　八戒、翠兰：中毒？木马和黑客又是什么？

6.1 电子商务安全概论

6.1.1 计算机安全分类

八戒：计算机跟人一样，也会生病中毒？

小能：是的，病毒、木马和黑客是计算机和互联网中存在的几类安全问题。电子商务为人们提供了丰富的商务信息、便捷的交易过程和廉价的交易成本。但是，电子商务给人们带来方便的同时，也带来了安全的问题。

八戒：安全问题？我们家的计算机还在呀，没有失窃啊。

小能：老爸，安全问题分为两大类：物理安全和逻辑安全。我们常说的人身、财产安全主要指的是物理安全问题。逻辑安全主要是指使用非物理手段对计算机里面的信息资产进行保护，使之不受未经授权的访问、使用、篡改或者破坏。老爸，你现在的问题应该是你的计算机被别人入侵，盗取了你的信息并伪造你的信息进行非法活动。

八戒边讨好地看着翠兰，边赶忙答话：是啊是啊，一定是这个样子。

6.1.2 电子商务安全威胁

翠兰横了八戒一眼，对小能说道：小能，照你这么说，在互联网中从事电子商务活动危险还是蛮大的呀！

小能：咱们可以见招拆招。老爸，您是如何在传统商务活动中防范各种交易风险的？

八戒：传统商务活动基本上是通过双方见面谈判、签订书面合同，然后支付货款、双方交接货物来实现的。凭我丰富的经验、充分的调研、小心的操作以及相关法律的保护就可以将风险尽可能地降低。

小能：传统商务活动在交易双方能够面对面进行相互了解的情况下，也无法保证企业在事业活动中不会遭受损失。电子商务交易与传统商务交易不同之处在于突破了地域、空间、时间的限制，可以在任何时间、任何地点与任何人在互联网上，双方完全不需要见面就可以以电子形式签订合同并进行交易。而电子商务的平台——互联网的早期设计偏重于考虑便利性、开放性，对安全性考虑不足。互联网其实比较脆弱，病毒、木马、黑客或一些组织的群体都在找机会入侵互联网上的电子商务平台，非法获取、修改或破坏企业的信息和数据，给企业造成巨大损失。

八戒：看起来这电子商务安全是威胁电子商务发展的最严重的问题。按你这思路，如果只是我的电脑出现问题，丢失的只是我的数据。但是一旦公司网站受到攻击，丢失的就是公司客户和公司运营的机密数据，那么公司连破产都有可能。如果企业的电子商务安全工作没有做好，客户会担心机密信息和数据的安全，肯定不愿意和企业做生意了。

小能：是的，过去信息安全在电子商务中的重要性不受重视，但随着电子商务的进一步推广与应用，信息安全的重要性对电子商务活动的影响已经被越来越多的人所注意。

八戒：现在我已经体会到切肤之痛了。

八戒说完偷偷看看翠兰。

翠兰慢慢气消了，但不理八戒，对小能道：小能，那你给我们讲讲电子商务安全的概念吧。

小能：好！让我马上从网页中下载给你们看看。

6.1.3 电子商务的安全要素

电子商务的安全要素主要体现在以下几个方面：
- 保密性
- 完整性
- 即需性
- 不可抵赖性

6.1.3.1 保密性

保密性要求就是防止未授权的数据暴露并确保数据源的可靠性。电子商务作为贸易的一种手段，其信息直接代表着个人、企业或国家的商业机密。在利用网络进行的交易中，必须保证发送者和接收者之间交换的信息的保密性。电子商务是建立在一个较为开放的网络环境上的，维护商业机密是电子商务全面推广应用的重要保障。因此，要防止非法的信息存取和信息在传输过程中被非法窃取。

保密与保护隐私有以下区别：
- 保密是防止未经授权的信息泄露，保密需要使用复杂的物理和逻辑安全技术。
- 保护隐私是保护个人信息不被曝光的权利，保护隐私需要借助法律。

6.1.3.2 完整性

完整性是防止未经授权的数据修改。电子商务简化了贸易过程，减少了人为的干预，同时也带来维护商业信息完整性、统一性的问题。数据输入时的意外差错或欺诈行为，均有可能导致贸易各方信息的差异。此外，数据传输过程中信息的丢失、重复或信息传送的次序差异也会导致贸易各方信息的不同。贸易各方信息的完整性将影响到贸易各方的交易和经营策略，保持贸易各方信息的完整性是电子商务应用的基础。因此，电子商务系统应充分保证数据传输、存储及电子商务完整性检查的正确和可靠。要预防对信息的随意生成、修改和删除，同时要防止数据传送过程中信息的丢失和重复，并保证贸易双方信息传送次序的统一。

6.1.3.3 即需性

即需性是防止延迟或拒绝服务。对即需性的安全威胁也叫延迟安全威胁，其目的是破坏正常的计算机处理或者完全拒绝处理。在电子商务中，有时延迟或消除一个消息会带来灾难性的后果。

6.1.3.4 不可抵赖性

电子商务交易中，如何确定要进行交易的贸易方正是进行交易所期望的贸易方，是保证交易顺利进行的关键。在传统的纸面贸易中，贸易双方通过在交易合同、契约或贸易单据等书面文件上手写签名或印章来鉴别贸易伙伴，确定合同、契约、单据的可靠性并预防抵赖行为的发生。这也就是人们常说的"白纸黑字"。在无纸化的电子商务方式下,通过手写签名和印章进行贸易方的鉴别已不可能。因此,应在交易信息的传输过程中,为参与交易的各方提供可靠的标识,通过对发送的信息进行数字签名来确认和保证。

八戒看罢以上资料,挠挠头,问道:保密性和完整性有啥区别?

小能耐心解释:简单说来,对保密性的安全威胁是指某人看到了他不该看的信息;对完整性的安全威胁是指某人改动了关键信息。

翠兰边掐了八戒一把边说:你的计算机就是给别人看了不该看的东西呗,就是保密性受到了侵害。

八戒"嚎"了一声,忙接话:不不不,是完整性受到威胁,被人改了信息。

小能看着爸妈打情骂俏,扑哧笑了:老爸老妈还真是活学活用。

八戒在孩子面前失了面子,忙转移话题:那即需性呢?我没看懂。

小能:即需性会延迟或破坏消息的传送。破坏即需性后,计算机的处理速度会非常低。降低服务速度会把顾客赶到竞争者的网站,顾客就很难再回到原网站上。举一个例子,老爸某天上午九点在证券网站下单买5万股股票,结果由于即需性被破坏,消息延迟半小时才到达股票交易中心,这时股票已经升了9%。这个指令的延迟就造成很大的损失。老爸肯定很不满意,不愿意再接受这个网站的服务了。

八戒忙点头:是的,时间就是金钱。降低处理速度会导致服务没有吸引力甚至无法使用。客户很可能转到竞争对手那里,长期如此,客源就跑光了。

小能:不可抵赖性能够保障发送的信息者的身份的真实性和所发送的信息没被修改。比如原材料大幅涨价时,如果发生商业纠纷,可以通过查看有数字签名的信息,确保双方都无法抵赖,可以继续执行原来的合同。

八戒:如果网上的信息能够核实不是我的身份发出的,那么我就真的可以洗清冤情了。

小能也帮着爸爸说话:老妈,网上那几封邮件我刚刚让哪吒帮忙查过了,真的不是老爸发送的,应该是别人伪造的。

翠兰的脸色稍霁。

6.1.4 网络安全面临的问题

风波平息后,三人继续讨论刚才说的病毒、木马和黑客等问题。

八戒:什么是病毒?

小能:病毒是能够破坏计算机功能或者毁坏数据,并能自我复制的计算机程序或指令。互联网存在大量的各种类型的病毒,恶性病毒比如CIH,它可以破坏计算机硬件,给用户带来巨大损失。

八戒:什么是木马?

小能:木马是目前比较流行的一类特殊的病毒文件,它不会进行自我繁殖,也并不"刻意"地去感染其他文件,而是通过将自身伪装吸引用户下载执行。

八戒:执行木马程序有什么后果?

小能:木马程序一旦被执行,木马就被植入,被种者电脑的门户就被施种木马者打开了,使施种者可以任意毁坏、窃取被种者的文件,甚至远程操控被种者的电脑。许多公司和个人的各类密码、数据、游戏账号、股票账号，甚至网上银行账户等信息就是被木马盗走的。

八戒：黑客跟骇客是同一类人吗？

小能：黑客是指通过破解商业软件、入侵别人的网站来发现程序漏洞，以显示自己的能力的人。骇客是指恶意破解软件和系统、恶意入侵别人的网站并造成损失的人。他们之间没有绝对的界限，黑客和骇客都是非法入侵者。

八戒：黑客软件呢？

小能：黑客软件是一类具有骇客功能的软件，具有使用方便、攻击力度大、危害严重的特点。它不要求使用者有高深的计算机能力，所以它的危害越来越严重。

八戒倒吸了一口冷气：病毒、木马和黑客看起来很厉害。

小能：邪不胜正。只要我们的功夫做足，什么类型的损害和攻击都无法打败我们！

6.2　网络安全防护

八戒：亡羊补牢，未为晚也。我们现在怎么进行网络安全的保障？

小能：老爸老妈，网络安全的保护是一个综合性的工程。

> 网络安全就是对抗从"客户机——网络通道——服务器"的全路径中侵入的各种类型的损害和攻击，以确保未授权的信息和数据不会被破坏、更改、显露和抵赖的综合性工程。

电子商务安全系统是全方位多层次防御的体系机构，需要利用各种先进的加密技术、身份认证技术、防火墙技术、安全管理技术、系统漏洞检测技术、黑客跟踪技术等多种技术，在攻击者和受保护的资源间建立多道严密的安全防线，有效地减少病毒、木马和黑客对"客户机——网络通道——服务器"的全路径中对安全系统的侵害，保障交易双方身份真实性、重要和隐私数据的私密性、交易信息的完整性、不可抵赖性以及电子商务系统的抗攻击性，为电子商务交易的正常进行打造一个安全、放心的环境。

6.3　客户机安全

6.3.1　客户机的安全威胁类别

小能让父母仔细看了这些网上搜索的内容，然后说道：总的来说，网络安全问题分为客户机安全问题、网络通道安全问题和服务器安全问题，老爸你的个人电脑被其他人侵入，这就是客户机的安全问题，也是每个网民最直接感受到的信息安全威胁。

八戒：说多了都是泪。你快给我说说客户机的安全威胁有哪些，如何建立安全方案吧。

6.3.1.1 恶意活动内容

小能：机器面临的严重安全威胁首先就是网上的恶意活动内容。

八戒：恶意活动内容？

一、活动内容

小能：先说说什么是活动内容。活动内容是指在 WWW 页面上嵌入的对用户透明的程序。（常见活动内容如图 6-1 所示）

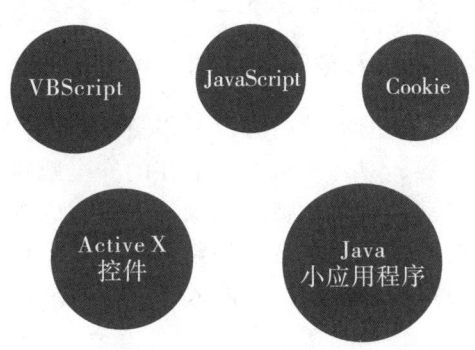

图 6-1 常见的活动内容

八戒：活动内容有啥用？

小能：当你用 WWW 浏览器查看带有活动内容的页面，页面携带的活动内容就会自动被下载，并在你的计算机中运行。活动内容表现为：显示动态图像、下载和播放音乐、实现基于 WWW 的电子表格程序，以及商务活动中将商品放入购物车并计算金额等。由于它扩展了 HTML 的功能，使页面更为丰富和活泼，所以深受欢迎。你看看活动内容定义的表格资料。（活动内容定义如表 6-1 所示）

表 6-1 活动内容定义

活动内容名称	定义
Cookie	网站为了记忆和辨别用户身份而储存在用户本地终端上的隐私信息数据
Java 小应用程序	使用 Java 语言开发的，能实现各种客户机端应用的应用程序。它的特点是不能直接在计算机上执行，而是在 WWW 浏览器中运行
VBScript	一种 VisualBasic 脚本语言，是 Asp 动态网页默认的编程语言
JavaScript	由网景公司开发，支持页面设计人员创建活动内容的脚本语言
Active X 控件	由页面设计者放在页面里，用于执行特定任务的一个对象（称作控件）

二、恶意活动内容

八戒：看来活动内容也有正面的作用，我觉得这样的网站内容挺丰富多彩的。

小能：是的，但是如果碰上网站有恶意的活动内容，就好比您当年西天取经遇到的化作美女那些女妖怪，不知不觉就着了道。

八戒：啊，这么严重？

小能：活动内容的特点是对用户透明，即用户无法察觉带有活动内容的页面是否有害。含恶意活动内容的网页很可能携带木马。当你下载了含恶意内容的网页，木马可立即运行并进行窃听信息、修改或删除信息和数据等破坏活动。

翠兰：也就是说，含恶意活动内容的网页可能造成保密性侵害和完整性侵害？

小能：是的。以 Active X 控件为例，一个有恶意的 Active X 控件可以控制个人计算机，进行包括格式化电脑硬盘、向邮件通讯簿里的所有人发送电子邮件等操作，还可以进行针对保密性、完整性以及即需性的破坏工作。

6.3.1.2 图形文件、插件和电子邮件的附件

小能继续补充：除了网页上的活动内容，一些图形文件、浏览器插件和电子邮件的附件均可以携带可执行的内容，对客户机产生潜在的安全威胁。比如，部分图像文件的格式是专门设计的，包含自动运行某种特定图像显示方式的指令。而浏览器插件是一种增强浏览器功能的程序，常见的如播放音乐片断、显示电影片断或动画图形等。他们通常是有益的。但是，这些可执行的内容如果嵌入了一些恶意的指令，就成了黑客、木马和病毒的方便之门。

八戒：我就是打开了一封电子邮件的附件才招惹了这么多的麻烦的。

翠兰：好了，这回我知道你是被冤枉了。小能，那客户机应该怎么进行安全防护呢？

6.3.2 客户机安全防护措施

小能细想了一下，概括了三种客户机安全防护的措施，准备逐一解释给爸妈听。

6.3.2.1 查看数字证书

小能：一些程序、网站和电子邮件可能含恶意的内容或指令。理论上说，如果我们可以确认程序的来源，我们就可以对可能造成的损失要求赔偿。数字证书可以验证其身份，我们可以在查看了数字证书之后，再决定是否下载或查看网页。

翠兰：也就是说，无法确认身份的匿名程序、网站和电子邮件很可能包含有恶意动态内容？

小能：可以这样理解。从理论上说，有破坏作用的、恶意的内容，通常都是匿名的。这里涉及数字证书的应用。数字证书是电子邮件附件或网页上的程序，可用于验证用户或网站的身份。此外数字证书还有向网页或电子邮件附件原发送者发加密信息的功能。下载的程序内如果有数字证书，就可识别出软件出版商的身份并确认证书是否有效。但是数字证书并不保证所下载软件的功能或质量，只证明所提供的软件不是伪造的。

八戒：这个很有用！我要马上拥有自己的数字证书，这样就不用担心别人冒用我的名义了。

小能：查看数字证书和数字签名可以确认对方的身份，这样谈生意时也避免了对方冒名顶替的风险。

6.3.2.2　做好数据备份工作

小能：数据备份是让重要的信息和数据免于破坏、丢失等的主要方法。数据是电商重要的财富，数据丢失往往意味着财富的损失。对于电商来说，数据备份就是网络安全中的非常重要的一步工作。

八戒：我们的机器要经常备份数据，那么，即使受到攻击，数据也不至于在被删除后都了无痕迹了。

小能：没错，要定期对重要的数据进行备份，比如每隔一段时间用移动硬盘把数据拷贝下来，还可以留作以后进行数据分析呢。

6.3.2.3　运行防毒软件

小能：及时更新的防毒软件可以防御大部分的病毒，堵住常见的安全漏洞。同时防毒软件还可以提示用户及时下载和更新操作系统和软件的补丁，杜绝安全隐患。老爸，你的机器已经很久没有更新防病毒软件了，所以这次这么容易就给别人盗取了你的信息。

八戒：那现在你赶快把该安装的东西都安装好吧。

小能：现在市面上还有抵御木马侵袭的个人防火墙，我也帮你安装吧。

八戒：好。

小能：还有，客户机最好只安装正版和可靠的软件。下载或安装软件时，注意不要下载和安装不知道来历的、不确定安全与否的程序，一些不知道来历的程序、网站和电子邮件很有可能包含恶意的动态内容，要小心。老爸，你是不是安装了什么不明来历的软件？

八戒心虚地看看老婆说：没有没有，肯定是不小心点击了哪里然后出问题的。

小能：基本的配置我可以帮你弄好，但是没有好的使用习惯还是会给人以可乘之机的。

八戒：我肯定会吸取教训，培养好的操作习惯，只使用正版和安全的软件，再也不随便下载、运行、打开不确定安全与否的软件、电子邮件与网站了。

6.4　网络通道安全

6.4.1　网络通道的安全威胁

小能：除了客户机的安全要保障，网络通道的安全也不可忽视。

八戒：网络通道怎么也有安全威胁，难道跟电影一样，通话给窃听了？

小能：这要从互联网的传输方式谈起。在互联网上传输的信息是先分割成多个信息包再进行传送的，并且从起始节点到目标节点之间的路径是随机选择的。从起始节点到最终目标之间往往有许多中间节点。所以同一起始节点和目标节点之间发送信息包时，每次所用的路径可能是不同的。由于信息的传输路径无法控制，所以信息很可能在某些中间节点被病毒、木马和黑客等窃取、篡改甚至删除了。所以在互联网上传输的信息都有可能受到对安全性、完整性和即需性的威胁。

八戒：病毒、木马和黑客等是怎么危害互联网信道的？

小能：病毒、木马和黑客使用的破坏手段很多，但是它们主要从两部分来进行破坏。

■"探测程序"等程序对信息保密性造成威胁

本该保密的信息被他人获取，就构成了对保密性的安全威胁。电子商务订单生成的过程中，客户向银行和商家传送了包含了很多敏感信息和个人重要信息（比如信用卡号和密码、姓名、地址或个人喜好和习惯等方面的信息）。恶意者可以通过互联网信道来获取信息包。有一种叫"探测程序"的特殊程序可以侵入互联网，并记录下经过的信息包里面的信息。

八戒：需要保密的信息远不止个人信用卡之类的。公司需要保密的信息很多，比方说公司和哪家公司合作，以及合作的细节或者公司专利的详细信息等，商业价值更大，一旦被窃取，可以造成百万级别的巨额损失。

小能：是的，无论个人还是公司，本该保密的信息被窃取了，都会造成严重后果。

■黑客用修改网页、电子伪装等方式破坏了信息的完整性

当未经授权方改变了信息流时就构成了对完整性的安全威胁。

翠兰：网站主页被修改，就是完整性被破坏的一个例子？

小能：是的，还有电子伪装也是完整性被破坏的例子。

电子伪装是指某人装成他人或将某个网站伪装成另一个网站。这些破坏利用了域名服务器（DNS）的一个安全漏洞，将一个真实网站的 IP 地址替换成自己希望替换的网站的 IP 地址以愚弄这些网站的访问者，并达到自己不可告人的目的。比如说改变订单中的订购量，改变送货地址等主要信息，然后再把修改后的订单发给被替换网站。这家被替换网站无法知道信息的完整性已经破坏，它只简单验证客户的信用卡后就开始履行订单了。

6.4.2　网络通道的安全防护措施

翠兰：我都听明白了，互联网信道的安全工作意义重大。那应该怎么进行安全防护呢？

小能：老妈请看资料。

电子商务交易过程中的交易数据是通过互联网这个公用网络进行传送的。公用网络中各子网拥有者不同、网络质量不一、使用技术不一。安全专家认为最大的安全威胁就发生在互联网的通信子网中。而信息加密技术是保障网路通信安全的最常见的方法。

6.4.2.1　加密技术

一、定义

加密就是为了保证存储信息的安全和信息传送的安全，把明文（正常的文字）转换成除发送方和接收方外任何人都无法读取的密文过程。（编者注：加密的定义如图 6-2 所示）

将明文转成密文的程序称为加密程序。信息在发送到网络或互联网之前加密，接收方收到信息后对其进行解码或解密，所用的程序称为解密程序。这是加密的逆过程。加

密程序所用的算法称为加密算法。从明文到密文的转换是通过密钥完成的。密钥是实现明文和密文转换的重要参数。

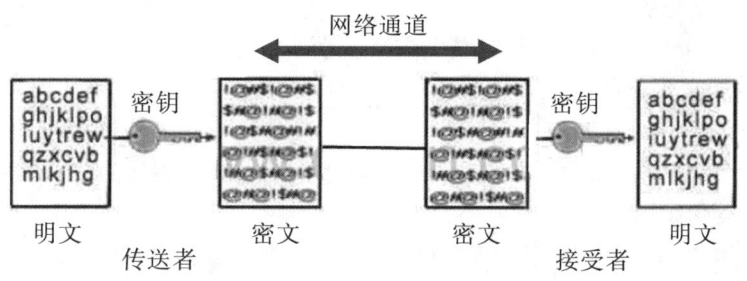

图 6-2 加密

小能看着资料进一步解释：假设你领着一队人马，大师伯（孙悟空）领着另一队人马前后夹击一支妖精队伍，双方的通信可能会被妖精窃听到，所以你们决定用加密的方法来传送消息。原来想说的话叫明文，如果双方定好以某一卷的佛经为字典，用 6 个字节的数字串来代表明文中的这个字对应着佛经上某页某段中的某一个字，那么传送过去的就是经过字典转换后的数据串——密文。这种加密的思路称为加密算法，它的逆过程就是解密算法。将明文转换成数据串的过程叫加密过程。把数据串转换成明文的过程叫解密过程。密钥是实现明文和密文的互相转换的核心。在我刚才所说的例子里面，密钥就是双方商定的那一卷佛经。

二、加密算法体系

猪八戒恍然大悟，又追问：那电子商务中有什么常用的加密算法？

小能：加密算法主要有两个体系，对称加密算法体系和公开密钥加密算法体系，典型的算法有 DES 算法（对称加密算法之一）和 RSA 算法（公开密钥加密算法之一）。

1. 对称密钥加密算法定义。

对称密钥加密算法又叫做私有加密算法。这类算法中数据的发送方和接收方使用的是同一把密钥。（编者注：对称密钥加密算法的定义如图 6-3 所示）

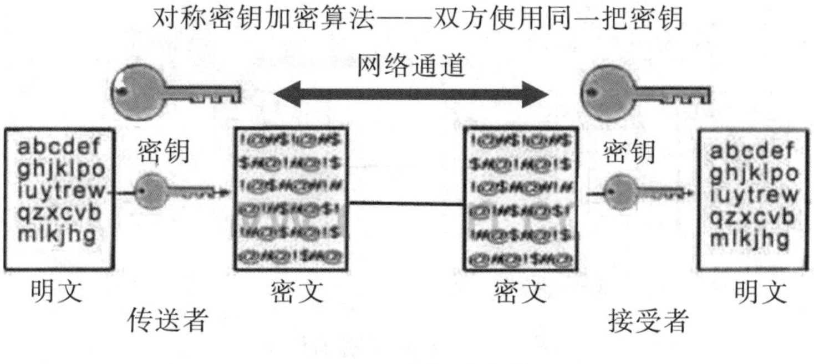

对称密钥加密算法——双方使用同一把密钥

图 6-3 对称密钥加密算法

（1）对称密钥加密算法通讯过程。

以孙悟空和猪八戒进行通信为例，对称加密算法的通信过程如下：

■孙悟空和猪八戒协商使用哪一种密码算法；

■孙悟空和猪八戒协商使用哪一把共同的密钥 K；
■孙悟空用协商的加密算法和密钥加密消息，得到消息的密文；
■孙悟空发送密文消息给猪八戒；
■猪八戒用同样的密钥和算法解密密文，得到原始明文，然后阅读明文。

（2）对称加密算法的特点。

对称加密算法有如下特点：

■密钥是算法的核心，如果密钥泄露，其他人也可以解密密文，消息就没有保密性了，所以一定要保护好密钥。

■每两个用户需要一把密钥，用户自己的每一条密钥都不能相同。在数量庞大的用户群中，如何分配密钥、记忆和保管自己用过的密钥为了一个问题。

■对称密钥算法的加密速度比公开密钥算法的速度要快。

（3）DES 算法。

DES 算法是目前常用的对称密钥加密算法，也是银行系统所使用的加密算法。

八戒：DES 算法很靠谱？

小能：DES 算法使用 56 位的密钥来进行加密。1977 年，人们用一台价值 2 千万美元的设备最快需要 12 小时才能够破解一个 DES 算法，而当年的黑客不会为了破解一个算法花费如此大的代价，所以这个算法很安全。但是，随着技术的发展，现在一台这样的设备仅需要花费 10 万美元。所以人们要寻求保密性更强的加密算法。更先进的新一代加密标准 AES 已经在 2001 年诞生，美国目前正进行着 DES 向 AES 的过渡。

2．公开密钥加密算法。

为了克服对称密钥加密算法的缺点，人们设计了公开密钥加密算法，也叫非对称加密算法。它的思想是：让加密与解密使用不同的密钥，而且从加密密钥无法推导出解密密钥。密钥拥有者生成一对密钥，并将其中的一把作为公用密钥向其他方公开，另外一把解密密钥由个人秘密保存；被秘密保存的密钥专用于解密由其对应公用密钥加密后的信息。（编者注：公开密钥加密算法的定义如图 6－4 所示）

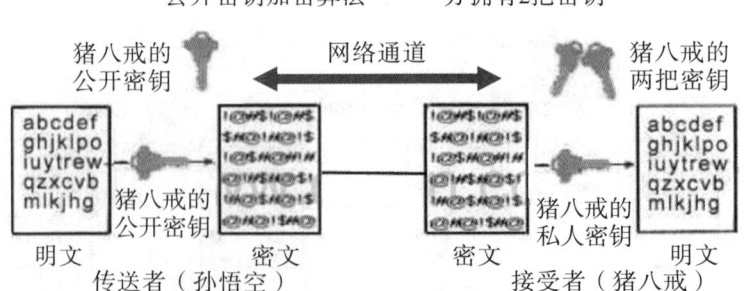

图 6－4　公开密钥加密算法

（1）公开密钥加密算法通讯过程。

以孙悟空和猪八戒通信为例，说明公开密钥加密算法的通信过程：

■孙悟空和猪八戒协商使用哪一个公开密钥系统；

■猪八戒将自己的公开密钥公开给大家知道；

■孙悟空用猪八戒的公开密钥加密消息，然后发送给猪八戒；
■猪八戒用私人密钥解密孙悟空发送过来的加密消息，然后阅读消息。
（2）公开加密算法的特点。
公开加密算法有如下特点：
■一对密钥配合才可以才能完成加密和解密的全过程，因而数据的安全性更高。
■公开密钥不需要保密，消除了最终用户交换密钥的需要，解决了密钥分配、管理的问题。
■公开密钥算法速度慢、费时长，其耗费时间是对称密码算法千倍。它不适合于对文件进行加密而只适用于对少量数据进行加密。
■本算法可以用于数字签名。将文档用自己的私人密钥加密后发送给他人，就成为数字签名。签名人无法否认自己发送了这个文档。
（3）RSA 算法。
目前最流行的公开密钥加密算法是 RSA 加密算法。它是第一个既能用于数据加密也能用于数字签名的算法。
3. 数字信封。
翠兰：公开密钥加密算法很好，就是耗时太长，有没有既具有它的优点，又耗时比较少的算法？
小能：有，就是接下来我要介绍的混合加密算法（数字信封）。

> 对称加密算法与公钥加密算法结合，用公开密钥加密算法完成密钥分配，再用分配的密钥进行会话信息加密，这形成了混合密码算法，又叫数字信封。

（1）数字信封加密算法通讯过程。
以孙悟空和猪八戒通信为例，混合加密算法的通信过程如下：（编者注：数字信封的应用过程如图 6-5 和图 6-6 所示）

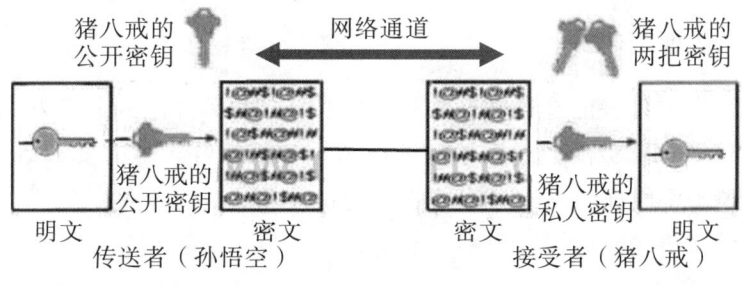

图 6-5　数字信封第一步

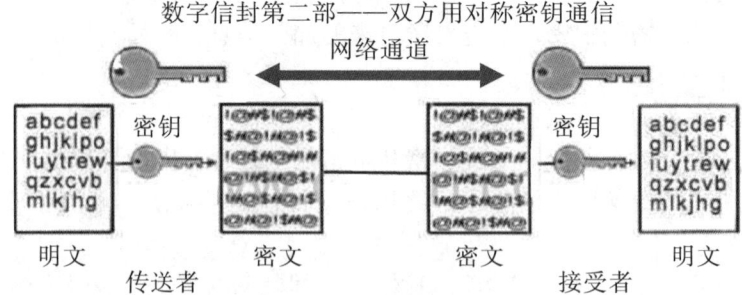

图6-6 数字信封第二步

■猪八戒将公开密钥发送给孙悟空；

■孙悟空产生一个随机的会话密钥 K（对称密钥），并用猪八戒的公开密钥加密为 $E_B(K)$，然后将加密的 $E_B(K)$ 发送给猪八戒；

■猪八戒用他的私人密钥解密孙悟空的消息，通过 $D_B(E_B(K))=K$ 获取会话密钥；

■用同一会话密钥 K 对他们的通信信息进行加密解密。

（2）混合加密算法的特点。

混合加密算法有如下特点：

■混合加密算法需要进行两次加密解密过程：先用公开密钥加密技术实现对称密钥的传送工作，然后双方用对称密钥对信息进行加密解密工作。算法解决了对称密钥的安全管理问题、鉴别问题，也避免了公开密钥解密信息耗时长的问题。

■对称密钥只对本次的信息交换起作用，下次将生成新的对称密钥。双方不用对对称密钥进行维护。对称密钥万一泄密，也只是影响一笔交易。

■混合加密算法可以应用到身份认证、数字签名上。在防火墙规划、构造企业内部网络的管理及安全规划等方面也能够应用它的思想。

翠兰看过资料后连连点头。

6.4.2.2 认证技术

小能：加密技术对防止通信中的机密信息被窃取和破译起到非常好的效果。但是如果想确保双方身份的真实性、消息的完整性和不可抵赖性，就需要认证技术的帮忙了。认证技术是用电子手段证明发送者和接收者身份及其文件完整性的技术，即确认双方的身份信息、文件在传送或存储过程中未被篡改。在电子商务交易中，很多情况下，认证比保密更为重要。

小能刚说到这，猪八戒就急忙插嘴：这话说到我心坎上了。在传统商务里面，双方就算进行了充分了解，签订了纸质的商业合同，用手写签名或盖章表示对合同内容的认可和双方权责的确认，依然存在一方否认和抵赖他曾经做过的行为的可能性。电子商务交易中，如果无法确保消息、文件的来源的真实性，信息未被修改，用户身份以及用户行为的不可抵赖性，一般人怎么敢把生意做下去？

小能：传统的用户名加密码的登录模式就是身份认证的一种模式。但是保密性不强，一般需要联合其他认证模式才可达到我们需要的认证效果。常用的认证技术有数字签名、数字证书、各类生物、行为类的认证技术以及综合认证技术。

一、数字签名和数字证书

1. 定义。

数字签名和手写签名一样，能起到对电子文件认证、核准和生效的作用。它结合了散列函数和加密算法的优点，通过数字摘要和公开密钥算法来证实发送方的真实身份和实现信息的无法否认、无法伪造和无法篡改。常用的数字签名算法有 RSA 数字签名算法、DSA 数字签名算法、离散对数数字签名算法等。

数字摘要，又叫消息摘要，是一条信息唯一对应的一个散列函数值。不同的消息或被篡改的消息计算得出的散列值是不同的。散列值由固定长度数字组成（一般是 128 位或 160 位），而且具有只能从信息生成散列值、不能从散列值倒推出信息内容的优点。所以数字摘要被应用于消息的完整性验证。

2. 数字签名的过程。

以猪八戒发信息给孙悟空为例，我们了解一下数字签名的过程：（编者注：数字签名的过程如图6-7所示）

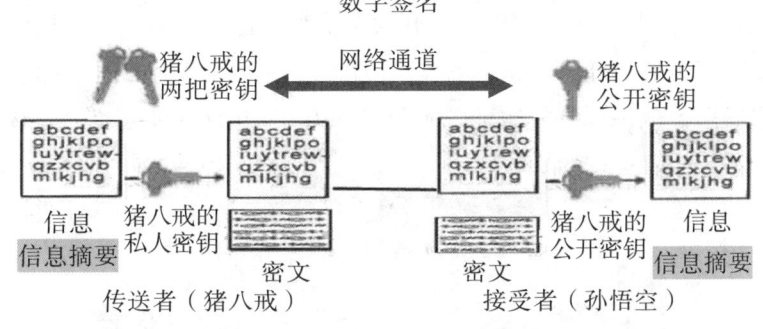

图6-7 数字签名

■猪八戒计算出文件的散列值（消息摘要）；
■猪八戒用私人密钥对散列值加密，生成数字签名；
■猪八戒将文件和数字签名一起发送给孙悟空；
■孙悟空用猪八戒的公开密钥解密猪八戒的数字签名并获取解密后的散列值，然后用猪八戒发送的文件（可以是已加密需要解密的，也可以不做加密）计算出文件的散列值（消息摘要），然后比较两个散列值，如果散列值相同，就说明签名有效、内容没有被篡改。

翠兰：我还是不太明白，为什么凭数字签名就可以证明身份和文件内容没有被篡改？

小能：您可以把私人密钥看作是拥有者手中的印章。现实生活中，印章拥有者负责保管和使用印章。同样道理，只有私人密钥的拥有者知道自己的私人密钥。只要是私人密钥拥有者的数字签名，用拥有者的公开密钥一定能解密出正确的消息，所以数字签名首先实现了身份真实性的验证。

翠兰总算明白了，她捅了猪八戒一下，提醒道：你自己的私人密钥一定要保管好！

小能：签名的内容是本条信息的摘要，是根据文档的内容计算出来的，具备唯一性和单向性的散列函数值，如果文档被篡改或者不完整，用同样算法计算出来的散列函数值就不同了。所以说经过数字签名的信息是不可伪造、不可更改、不可抵赖的。

猪八戒让小能反复比对用一份文件和被篡改后文件生成的散列值，然后笑了：这下我放心了，文件修改了，散列值也跟着变了。用数字签名的信息的确是不可以伪造和不可抵赖的。

翠兰：我还有一个问题，有专门的机构来发放和验证公开密钥吗？

小能：当然有，认证机构 CA 专门处理这事。

二、数字证书和认证机构 CA

1. 定义。

CA 一般是用户信任的机构，例如政府部门和金融机构。（编者注：CA 认证机构工作流程如图 6-8 所示）任何用户都可以向公钥证书权威机构提交自己的公钥，通过机构的 CA 验证后得到证书，然后用户就可以公开这个证书。任何需要用户公钥的人都可以得到此证书，并通过相关的信任签名来验证公钥的有效性。数字证书通过标志交易各方身份信息的一系列数据，提供了一种验证各自身份的方式，用户可以用它来识别对方的身份。

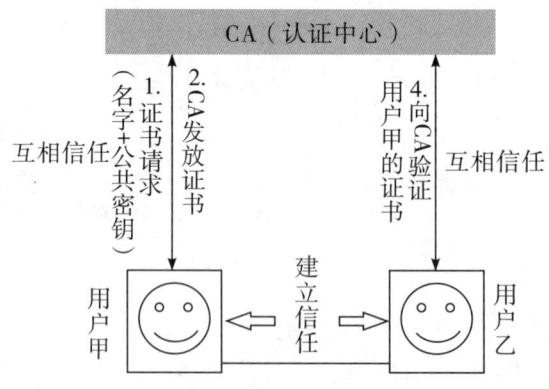

图 6-8　认证机构 CA 工作流程

翠兰：CA 和数字证书之间的关系是否和公安机关和它发放的身份证之间的关系一样？

小能：老妈说得很对。数字证书的作用类似于日常生活中的驾照或者身份证，是验证用户或者网站身份的凭证。它经常以电子邮件的附件或者一段嵌在网页上的程序的形式出现。

2. 数字证书包含信息。

数字证书经证书权威机构（CA）授权，里面包含以下文件：

■证书的版本信息

■证书的序列号

■证书的发证机构名称

■证书的有效期

■证书的所有人名称

■证书的公开密钥

■证书发行者对证书的签名

小能：CA 颁发数字证书解决了电子商务过程中参与各方身份的认定的问题，杜绝了假冒身份的空间，维护了交易的安全进行。我们不但要申请数字证书，平时交易前也要先查看对方的数字证书。

八戒、翠兰点头。

三、生物、行为认证技术

近年来，许多基于使用者生物特征或行为特征的身份认证技术，如人脸认证、指纹认证、虹膜认证、掌纹认证、声音认证、手工签名认证等得到了发展和应用。

■指纹认证

指纹认证是最早被应用的生物特征认证技术。指纹指的是指尖表面的纹路。世界上每个拥有指纹的人的指纹纹路细节是不一样的，所以具备唯一性，可以作为身份识别的依据。（编者注：指纹识别系统说明如图 6-9 所示；指纹识别系统流程如图 6-10 所示）

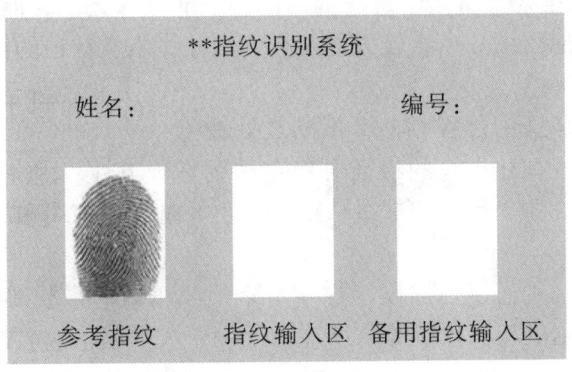

图 6-9　指纹认证

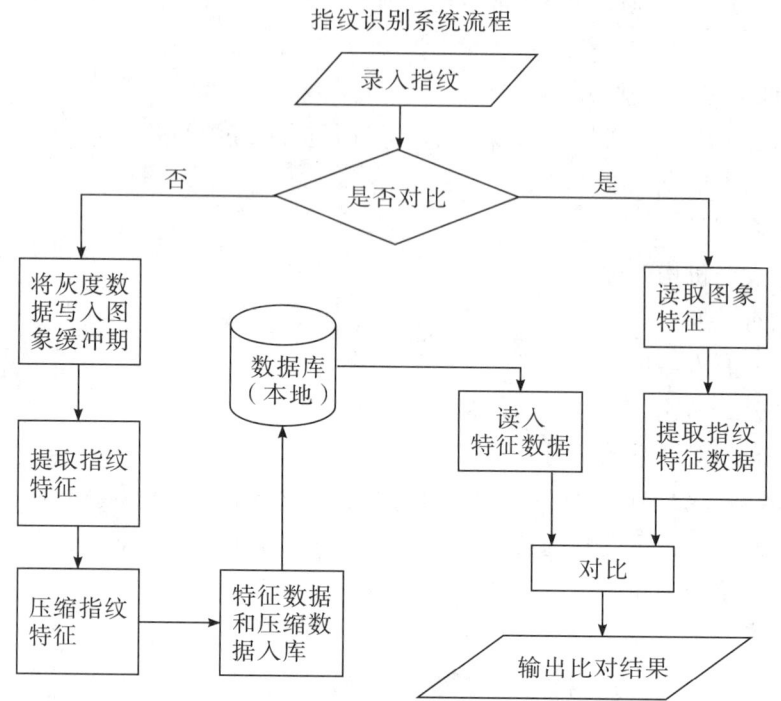

图 6-10 指纹识别系统流程

■虹膜认证

虹膜是一个位于瞳孔和巩膜之间的环状区域。虹膜纹理结构，而且几十年稳定不变。这种认证对数据的采集量小，所以虹膜已成为身份识别的常见方法之一。

■人脸认证

人脸是一种最直观、最易被接受的身份识别方法。（编者注：人脸识别系统如图 6-11 所示）但是人脸数据采集量大、特征抽出困难、非独一无二，而且表情、方向、位置等多因素变化都可能使得图片产生较大的差异。因此，人脸认证的算法准确率比较低。

■掌纹认证

掌纹认证与指纹认证的过程相似，不同之处在于：掌纹的特征比指纹明显，更不易被噪声干扰；掌纹的特征比指纹的特征更稳定和更具分类性，因此掌纹识别是一种很有发展潜力的身份认证方法。目前的掌纹认证方法主要是利用主线和皱褶特征。

■手工签名认证

手工签名认证是一种通过扫描仪、数字写字板或压敏笔来获得签名的数字图像的行为认证技术。手工签名的特点也是难点所在：同一个人的两个签名是不一样的。

■声音认证

声音认证也是一种行为认证技术。虽然声音的稳定性不高，很容易受背景噪声、身体和情绪状态的影响，但是它可以集成到现有的电话系统中，所以电话计账系统得到比较好的应用。

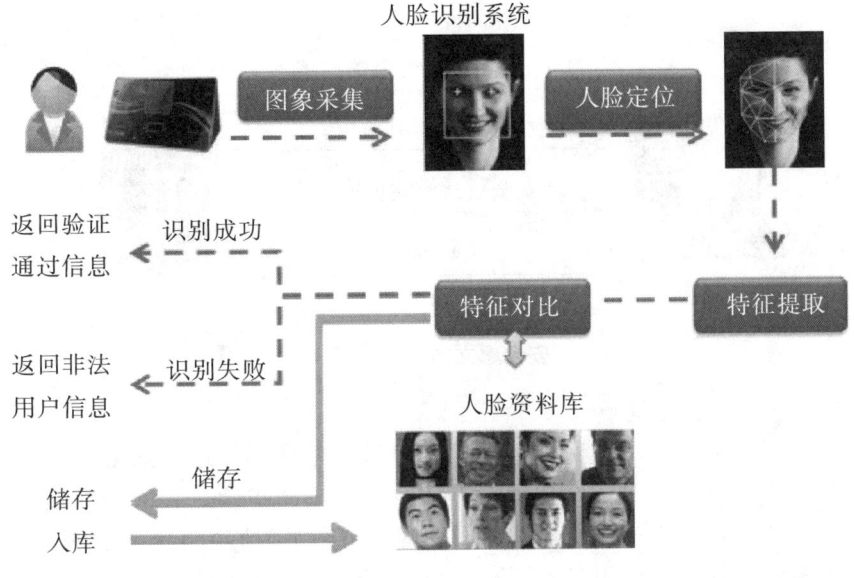

图 6-11 人脸识别系统

■联合认证技术

上述身份认证系统的设计思想都是把用户的生物特征或行为特征作为密码保存到身份认证系统中去,然后与用户每次输入的这些特征和系统存储的特征进行鉴别,如果匹配,认证通过。现实生活中比较多见的是联合使用两种认证方式的认证系统,比如口令与指纹结合、虹膜与指纹结合、智能卡与指纹结合、智能卡与手机验证密码结合等。

6.4.2.3 电子商务的安全协议

八戒:加密、认证技术都是针对某些具体的信息的。有没有针对这个电子商务过程的安全技术呢?

小能立刻上网查找:有。电子商务安全协议可以保障客户机和服务器间所有事务安全传输。现在比较流行的电子商务安全协议包括安全超文本传输协议(S-HTTP),用于访问控制的安全套接层协议(SSL),基于信用卡交易的安全电子交易协议(SET)等等。这些协议都在 Internet 上提供安全的电子商务服务。

一、安全超文本传输协议(S-HTTP)

小能打开了网页,介绍道:安全超文本传输协议(S-HTTP)是互联网进行安全信息传输的应用层协议。(编者注:S-HTTP 协议的过程如图 6-12 所示)为了进行端到端的安全信息交换,S-HTTP 为客户机和服务器提供了相同的安全性能(相同的认证、加密、请求、响应的不可否认等服务),同时也提供了丰富且灵活的加密算法及相关参数,让客户机和服务器在安全事务处理模式、加密算法(如用于数字签名的算法 RSA 算法和 DSA 算法等、用于对称加解密的 DES 算法和 RC2 算法等)及证书选择等方面协商达成一致。一旦客户机和服务器就彼此间的采用的安全措施达成共识,那么在此会话中的所有信息都会被封装在安全信封里。

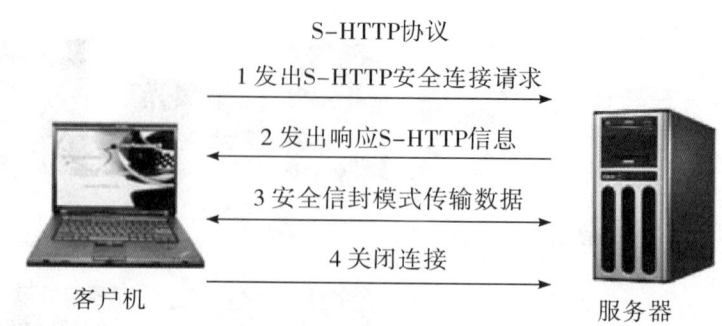

图 6-12 安全超文本传输协议（S-HTTP）

翠兰：安全信封？新名称啊。

小能：我解释一下。这个过程其实就是客户机和服务器先进行双方通信，协商采用具体哪些安全技术、方法和参数。然后根据协商好的模式组合进行安全通信。这个协商好的安全模式组合就是一个安全信封。不同的客户机和服务器由于各自的基本情况不同，意愿不同，服务器能够提供的服务不同，协商好的模式组合也就有差异了。

安全信封是通过将一个信息封装起来以实现信息的保密性、完整性，客户机与服务器的认证。通常安全信封是一个完整的包，在网络或互联网上传输的所有信息都可用它进行加密以防止他人阅读。因为完整性机制提供了能表示信息是否被改变的探测码，信息被改变后会被立即察觉。客户机和服务器认证是通过认证中心所签发的数字证书来实现的，安全信封组合了这些安全功能。

另外，客户机和服务器能单独使用 S-HTTP 技术。也就是说，客户机的浏览器可用私有（对称）密钥得到安全保证，而服务器可用公开密钥技术来请求对客户机的认证。但是并非所有的浏览器和 Web 网站都支持 S-HTTP 技术。当 URL 以"https：//"开头时，就表示用户正在访问一个支持 S-HTTP 的网站，该站点上的信息是安全的。

八戒：S-HTTP 是一个自由点菜的安全模式组合嘛，我懂。

翠兰笑了：真是个吃货。SSL 协议呢？

二、安全套接层协议（SSL）

小能：SSL 协议又叫安全套接层（Secure Sockets Layer）协议，是由网景通信公司设计开发，主要用于提高应用程序之间的数据传输安全的访问控制协议。它保证任何安装了 SSL 协议的客户机和服务器间的事务安全。SSL 位于传输层，当两台机器之间的通信安全连接建立后，HTTP、FTP 等 TCP/IP 应用程序和相关的数据都得到安全保障。为了兼顾安全性与效率，SSL 协议采用混合加密算法进行加解密，即通过公开密钥算法完成了对电商服务器的认证，再用私有密钥加密客户机和服务器之间传输的所有信息。私有密钥在通信结束后丢弃，不再使用，即使盗窃者在网络上取得加密后的资料，也不能获得可读的信息。

猪八戒这回听明白了：我知道了，SSL 协议采用数字信封来传输数据。这就好比客户（比如白龙马）从电商服务器（比如师父唐三藏）那里要一把只有唐三藏自己才拥有钥匙的锁。白龙马在一条丝绸上写上"从现在开始用佛经第 16 卷作为密码本"，然后把这条丝绸放进盒子里，用从唐三藏那里获得的锁把盒子锁好，再把盒子发给唐三藏。唐三藏收到后用只有自己独有的钥匙打开盒子，就知道佛经第 16 卷是本轮通信的密码本了。这样白龙马与唐三藏之后传输的所有信息都用佛经第 16 卷作为密码本进行加密解密了。会话结束后，此密钥就被丢弃不再使用，也就是说后面不再用佛经第 16 卷做密码本而改用别的书了。

小能点头称赞。

三、安全电子交易协议（SET）

猪八戒再仔细琢磨后提出自己的看法：按你的说法，SSL 协议对服务器端进行了身份认证，但是对客户机端没有认证要求，单方面的认证还是有漏洞的。

小能：老爸您说到点子上了。SSL 协议只保证了服务器端的身份真实性，对客户端身份的认证没有做强制要求，所以无法提供客户端不可否认性的保护。不过，使用安全电子交易协议 SET 就可以避免这个问题。为了解决 SSL 协议存在的消费者可能否认自己行为的问题，MasterCard 和 Visa 这两大信用卡公司共同开发了 SET（安全电子交易协议），对商家和持卡人的身份进行认证，使用双方的数字签名保证双方的行为不可否认，保障交易的信息在交易过程中不会被篡改。具体来说，它使用 RSA 公开密钥体系对双方的身份进行认证，利用 DES 等对称加密方法进行信息的加密传输，并用散列函数值（Hash）来进行消息的完整性验证。

SET 实际上是一个基于互联网的电子支付系统，获得了 IETF 标准的认可，也是事实上的通用标准。SET 协议比 SSL 协议复杂，涉及的对象更多。除了消费者和商家，还包括收单银行、电子货币发行公司和认证中心（CA）。收单银行负责处理消费者和在线商店之间的电子交易支付问题。电子货币发行公司包括如智能卡、电子现金、电子钱包的第三方公司，负责处理智能卡的审核和支付工作。支付宝就是这类公司的代表。还有一些银行也担当电子货币发行公司的角色。认证中心（CA）则是 SET 体系中专门设置的一个验证数字签名真伪，发布和管理数字证书的关键机构。

SET 是目前处理网上支付最安全的方法。但是由于 SET 集成到现有系统中的成本比较高，让不少电商拒绝使用 SET；SET 为了保证安全性而牺牲了简便性，而它操作过于复杂的特点也让而不少消费者对 SET 不感兴趣；部分经济发达国家的法律规定了持卡人承担较低的信用卡风险也拖慢了 SET 的整体发展速度。效率优先还是安全优先，于许多人而言这是一个难以抉择的问题。

6.5 服务器安全

6.5.1 服务器的安全威胁

翠兰：服务器安全问题是电子商务商家非常关心的一环。针对服务器的安全威胁应该很多吧。

小能：是不少，服务器的安全威胁有以下这些类型：

■ 针对服务器自身的安全威胁

■针对服务器数据库的安全威胁
■针对公用网关接口（CGI）的安全威胁
■针对服务器其他程序的安全威胁
■针对服务器物理介质的安全威胁

6.5.1.1 针对服务器自身的安全威胁

针对服务器自身的安全威胁有以下情况：

■因为服务器安装的软件非常复杂，所以存在很多的系统和软件的安全漏洞。安全漏洞是指破坏者可藉此进入系统的安全方面的缺陷。

■服务器一般设有多个级别期限，高级别比如超级用户的权限很大。如果权限设置不当或者用户密码丢失，破坏者就可乘机进行破坏和攻击。

■Cookie 能够记录用户名和口令等敏感信息，一旦泄密，后果严重。

6.5.1.2 对数据库的安全威胁

在电子商务中数据库除了存储产品信息外，还保存有价值的信息或隐私信息。如果数据库被破坏，就会造成重大的损失。数据库一旦被入侵，木马、黑客软件等可以通过数据权限降级等方式，把敏感信息发到未保护的区域，从而获取数据。

6.5.1.3 对公用网关接口（CGI）的安全威胁

CGI 可实现从 WWW 服务器到另一个程序（如数据库程序）的信息传输。CGI 是程序，一旦滥用就会带来安全威胁。恶意的或者是有缺陷的 CGI 程序会调用删除文件的系统程序破坏文件，或查看客户的保密信息（包括用户名和口令），它会让系统失效，还可能查看、破坏、修改服务器中的重要内容。

翠兰：老公，客户机要认真安装配置好，并拥有好的使用习惯，服务器更是如此。

八戒：我已经受到教训了，再不敢掉以轻心了。

6.5.1.4 对其他程序的安全威胁

服务器上所运行的程序也可能对服务器进行攻击，以便破坏服务器的即需性。攻击的模式主要有下面几种：

■蠕虫病毒模式。编程不当可能会使缓存溢出，导致数据或指令替代了内存指定区域外内容，这种程序设计错误的后果是程序会遇到意外然后停机。一些病毒，比如互联网蠕虫，也会造成相同的后果。

■攻击程序模式。这种模式的原理是如果缓存内容都给覆盖了，服务器就会通过载入记录攻击程序地址的内部寄存器来恢复运行。恢复运行的程序会获得很高的超级用户权限，攻击程序就可以藉此获取超级用户权限，这样的情况下服务器里面每个程序都可能被侵入者泄密或破坏。

■邮件炸弹模式。将多余的数据作为邮件发给一个服务器的攻击模式叫做邮件炸弹，即数以千计的人将同一消息发给一个电子邮件地址。邮件炸弹的目标地址会因为收到超出容量上限的邮件，导致邮件系统堵塞或失效。

八戒：这招很阴损啊。提供互联网服务的商家多得是，如果客户发现我们网站的处理速度低得无法忍受（即需性被破坏），他们会选择其他商家来完成本次交易，而且很多顾客从此就不会再次光顾我们了。

6.5.1.5 物理介质的安全威胁

小能：硬件都有一定的寿命，如果经过病毒等破坏，它的寿命会更短。
八戒：所以，无论是客户机还是服务器，应该做的安全保障，我们一个也不能少。
翠兰：对。

6.5.2 服务器的安全防护措施

小能：服务器的安全威胁不少，所以对于服务器的防护措施也不少。
八戒：防护措施有哪些？
小能：简单概括就是：访问控制要到位，认证工作要做好，数据备份不能少，正版软件是必选，防毒软件运行早，入侵检测防内鬼，防火墙是绝对要。

6.5.2.1 访问控制和认证

访问控制和认证是指控制访问服务器的人以及该身份可以访问的内容。具体方法如下：

■设置好服务器和相关软件的访问权限

服务器一般通过提供访问控制表的方式来限制用户的文件访问权限。访问控制表是文件和其他资源，以及有权访问这些文件和其他资源的用户名的清单或数据库。每个文件都有自己的访问控制表。设置好服务器的访问权限，给合适的人合适的访问期限可以减少和防止未经授权的信息泄露问题的出现。服务器内可能会泄密的软件也要做好相关的期限设置工作，减少漏洞。

■加密方式来保存敏感信息

用户名和口令等敏感信息不要以明文的形式记录。Cookie 中的信息是以明文形式存在，所以应该禁用 Cookie，并把全部敏感信息、重要信息进行加密。

■做好认证工作

服务器通常利用数字证书，也就是通过用户的公开密钥来验证用户的身份。通过查验用户的数字签名来确定其身份。要注意的是，证书存在有效期，认证中心不会为过期的证书进行担保。

6.5.2.2 数据备份

建议系统采用双硬盘的镜像模式，减少因为硬盘损坏而造成的巨大损失。每天都要把重要的数据进行备份，并且每隔一段时间用其他存储方式，例如移动硬盘，把数据刻录下来。

6.5.2.3 安装正版软件和运行防毒软件

服务器只安装正版和可靠的软件，并且及时更新防毒软件，以便防御大部分的病毒和木马等攻击，堵住常见的安全漏洞。同时防毒软件还可以提示用户及时下载和更新操作系统和软件的补丁，杜绝安全隐患。

6.5.2.4 防火墙

一、定义

防火墙是一种位于内部网与外部网之间的网络安全系统，它作为内部网和外部网之间的一道安全屏障，让所有进出内部网的信息都通过这个唯一的检查关口进出，通过使用访问控制策略来达到保护内部网中的信息、资源等不被非法用户获取；控制数据流量、进行内容过滤；防御部分 Dos 攻击等目的，是减少破坏即需性攻击的好工具。（编者注：防火墙作用如图 6 – 13 所示）

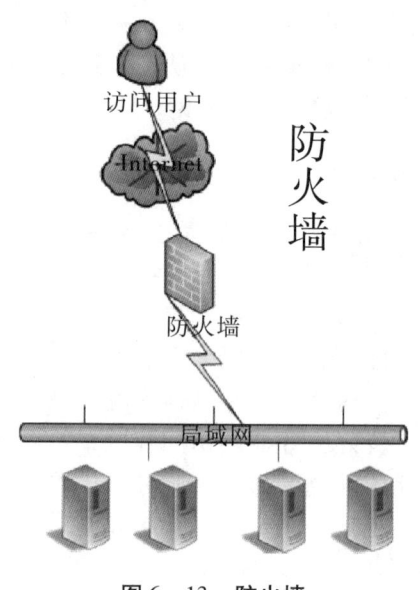

图 6 – 13　防火墙

二、访问控制策略

八戒看罢资料，问道：以前人们住木质结构房屋的时候，为防火，将坚固的石块堆砌在房屋周围作为屏障，这种防护石墙就被称之为"防火墙"。这是借用了现实防火墙的概念？

小能：是的，其实与防火墙共同作用的还有"门"。如果没有门，人如何进出和沟通呢？这个门就相当于我们这里所讲的防火墙的"访问控制策略"。

八戒：访问控制策略？

小能说：是的。构建防火墙的目的就是为了保护数据的机密性和完整性，以及让合法用户能够快速、简便地访问网络。防火墙通过设置对各种情况进行"允许"或"禁止"的访问控制策略，实现以下功能：

■防御功能

防御功能主要是指内容过滤，通过进行病毒扫描、防御部分 Dos 攻击、阻止恶意内容侵入等访问控制策略。它负责检查所有进出网络的信息，对信息流进行控制，控制内部网中需要保密的数据流入外网，也控制和防止来自互联网的无用垃圾和有害数据流入内部网。动态内容是黑客木马经常隐藏的地方，防火墙可以检测出恶意的动态内容等危险代码或病毒并报警。拒绝服务攻击（Dos）就是黑客常用的攻击手段，攻击者通过发动攻击，过多地占用共享资源，导致服务器超载或系统资源耗尽的同时，也让其他用户无法享用服务或没有资源可用。防火墙通过综合使用控制、检测与报警等机制，可在一定程度上防止或减轻 Dos 黑客攻击。

■安全保障功能

防火墙一般具备识别、转发、跟踪 IP 包功能，能够识别/记录/禁止 IP 地址欺骗。IP 地址欺骗是黑客采用的攻击手段，即使用伪装的 IP 地址作为 IP 包的源地址，冒充他人对受保护网络进行攻击的方式。防火墙还可以转发和跟踪网络间报文控制协议（ICMP），记录入侵情况、提供实时警告并进行实时的防范。

■管理功能

防火墙管理是指防火墙管理员对防火墙进行的日常管理工作。这些管理工作主要包括通过防火墙的身份鉴别，编写防火墙的访问策略，配置防火墙的安全参数，查看防火墙的日志等。

■记录和报表功能

防火墙记录全部符合条件的报文，并自动生成日志。防火墙应具备实时统计、自动报表和日志报告功能。防火墙应提供报警机制，在检测到入侵网络以及设备运转异常情况时，通过报警来通知管理员采取必要的措施。

三、防火墙类型

市面上的防火墙类型很多，根据其功能和侧重点的不同，主要分为三大类：

■包过滤

包过滤防火墙主要进行 IP 包的过滤工作。它检查信息包头源地址、目的地址和端口号、协议类型等标志，并根据预先设定好的规则决定是否允许数据包通过。

■网关服务器

网关服务器防火墙是根据请求的应用进行过滤的防火墙。作为内部网与外部网的隔离关口，它的主要工作是仲裁是否接受访问请求。

■代理服务器

代理服务器防火墙是代表某个网络与互联网通信的防火墙。防火墙把本网络内的客户机的请求转给互联网，并且把互联网返回的响应发送给本网络内的客户机。代理服务器还可以用于缓存网页。

为了提高安全性，用户可以把多种方法结合起来，形成复合型防火墙产品。

6.5.2.5 入侵检测

翠兰：防火墙只能够阻止外部网络的入侵，但是有时入侵是来自内部的。

小能：没错。防火墙对来自于内部的入侵无能为力。据统计，全球 80% 以上的入侵来自于内部。此外，内部员工对网络资源的滥用或误操作也可能造成巨大的损失。不过幸好还有入侵检测技术。这种技术已经成为网络安全防护的主要组成部分。

翠兰：入侵检测？

小能：入侵检测是一种主动的安全防护技术，通过实时收集和分析网络行为、安全日志、审计数据、计算机系统中若干关键点的信息以及其他网络上可以获得的信息，检查网络或系统中是否存在违反安全策略的行为和被攻击的迹象，在网络系统受到危害之前拦截和对抗入侵，从而保障了系统的安全。

从技术上看，这些产品可分为以下几类：基于网络、基于主机和分布式。基于网络的入侵检测产品一般放在关键的网络节点上，监视本网段的活动。基于主机的入侵检测产品对网络流量不敏感，但能准确定位入侵主机的行为并及时进行反应，通常安装在主机之上，用于监视主机网络实时连接以及系统的情况。分布式入侵检测产品由多个部件组成，在关键主机上采用主机入侵检测，在网络关键节点上采用网络入侵检测，同时分析来自主机系统的审计日志和来自网络的数据流，判断被保护系统是否受到攻击。此外，文件的完整性检查工具也可看作是一类入侵检测产品。

小能一边讲一边进行相应的操作。猪八戒像小学生一样拿着笔记本认真地做好记录。

小能：这次事件我们可以通过日志来追查问题的来源。我已经请了哪吒来帮忙，希望能够揪出幕后的人。

猪八戒一下子来劲了：怎么做？

小能：如果是程序问题就去查看"事件查看器"，如果是 IIS 问题就去查看 IIS 日志。我的水平有限，这次事件我得去找哪吒帮忙。回头再告诉你们结果吧。

小能把有关资料打包好，跑到哪吒那里去寻求帮助。他们打开了 IIS 日志，一行行仔细排查。（编者注：通过 IIS 日志排查问题如图 6-14 所示）

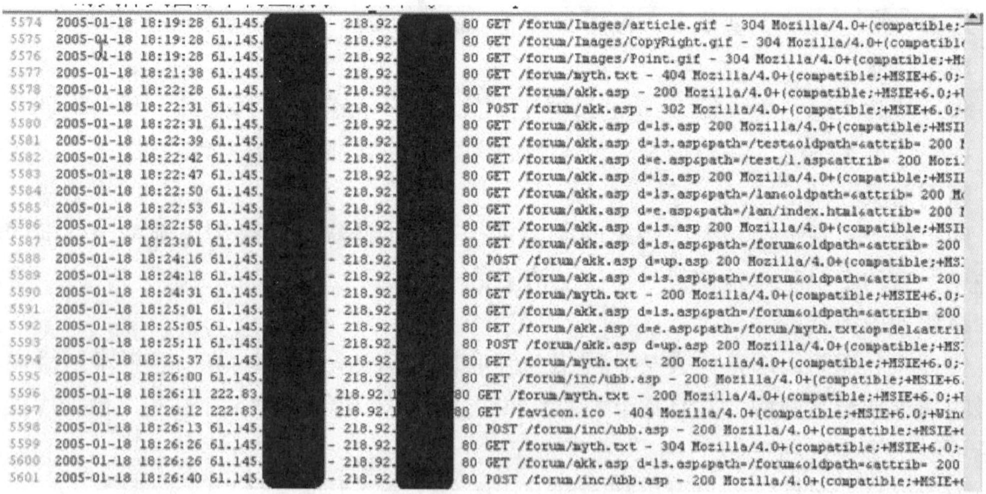

图 6-14 通过 IIS 日志排查问题

经过一轮排查，他们发现黑客通过 Akk.asp 木马入侵的痕迹。他们找出入侵者的所有操作记录后，再通过对入侵 IP 地址的调查，最后发现原来这都是红孩儿搞的鬼。

牛魔王把红孩儿狠狠地修理了一大顿，然后押着红孩儿过来道歉，并在网上澄清和大力消除影响。红孩儿在大家的教育之下，也认识到自己做的事情带来的严重后果，表示后悔和决心改正。

小能：牛伯伯，看到红孩儿，我就想起了我沉迷电子游戏的那一段日子。现在的红孩儿和那时的我有些相似，都是精力过剩，好玩好奇。红孩儿既然对互联网有兴趣，不如让他也到镇元子大师那里学习电子商务，让他通过自己的兴趣来发展自己的事业吧。

牛魔王觉得这个主意很好，红孩儿也激发了自己的好胜心，说要凭自己的能力做出一番不亚于猪小能的事业来。于是他们辞别众人，去寻找镇元子大师了。

6.5.2.6 网站安全检测平台

事情得到了比较好的解决，但是翠兰和猪八戒的心并没有完全放下。

八戒：红孩儿走了，但是其他的安全威胁还会不断出现，安全防护工作是一个长期和艰巨的工程。服务器的安全防护工作太复杂，老妈老爸都应付不来。小能，你去找哪吒了解一下，看看有没有方便而且一劳永逸的方法？

小能：这个问题其实是许多网站负责人的共同问题，其实现在已经有了解决方案——利用网站安全检测平台来检测和消除安全威胁。

翠兰、八戒：网站安全检测？

> 网站安全检测，也称网站安全评估、网站漏洞测试、Web 安全检测等。它是通过技术手段对网站进行漏洞扫描，检测网页是否存在漏洞，网页是否挂马，网页有没有被篡改，是否有欺诈内容或者是钓鱼网站等，提醒网站管理员及时修复和加固，保障 Web 网站的安全运行。

小能：用通俗的话说，网站安全检测平台是一种高度智能化的安全检测、安全威胁消除的在线服务平台，能够快速准确地完成各种综合安全检测服务。对于网站负责人来说，网站安全检测平台可以快捷地发现和解决网站安全问题，对于网站浏览者和购物者来说，网站安全检测平台可以让他们了解网站的安全性，识别钓鱼网站和欺诈内容，避免损失。现在网站安全检测平台是免费使用的。下面这张表格就是安全检测平台的专用词的资料。老爸老妈你们可以慢慢看。

表 6-2 安全检测平台的专用词表

专用词	定义
挂马	指网站被黑客在网页的源代码中插入网页木马（恶意代码）
篡改	指网站被黑客修改过源代码
欺诈	指页面中存在欺骗用户、虚假的内容
违规	指内容存在违法信息，或者处于违法的灰色地带
钓鱼网站	指页面仿冒某知名网站，让用户以为是正规网站，给用户造成损失

小能：如果网站存在挂马、篡改现象，或者是检测出欺诈或者违规内容，那往往意味着网站存在漏洞或者缺陷。如果他人侵入你的网站、获取了修改网站页面的权限，就有可能造成网站访问者电脑感染病毒、木马，严重的情况下，网站访问者的电脑还可能

会遭受远程控制、泄露文档资料、账户密码等信息等重大破坏。网站也会因为垃圾信息和黑链的重复收录，导致搜索服务供应商对网站降权，造成大量现有的和潜在的用户流失。

翠兰点头，八戒着急地问：那网站安全检测平台是怎么工作的？免费的平台效果如何？

小能：存在漏洞是网站被黑客随意攻击的关键所在。网站安全检测平台基本能够对网站的方方面面进行检测和处理。不少安全领域的知名公司提供免费的网站安全检测平台，很多知名大公司都有使用安全检测平台的服务。以号称"国内首个集'漏洞检测'、'篡改检测'和'挂马检测'于一体的一站式全免费的在线服务平台"360网站安全检测平台为例，它可以像网站的私人医生那样，利用云计算技术，快速准确地诊断、发现服务器和网站的各类安全问题，并且能够对症下药，找到安全问题产生的源头，消除威胁的根源；同时通过挂马检测和篡改检测功能，对网站进行全方位保护。360网站安全检测平台还可以提前部署云服务防御计划，从而避免大规模的网站攻击。

小能打开360网站安全检测平台服务网址：http://webscan.360.cn（编者注：360网站安全检测平台如图6-15所示）

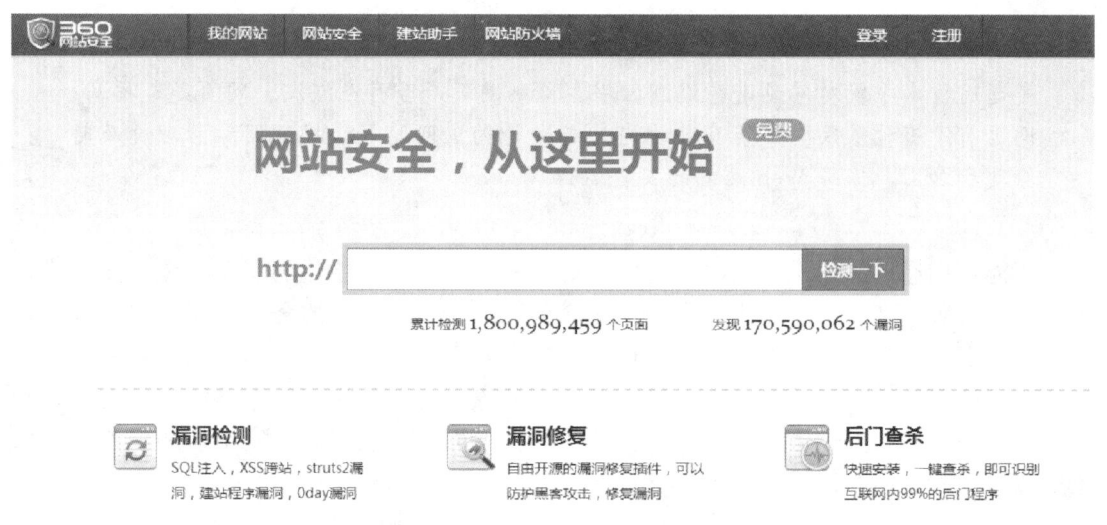

图6-15　360网站安全检测平台

小能：只要网站负责人输入自己的网址，就可以实时得到检测结果。这是我输入的网址www.jd.com的检测结果。（编者注：安全检测平台检测实例如图6-16所示）

图 6-16　安全检测平台检测实例

　　八戒：这样做太方便了，将安全问题交给这些网站安全检测平台，我们就可以专心进行网站建设和营销了。

章节要点小结（请同学们在本章节中查找知识要点的对应页码，以便复习）

知识要点	章节页码
1. 电子商务安全要素	
2. 客户机安全威胁种类及其概念	
3. 客户机安全防护措施	
4. 加密技术种类及其应用的工作过程、认证技术工作过程	
5. 服务器安全威胁种类、防火墙功能及类型	

　　延展学习活动： 请同学们结合所学知识，对如何保障自己的电脑和移动设备的安全提出可实施性建议。

第 7 章
电子商务的信息流

自家企业的网站搭建起来了,八戒看着像模像样的网站,感觉后生可畏。但老江湖马上意识到新问题了,忙拉着小能说道:儿子,知己知彼,才能百战百胜。一个铺面新开张,刚刚开始,我多去店面几次,看看人流,听听对话,就知道这个铺面是否迎合当地人的喜好。但是现在挂了一个网站,我怎样了解别人的反应呢?

这几个月一直在刻苦钻研电子商务的小能挠挠头:这个要进行电子商务的数据分析,特别是信息流的分析。

八戒:信息流是什么?

小能:关于这个信息流,我给您资料瞧瞧。

7.1 信息流概论

商务活动是一个体系,它是信息流、资金流、物流的有机结合并形成互动机制。在商务活动中,信息包括商务信息、商务情报、商务数据、商务报告等,是对企业各种商务关系和商务活动的客观描述,是企业商务运动变化的真实反映。而电子商务信息是指凭借电子化和网络化进行生产、存储、传递和管理的商务信息。它包括文字、数据表格、图形、影像、声音等具体形态。电子商务信息流是指电子商务信息通过计算机网络途径进行传输的过程,包括电子商务信息的产生、收集、传播、运用与反馈的步骤。它也是对商品运动形态的直接反映。在电子商务条件下,信息流在商品和劳务的运动过程中占据了主导地位,成为物流、资金流的先导和基础。(编者注:电子商务信息流的运动过程如下图 7-1 所示)

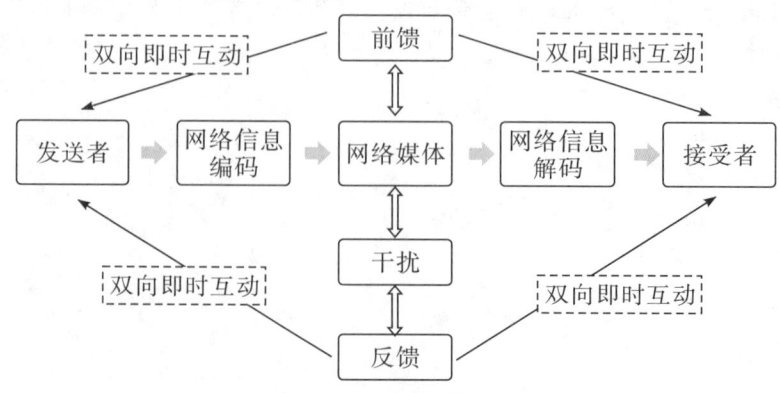

图 7-1 电子商务信息流的运动过程

商务信息的运动过程，是指商务信息从发送者（以企业为主体）转移到接收者（以消费者为主体）那里的正向活动，以及接收者对商品信息的反向运动的统一。上述活动包括以下因素：

■发送者：即准备向外传递信息的企业。

■网络信息编码：即把信息转换成便于向接收者传播的文字、声音、图像等多媒体编码。

■网络媒体：即信息传播途径。

■网络信息解码：即接收者（消费者或用户）对信息进行解释的过程。

■信息接收者：即对传递的信息感兴趣的人或组织，包括目标市场上的现实购买者和潜在购买者，他们会对信息给予"解码"和做出反应（使用信息）。

■前馈：即企业在传递信息之前，通过市场调研，了解信息接收者的有关信息。包括他们的信息需求，接收信息能力和理解能力等，从而选择和确定准确的信息表达方式及传输的具体途径，增强信息传输效果。

■反馈：即企业接收方了解所传递信息的效果，以评价传播过程是否理想并调整对策。

干扰：即传播过程中影响传播效果的各种因素，例如竞争性同类信息的干扰，媒体使用不当造成的干扰等。

在这个运动过程中，电子商务信息的流动是双向的，信息接收者变被动接收为主动寻找信息，甚至本身就是生产信息的来源。他们会和信息发送者进行即时互动的沟通和交流。

传统商务信息的传输一般采用的是"推"式策略，即信息发送者在固定的时间，采用一定传播媒体发布固定的信息；信息接收者对信息内容、接收的时间、地点的选择余地很少。电子商务信息流不仅保留了"推"的策略，还更多地结合"拉"式策略。"拉"式策略让信息接收者主动寻找自己所需要的信息，并且参与到信息的生产过程之中。信息发送者也可以为接收者定制个性化信息。

7.2 电子商务信息的收集

八戒知道了信息流的原理后，忙问：这些信息如何收集？

7.2.1 信息收集阶段

信息收集是信息流运行的起点，它是分散的信息向收集者集中的过程。信息的收集者成为信息的信宿，他是按照自己的目的和需要来集中有关信息。收集信息的质量，即信息的真实性、可靠性、准确性、及时性，决定着能否达到预定的目的和能否满足需要。收集信息一般以市场调查为主，必须遵循以下原则进行：

■具有明确的目的性

收集信息的目的决定着收集的范围、深度、方法和费用。收集目的是按照企业经营的需要而确定的，如果是战略性的目的，所涉及的范围就比较大。如果是某一方面很具体的目的，比如竞争商品、竞争对手、物流线路等，所涉及的范围就要小得多。流通活动中的信息量非常之大,只有与自己目的相关联的信息才是收集的对象。目的不明确会导致无边际的收集,降低收集质量,造成不必要的浪费。

■确定深度和精度

这是按照收集目的的要求来确定的。不同的目的对深度和精度的要求也不相同。比如,销售信息的收集,是纯粹销售数量信息的收集,还是包括购买者结构信息,是以日为统计单位,还是以周或月为统计单位。深度和精度决定着收集的难易程度和费用大小,收集者必须考虑清楚。

■选择信息源,建立信息渠道

信息源的选择取决于收集目的及信息内容。一般地,应该优先选择利用现有信息和现有信息渠道,当现有信息不足够时,再去寻找新的信息源。由于流通活动是连续进行的,其中部分内容会不断重复。因此,确定具有连续性相对稳定的信息源和信息渠道,非常有意义。

7.2.2 市场调查

八戒:这些信息收集的方法在现实生活中也一直在用。我虽然没有这些理论,但是我经常到工厂、店铺去转悠,和工人、买家聊天,收集到的都是第一手没有水分的干货呢。另外,我经常飞到异地供应商那里应酬,不止是为了联络感情,还为了解他们对本行业最直觉的感受。前些年经济刚出现有不好的苗头,我就到工厂现场看看人家接送工人的班车数量、工厂有没有灯光、烟囱冒不冒烟,隔壁收废品的老大爷废品多不多……通过这些渠道得到第一手资料,避免了重大损失。

小能:老爸,这个您最有实践经验了!其实您所做的这些都属于市场调查的范畴。如果您了解市场调查的理论和新科技方法,您的经验就能帮助您发挥信息的更大优势。这是一些市场调查的资料,您可以看看。

7.2.2.1 市场调查定义

市场调查的根本任务是寻找和提供准确的信息来减少决策的不确定性。1961年,美国市场营销学会(AMA)把市场调查定义为"系统地收集、记录和分析与产品和服务市场营销有关的问题"。现在的市场调查已不再局限于解决产品和营销问题。它应用到企业商务活动的各个方面,人们把市场调查的过程定义为"通过信息把客户、公众和市场营销者联系在一起,营销者利用这些信息发现营销机会和存在问题,产生、改进和评价营销行动,监控营销计划的执行情况,加深对营销过程的理解。市场调查可以获得解决问题所需的信息,设计收集信息的方法,管理和实施收集信息的过程,分析调查的结果并汇报调查的结论"。

7.2.2.2 市场调查的类型

市场调查一般分为描述性调查、诊断性调查和预测性调查。

表 7-1　按调查目标对市场调查分类

调查的类型	调查的目标	例子
描述性调查	描述现象。回答谁、如何、何时、为什么、多少和哪里等问题	买产品的都是些什么样的人
诊断性调查	了解现象产生的原因	客户为什么喜欢或不喜欢产品
预测性调查	考察现象并确定因果关系	电视广告能否增加产品的销售额？如果能，可以增加多少

管理者一般都是从描述性调查开始，然后才是诊断性调查和预测性调查。描述性调查收集并描述事实。管理者通常把描述性调查作为调查过程的起点，用描述性调查来确定调查的问题。例如，调查的目标可以是确定客户的总体特征，了解新产品早期采用者以及对新产品有预见的客户的人口统计特征和态度情况。诊断性调查努力解释市场行为，并帮助管理者了解面临的问题和局面。预测性调查（也称为因果关系调查）综合描述性调查和诊断性调查的结果来预测营销计划的可能成效。例如，根据一个城市销售的经验，如果更换体育明星做广告，全国的销量会有多大的变化？

7.2.2.3　市场调查方式

市场调查有两种方式，一种是直接收集一手资料，如问卷调查、专家访谈、电话调查等；另一种是间接的收集二手资料，如报纸、杂志、电台、调查报告等现成资料。因此，利用互联网进行市场调查（网上市场调查，简称网上调查），相应也有两种方式，一种是利用互联网直接进行问卷调查等方式收集一手资料，这种方式被称为网上直接调查；另一种方式，是利用互联网的媒体功能，从互联网收集二手资料，这种方式被称为网上间接调查。由于越来越多的媒体，例如传统报纸、杂志、电台，还有政府机构、企业等都纷纷上网，因此网上成为信息的海洋，信息的蕴藏量极其丰富，关键是企业如何发现和挖掘有价值的信息。

7.2.2.4　网上市场调查特点

网上市场调查的实施可以充分利用 Internet 作为信息沟通渠道的开放性、自由性、平等性、广泛性和直接性的特性。网上市场调查具有传统的市场调查手段和方法所不具备的特点和优势：

■ 及时性和共享性

网上调查是开放的，任何网民都可以进行投票和查看结果，而且在投票信息经过统计分析软件初步自动处理后，可以马上查看阶段性的调查结果。

■ 便捷性和低费用

实施网上调查节省了传统调查中耗费的大量人力和物力。

■ 交互性和充分性

网络的最大好处是交互性，因此在网上调查时，被调查对象可以及时就问卷相关问题提出自己更多看法和建议，可减少因问卷设计不合理导致的调查结论偏差。

■可靠性和客观性

实施网上调查，被调查者是在完全自愿的原则下参与调查，调查的针对性更强，因此问卷填写信息更可靠、调查结论更客观。

■无时空、地域限制

网上市场调查是24小时全天候的调查，与受区域制约和时间制约的传统调研方式有很大差别。

■可检验性和可控制性

利用Internet进行网上调查收集信息，可以有效地对采集信息的质量实施系统的检验和控制。

7.2.2.5 网上市场调查方法

网上市场调查方法分为直接调查和间接调查两类。

一、网上市场直接调查分类

根据采用调查方法不同，直接调查可以分为网上问卷调查法、网上实验法和网上观察法。按网上调查采用的技术可以分为站点法、电子邮件法、随机IP法、德尔菲调查法和视讯会议法等。

■网上问卷调查法

按照调查者组织调查样本的行为，网上调查可以分为主动调查法和被动调查法。主动调查法，即调查者主动组织调查样本，完成统计调查的方法。被动调查法，即调查者被动地等待调查样本造访，完成统计调查的方法，被动调查法的出现是统计调查的一种新情况。

■站点法

在Internet上，市场调查人员应充分利用企业的站点了解顾客的信息，监控在线服务来观察访问者购买的产品种类及其所耗费的时间，以便分析出产品的受欢迎程度和销售情况。也可以利用站点发送调查问卷和收集反馈信息。站点法属于被动调查法，也是网上调查的常见方法。

■电子邮件法

在Internet上进行市场调查时，最困难的问题是无法确定访问者的真实身份，因此市场调查人员必须采取适当的方法和策略来识别访问者。商家雇用市场调查人员在目标市场中收集特定的网上用户信息，通过给被调查者发送电子邮件的形式发出询问表单，由用户填写后以电子邮件的形式再反馈给调查者的调查方法就是电子邮件法。利用电子邮件，企业的所有顾客均可阅读并了解企业的情况，市场调查人员则可对访问者信息进行分类统计，从而进一步了解本企业希望获知的信息。电子邮件法属于主动调查法，优点是邮件传送的时效性高。

■随机IP法

随机IP法是以产生一批随机IP地址作为抽样样本的调查方法。随机IP法属于主动调查法，其理论基础是随机抽样。利用该方法可以进行纯随机抽样，也可以依据一定的标志排序进行分层抽样和分段抽样。

■德尔菲调查法

德尔菲调查法又称为专家函询调查法或通信调查法。该法在技术调查预测和新产品市场需求调查预测方面得到了较普遍的应用。其做法是首先明确调查主题，设计调查问卷提纲；然后选聘专家（专家人数以 10－50 人为宜）；调查者与专家建立直接地网上函询联系后，将问卷发送给每个专家，请专家在规定时间内作答并返回调查者。

■视讯会议法

视讯会议法是基于 Web 的计算机辅助访问（Computer Assisted Web Interviewing，简称 CAWI）。它将分散在不同地域的被调查者通过互联网视讯会议功能虚拟地组织起来，在主持人的引导下讨论调查问题的调查方法。

二、网上市场间接调查分类

企业用得最多的还是网上间接调查方法，因为它的信息来源广泛，能满足企业管理决策需要，而网上直接调查一般只适用于针对特定问题进行的专项调查。网上间接调查主要是利用互联网收集与企业营销相关的市场、竞争者、消费者以及宏观环境等方面的信息。间接信息的来源包括企业内部信息源和企业外部信息源两个方面。与市场有关的企业内部信息源，主要是市场信息、企业产品在市场销售的各种记录和历史资料，客户信息等。企业外部的市场信息源包括的范围极广，主要是国内外有关的公共机构。包括国内外政府机构网站、图书馆、国际组织等国际性和地方性组织提供的信息资料，对了解特定地区或国际经济集团和经济贸易、市场发展、国际市场营销环境也非常有用。另外通过银行、商情调研机构和相关企业信息的调查，可以把握细分市场的营销环境，有关竞争者的大量资料等。总之，在网络信息时代，信息的获取不再是难事，困难的是如何在信息繁多的信息海洋中找出企业需要的有用的信息。

常见的网上市场间接调查途径包括：利用搜索引擎收集资料，利用公开的互联网区域收集资料（例如社区、博客、微博等）和利用新闻组收集资料。

八戒：儿子，搜索引擎和网上社区这些我都大致了解，不过这新闻组是什么地方？当时介绍电子商务功能的时候好像提过这词。

小能：老爸，我这里有一些文字介绍，你把这些文字看下来估计你就懂了。

■利用搜索引擎收集资料

搜索引擎是一种特别的网站，可以帮助用户找到包含用户所需资料的其他网站。检索引擎可以用来查询名称、产品等信息。互联网上很多流行的检索引擎也对信息进行分类。对一些用户感兴趣的专题（如汽车、金融、计算机和旅游等），检索引擎提供专题下相关网站的链接。如果用户不知道应该用什么关键词，也可以使用这些搜索引擎网站的分类检索。

■利用公开的互联网区域收集资料

公告栏（BBS）延伸了很多互联网应用，例如社区、博客、微博等。它们相似的地方在于：都是在网上提供一公开场地供用户留言、问答问题或发表意见，功能上支持查看他人留言，这过程好比用户参加一个公共场进行的讨论一样，可以随意参加或离开。企业可以到相关网站上了解主题讨论情况。

■利用新闻组收集资料

新闻组就是一个基于网络的计算机组合，这些计算机可以相互之间交换一个或多个可识别标签标识的文章（或称之为消息），一般称作 Usenet 或 Newsgroup。新闻组让用户互相交流、互相提问、一起讨论问题并解决问题。新闻组可以精确地对使用者进行分类（按兴趣爱好及类别），其中包含的各种不同类别的主题已经涵盖了人类社会所能涉及的所有内容，如科学技术、人文社会、地理历史、休闲娱乐等等。不同的专题领域都有不同专家参加讨论，方便调查者了解专家的观点和建议，并从新闻组档案中获取信息。新闻组还帮助调查者对有价值的互联网用户进行跟踪，深入了解，获取进一步的信息。

7.2.3 搜索引擎——消费者对信息获取的重要途径

八戒：儿子，我现在知道可以利用网上调查去查询对手和顾客的信息了。顾客是我们的衣食父母，你能否具体讲讲顾客如何从网站获取商家的信息，好让我们再从顾客的行为中分析他们的价值取向。

小能：顾客在电子商务网站上通常用搜索引擎获取信息。我以具体网站为例操作给你看。

7.2.3.1 多个关键词搜索

在淘宝、京东等大型的电子商务网站，消费者经常用搜索引擎搜索货品的信息，货品在淘宝中俗称"宝贝"。在淘宝中，消费者在宝贝的搜索框中输入关键词，输入的关键词越多，找到的货品越精准。多个关键词的搜索语法为：关键词1＋关键词2＋关键词3，"＋"号可以用空格代替。（编者注：多个关键词的搜索语法实例如图7－2所示）

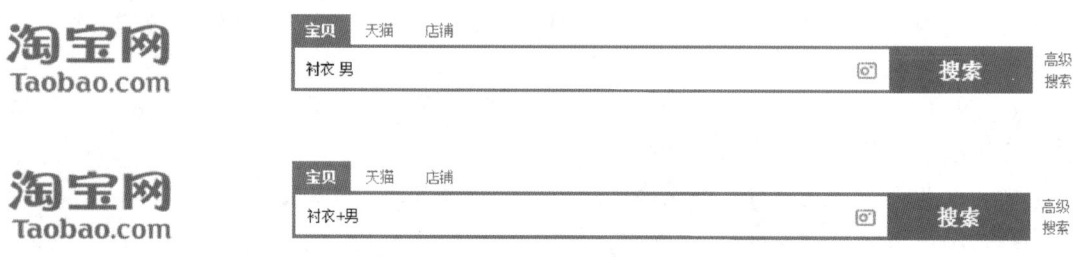

图7－2 多个关键词的搜索语法实例

7.2.3.2 常用类型分类搜索

消费者中，特别是男性消费者，购物目的性比较强，希望一下子能找到自己想买的"宝贝"。一些电子商务平台商为节省顾客时间，在搜索项的下面设置一些常用类型分类，帮助顾客精准找到自己想要的商品。（编者注：在常用搜索项下设置的常用类型分类实例如图7－3所示）

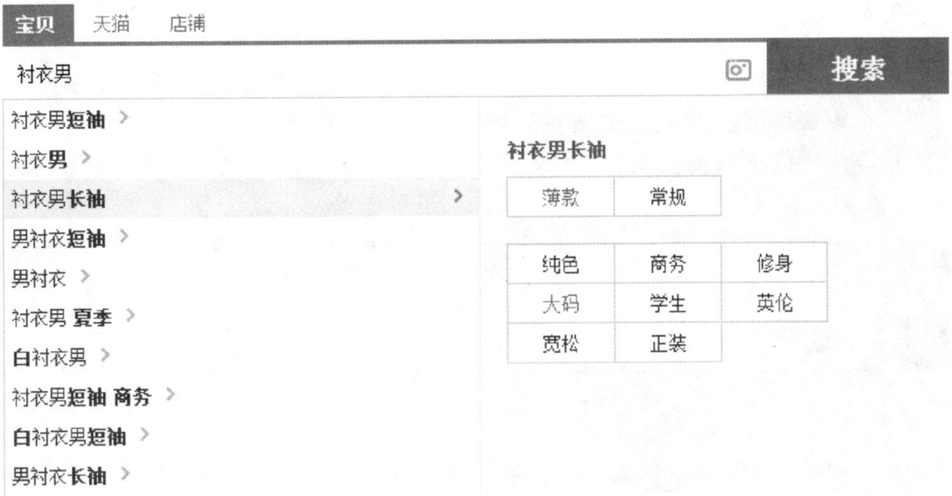

图 7-3　在常用搜索项下设置的常用类型分类的实例

7.2.3.3　排除关键词搜索

如果顾客买东西目的性不那么强，只是特别不喜欢某种类型的商品，可以使用"高级搜索"，输入需要排除的关键词。（编者注：淘宝网高级搜索页面实例如图 7-4 所示）

图 7-4　高级搜索页面实例

7.2.3.4 获取促销产品搜索

大型电子商务网站里每天都有海量的商品更新，还有不少商品搞各种促销活动或者打折。如果希望在搞活动的宝贝中搜索，可以这么输入搜索项：关键词促销，电子商务平台商的相应优惠的项目都会列出。（编者注：获得促销产品的语法实例如图 7-5 所示）

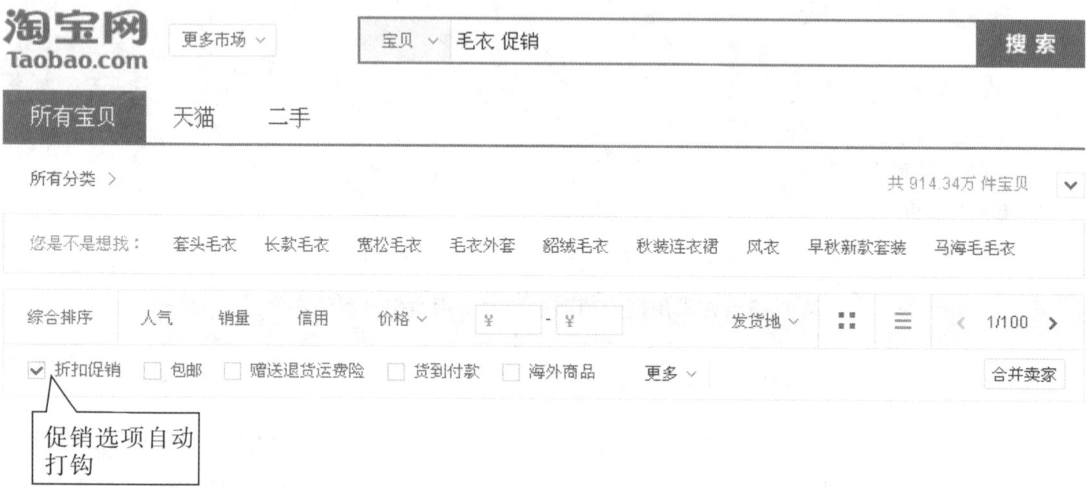

图 7-5　获得促销产品的语法实例

7.2.3.5 比对搜索

消费者喜欢货比三家，购物时如果想知道还有哪些店铺也卖这款宝贝，把鼠标放在宝贝图片上，图片下方会显示有关选项。（编者注：同款或相似商品搜索实例如图 7-6 所示）

图 7-6　同款或相似商品搜索实例

消费者还可以依据不同排序标准查看搜索结果，或者选择"合并卖家"，让同一店

家的相关产品归类展示。（编者注：搜索结果显示次序的选项如图7－7所示）

图7－7　搜索结果显示次序的选项

7.2.3.6　搜索明星

不少消费者有追星情结，他们直接在搜索项中输入明星名字，就可以找到明星在淘宝上开设的店铺并进内消费。同时也可以直接到 star.taobao.com 访问查看。

旁边的翠兰听着爷俩的对话，插进话来：老公，咱们家借你的名气，也算是个事儿，要不我们也在淘宝网站上开个店？一方面可以看看服装的潮流趋势，了解顾客的喜好，另一方面自己开卖，少了批发商那一层手续，货款回款会快一点。

小能：老妈说得没错。在淘宝开店，你还可以下载一个跟顾客聊天的聊天工具。那样你就能获取更多的信息资源。

翠兰：好，说干就干，我这个营销高手在网络上也一定大有作为。

7.3　电子商务信息的整理

7.3.1　信息整理

八戒：小能，我现在知道消费者他们是如何获取信息的。那我们如何整理这些信息？

小能：收集回来的信息往往是零乱的，有时甚至是片面的、虚假的，必须经过处理才能去伪存真，归纳出结果，提高信息的使用价值。

信息处理主要包括以下工作：

■分类及汇总

对零乱的信息按照一定的标准进行分类整理，重新组合后，才能显示出信息之间的相互联系，为分析、比较、判断创造条件。分类可采用统一的国家标准或者系统标准，以便信息传递和提高信息通用性。编码或编目就是分类的方法之一，它是存储信息，利用计算机进行处理的重要手段。如有特殊目的，可以建立专门的标准。

■分析、判断、形成结果

大量的信息纯粹地分类和汇总，不足以对市场分析和营销决策产生作用，因此，要对信息进行比较、分析、计算，进而，作出判断，形成结果，信息才有较高的使用价值。可以说，信息处理是对信息进行再创造的过程，是信息流运行中的一个非常重要的环节。

■存储和更新

经过处理的信息，有的不立刻投入使用，有的虽然已经使用过，但仍然有再利用的价值，这就需要进行信息存储。传统的信息存储方式，主要是依靠图书馆、资料室，以卡片、档案、汇总报表等形式进行。现代的存储方式，主要是利用电子计算机技术建立数据库进行存储。流通的信息具有很强的时效性，过时的信息失去使用价值，需要及时更新，才能保持信息的生命力。当然，一些反映长期动态和趋势的信息，需要较长时间的保存和积累。

7.3.2 网站分析

7.3.2.1 网站分析定义

八戒：消费者来到我们的网站上溜达的时候，我们能从中获取一些有用的信息吗？

小能：商家可以通过网站分析，获得更真实更微观和实时的闭环数据，例如顾客购买路径、偏好、行为、反馈等。这些一手数据对商家的指导意义更大。

八戒：网站分析？

> 网站分析（Web Analytics）是一种针对网站访客行为的研究工作。它通过对一个网站的访问基本数据进行检测、统计、分析和测试，从中发现用户访问网站的规律，进而发现目前可能存在的问题，并为网站的进一步优化或营销策略的制定修改提供依据。

网站分析主要包括以下几方面的内容：

■访客分析

细分访客并对他们表现出来的不同行为和转化模式进行细分和分析，以便得到更高的转化率。

■网站内部结构和页面优化

根据用户的体验，找出能够促进购物转化率的页面和流程，提出网站结构和页面优化方案。

■商品分析

分析商品的转化率，了解可能的原因，并获取消费者需求信息。

■流量分析

对流量进行定位、细分和分析，并提出优化方案。

■页面内容分析

对页面内容分组进行细分，通过对各个指标值的分析，可以掌握访问者进入网站后浏览的偏好，发掘出效果好和有待优化的指标值，进而提出优化意见。

■网络营销和推广效果分析

通过分析各种网络推广和网络营销手段的效果，为制定和修正网络推广和网络营销策略提供依据。

网站分析除了可以对自己的网站进行分析，还可以分析对手网站或有关联的第三方网站，获取竞争对手或关联行业的信息，为自己的决策提供数据依据。（编者注：网站分

析步骤及内容如图7-8所示）

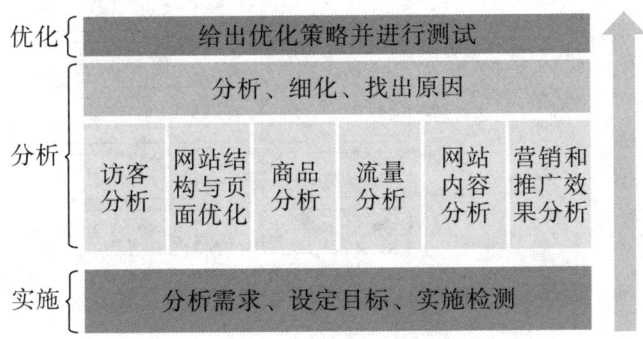

图7-8 网站分析

八戒：你这么一说我有点明白了，也就是说网站有分析用户行为的功能。那有没有什么实际的例子？

小能：有啊！我马上找一个例子给您加深一下印象。

7.3.2.2 网站分析实例——网络推广效果分析

这个例子是通过对网站的访问信息进行分析，看看网站的付费关键字推广效果如何。

一、流量分析过程

要知道网站关键字推广的效果，首先需要了解到访者是通过哪个来源对网站进行访问的，也就是流量分析。但是同流量来源的访问者可能是通过不同的关键字访问到本网站的，所以还需要细分关键字，通过分析访问者的"访问次数""跳出率""转化数"等关键网站分析指标，了解关键字的促成转化情况，才能给出优化方案。（编者注：流量分析的过程如图7-9所示）

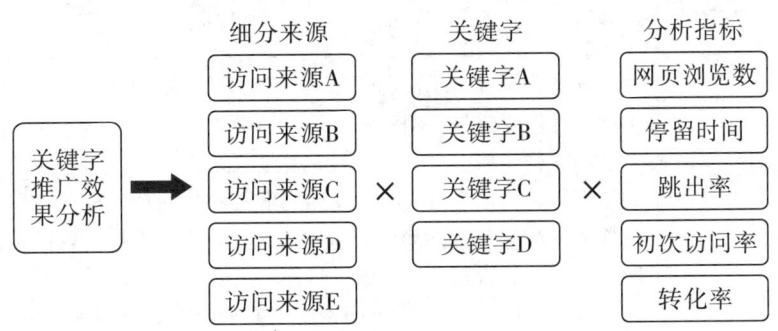

图7-9 流量分析的过程

对流量根据访问来源和分析指标进行细分，有助于企业掌握客户的访问情况和习惯偏好，了解各种访问来源带来的营销效果。（编者注：根据访问来源和分析指标进行流量分析如图7-10所示；各种分析指标的定义和意义如表7-2所示；某网站流量分析实例如图7-11所示）

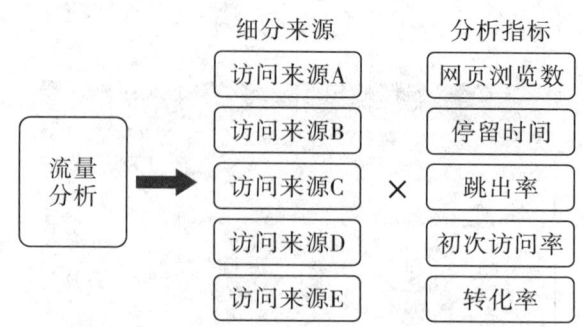

图7-10 根据访问来源和分析指标进行流量分析

表7-2 各种分析指标的定义和意义

分析指标	定义和意义
访问次数、(平均)网页浏览数	访问次数是用户的访问网页的次数。(平均)网页浏览数是各个细分领域中平均网页访问次数。统计不同细分维度下这些数据的不同,找出共性或规律
停留时间	停留时间是指一次访问的持续时间。典型的计算方法是在一次访问中,最后一次操作发生的时间减去第一次操作发生的时间。统计在各种细分维度下停留时间的不同,找出规律。比如完成转化的访问者的平均停留时间为10分钟,未完成转化的访问者的平均停留时间为5分钟
跳出率	跳出率是指只访问了入口页面(如网站首页)就离开的访问量与所产生总访问量的百分比。如果访问者觉得此网站不是他需要的,可能只打开一个页面后离开。如果一次访问属于跳出数,那么此次访问的进入页和退出页是一样的
初次访问率	统计在各种细分维度下初次访问者的比例。在关键字推广中,初次访问率是了解关键字推广效果的关键指标之一
转化率	目标转化率(Conversion Rate,简称转化率)是指目标转化数与某一相关联指标值的比率。例如:如果目标转化被定义成某一期间内购买商品的总访问次数,那么"某一相关联指标值"通常是此期间内的总访问次数。如果目标转化被定义成某一期间内购买商品的总人数,那么"某一相关联指标值"通常是此期间内的总访问人数。比如设定的目标转化是:购买了网站的商品。假设某日达成了目标转化的访问次数是60,此时本日的总访问次数是100,那么此目标转化的目标转化率是60/100=60%

访问来源	访问次数(比率)	转化率	平均停留时间	跳出率	初次访问率
全部访问	73274(100%)	1.24%	00:08:51	44.37%	54.86%
搜索引擎	49812(67.98%)	0.98%	00:07:16	57.61%	58.41%
搜索引擎以外网站	19816(27.10%)	1.84%	00:05:41	39.89%	62.87%
直接进入	3601(4.91%)	0.31%	00:11:41	42.13%	25.15%

图7-11 某网站流量分析实例

从上图可得,搜索引擎的访问次数占总体的近七成,所以访问者主要是通过搜索引擎进入本网站的。但是搜索引擎以外的网站的跳出率更低、转化率更高,换而言之,搜索引擎以外的网站的效果更佳。这个例子的数据还可以继续细分,比如再细化搜索引擎的数据,看看哪些网站(比如 Google、百度、搜狗)的搜索设置需要改进。

二、细分关键字

流量分析可以让大家直观地找出哪个推广渠道有问题,关键字分析可以让大家明白哪些关键字可以带来高转化率。搜索关键字能够直观地反映网站访问者访问网站的目的。如果网站的内容与访问者所期待的内容不相符,访问者很容易离开网站,更谈不上促成转化。因此,停留时间、跳出率、访问次数等网站分析指标能够体现关键字的效果。(编者注:关键字分析的过程如图 7-12 所示;某网络学院的关键字分析实例如图 7-13 所示)

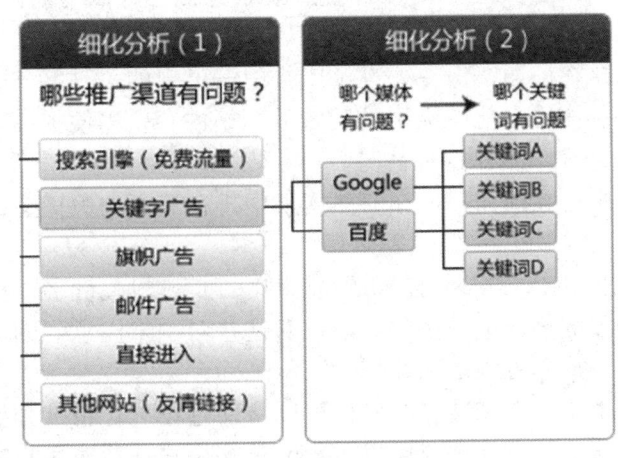

图 7-12 关键字分析的过程

№	关键字	访问次数	平均页面浏览数	平均停留时间	初次访问率	跳出率	转化率
1	网络教育	7,312	9.24	0:06:09	55.66%	27.57%	0.94%
2	**有资质、教育部**	4,170	14.43	0:08:38	22.49%	17.05%	1.03%
3	XXXXX	3,961	7.43	0:04:42	68.34%	32.85%	1.09%
4	名师教育	1,162	3.96	0:02:41	71.34%	49.23%	0.09%
5	XXXXX	831	4.43	0:02:38	83.87%	48.13%	0.48%
6	XXXXX	752	6.91	0:04:47	59.04%	44.20%	1.33%
7	实操课程	621	15.72	0:09:43	25.76%	13.57%	2.09%
8	XXXXX	605	3.51	0:01:32	79.17%	64.13%	0.50%
9	XXXXX	565	6.21	0:04:09	60.00%	41.95%	0.88%
10	XXXXX	491	5.2	0:03:36	66.80%	42.59%	0.81%
平均	—	—	7.36	0:04:50	54.73%	42.59%	0.75%

根据上表中搜索关键字的特征以及各个指标值可以判断出哪些是"**优秀关键字**",哪些是"**一般关键字**"。

图 7-13 某网络学院的关键字分析实例

图 7-13 是某网络学院对访问者进行的付费广告和自然搜索的关键字分析,其目的是了解其付费关键字的效果,并找出转化高的关键字和效果不佳的关键字,以便提出改进策略。如图所示,第 7 个关键字"实操课程"是免费的自然搜索关键字,它的转化率最高,达 2.09%,建议在本网站中提供实操试用期限给客户,同时通过付费广告、学员现身说法等形式强化推广。而第 4 个关键字"名师教育"是付费关键字,但是跳出率高达 71.34%,转化率只有 0.09%,说明访问者觉得网站描述与自己的期望不符,所以很快离开。鉴于这个效果不佳的关键字与本网站重要的客户群体需求相关性比较强,建议网站大幅度修改页面内容,突出名师,以符合访问者的需求,同时也建议网站可以减少对本关键字投入,另选付费关键字替代。

总之,分析关键字是为了了解每一个关键字的转化情况,并对重点关键字提出建议或方案。一般来说,网站会关注下面几种重点搜索关键字,因为对这些关键字的优化,很有可能提高投资回报率。

■ 在自然搜索中排在前面,但在关键字广告中没出现的关键字。这种关键字需要采取多种引流方式,并制作更多能够吸引访问者的网站内容,以便提高转化率。例子中的第 7 个关键字"实操课程"就是这种情况。

■ 在关键字广告中排在前面,但在自然搜索中排在后面的关键字,进行关键字的搜索引擎优化。

■ 分析搜索网站的进入排名在前 50 到前 300 的非热门关键字,找出与本网站相关的、能产生新回报的关键字,进行优化。通过对这些对手未注意到的需求进行引流,抢先把握新的市场需求,抢先占领市场。

八戒:这个例子不错。看来这网站分析可以帮助企业进行精准分析,获取第一手的用户行为信息。凭借这些信息,企业可以更充分了解用户和适应用户需求,让更多的合适的目标客户找到本网站,并通过提供给客户良好的购物体验和对需求的满足来提高网站访问转化率。

章节要点小结(请同学们在本章节中查找知识要点的对应页码,以便复习)

知识要点	章节页码
1. 电子商务信息流的概念以及与传统商务信息流的区别	
2. 网上信息收集的原则	
3. 市场调查的类型及方法	
4. 网上直接调查的方法,间接调查的方法	
5. 网上市场调查信息的整理工作步骤	
6. 网站分析的过程及参考指标	

延展学习活动: 同学们在身边做调查(不低于 50 个样本),了解不同学院不同专业的同学喜欢用移动设备当中的哪些 APP 应用,喜欢用移动设备访问什么网站,通过移动设备光顾的购物网站和购物类型有哪些。

第 8 章 网络营销

8.1 网络营销概述

翠兰兴冲冲地在 TB 开了家的服装店,但是过了一段时间,也没有什么顾客过来询问,整天网上无声无息,心里很有挫折感,急忙过来和猪八戒商量对策。猪八戒也正发愁呢,自家的网站上店铺简介产品介绍样样俱全,但心心念念的订货电话甚至咨询电话都没一个。夫妻二人百思不得其解,最终决定找儿子好好询问一下。

八戒:儿子,这网站建了,怎么就没有当初你说的那种网上订单?你妈妈的 TB 服装店也没有顾客光顾。

小能:老爸,你以为这事情像悟空师伯那样,翻个筋斗就到埠?哪有这么快?而且,在网上做买卖跟网下还是有区别的。

八戒:那区别是什么?该怎么弄?

小能:老爸,你先别急,我现在刚好在研究市场营销方面的知识,网络买卖就是市场营销的其中一种。喏,书都放在桌子上呢。

小能眼见老爸迫不及待想要寻求答案,干脆拿起书桌上的《市场营销原理》,翻到某处,指着名为"营销过程的简单模型"和"营销过程的扩展模型"的所示图,解释给老爸听,何谓营销。

8.1.1 营销定义及营销过程

> 营销的定义:公司为顾客提供卓越价值的同时,与顾客建立牢固的客户关系,并因此从顾客身上获得利益的回报。

营销的过程:大致分为五个步骤。首先了解市场和顾客需求,从而制定顾客导向的营销战略,紧接着建立传递卓越价值的营销方案,从而建立可赢利的关系并使顾客愉悦。通过为顾客创造价值和建立顾客关系,企业便可以在顾客获取价值的同时创造利润和获得顾客权益。(编者注:营销过程的简单模型如图 8-1 所示)

电子商务概论

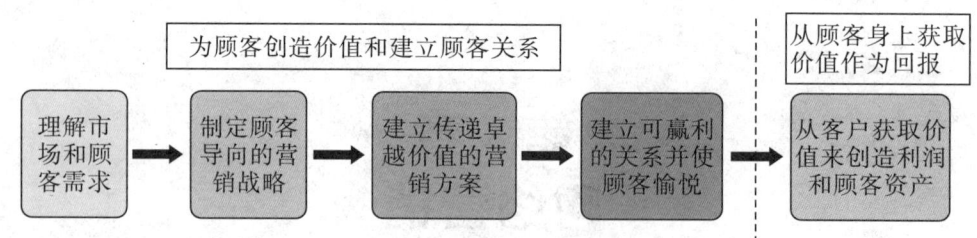

图 8-1 营销过程的简单模型
(菲利普·科特勒,《市场营销原理(亚洲版. 第 2 版)》,机械工业出版社,2010)

营销过程前四个步骤的重点是顾客价值的创造,所谓顾客价值是指顾客在购买某个产品或者服务后所获得的权益。企业通过调查消费者和市场的情况,管理市场信息和分析顾客数据,确定市场和顾客的需求,然后围绕两大问题设计以顾客需求为主导的营销战略。

第一个问题:我们服务的顾客是谁?(即市场细分和市场目标的确定)

第二个问题:我们可以怎样最好地服务这些顾客?(即市场价值主张的确定——公司向顾客传递的,让顾客感觉本公司产品区别于其他品牌的一种表达,也称为市场定位及区别化营销)

营销战略的实施需要由一个企业制定的完整的 4Ps 营销计划,它能帮助企业传递真正的价值给顾客。4Ps 即产品或服务(Product)、价格(Price)、分销(Place)和促销(Promotion)。企业针对目标顾客的需求和考虑市场情况后提供产品或者服务,顾客在特定的地区通过价格的比对后会做出购买选择。在整个购买过程中,从售前到售后,顾客会接收到企业所制定的有关促销内容,也因此让产品或服务的价值主张深入到顾客的心目中。

企业的付出会得到相应的回报:与顾客建立良好的关系,获得消费者的再次购买,并进一步稳固与顾客的关系。另外,忠诚的顾客会成为企业的免费宣传员,帮助企业去拓展市场,从而帮助企业获取更多的长期的顾客资产。

企业在营销过程中,对于营销最新技术的关注与使用、对于实施国际化贸易的思考,以及对于道德和社会责任的重视等环节都不可忽略。(编者注:营销过程的扩展模型如图 8-2 所示)

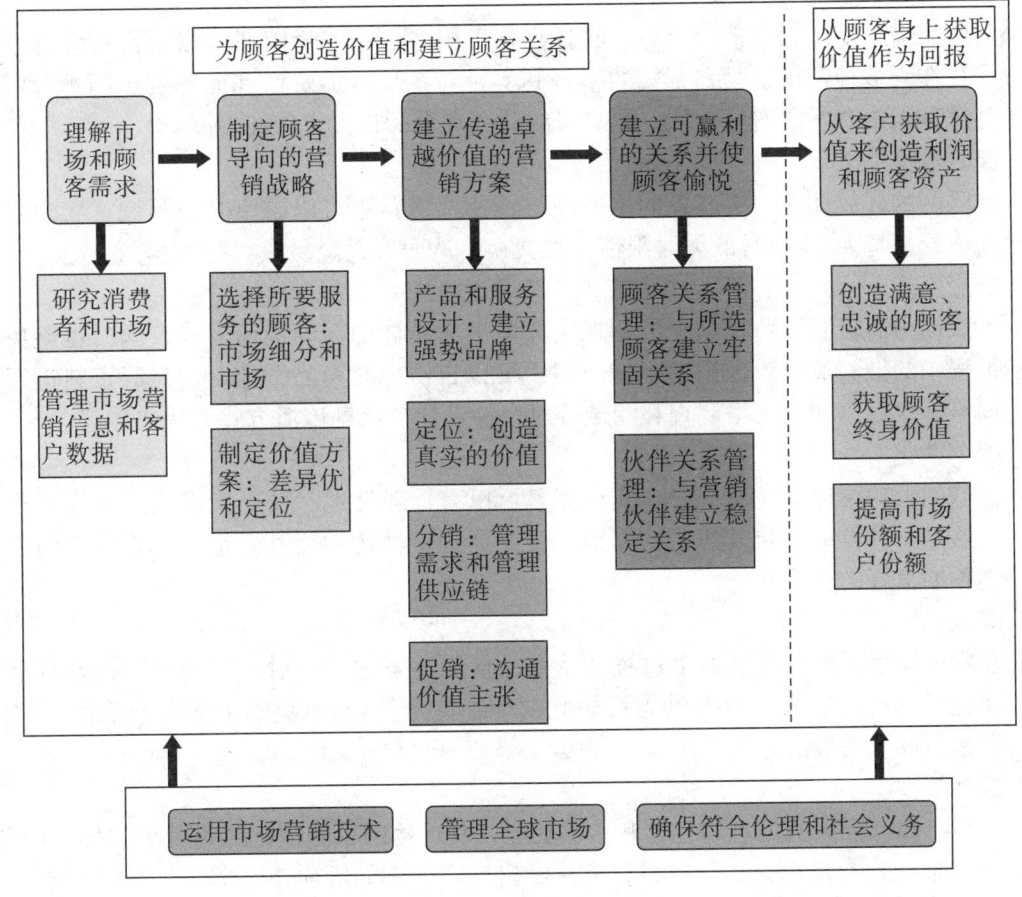

图 8-2 营销过程的扩展模型
(菲利普·科特勒,《市场营销原理(亚洲版. 第 2 版)》, 机械工业出版社, 2010)

8.1.2 网络营销定义及主要特点

> 网络营销的定义:为了实现特定的营销目标,利用互联网和数字化技术进行的市场营销活动。

网络营销的主要特点:

■公平性

网络营销为不同的公司和个人提供了相对平等的平台空间和竞争机会。互联网上信息的开放性,让用户通过网络获取目标信息的可操作性明显提升,也让信息的非对称性大大减少。

■全球性

互联网的连通性和开放性,让网络营销的全球性成为可能。商家和消费者都可以跨越国界去进行交易。

■ 整合性

从商品信息推广、推销、交易、收款到售后服务，这些营销环节当中都有多种手段和方式存在。多种营销手段和方式的整合其实是对各种有形资产和无形资产的再分配和重组，过程当中产生的增值效应，是对传统营销理念的重大突破和发展。

■ 时域性

互联网的开放性和网络服务的不间断性，让网络营销可以脱离时空限制，实现营销的每周 7 天，每天 24 小时的无时限性信息交换，从而形成交易。

■ 交互式

互联网为商家和消费者提供了比现实环境更为便捷的互动沟通方式，同时也避免了交易过程中的推销员强势推销的干扰。用户可以自由地对商品图像、信息等资料进行查询、浏览，也可以通过网络调查和测试等对产品设计、信息传播方式等提出建议。

■ 个性化

互联网上的沟通是一对一的交流。商家可以有针对性地、循序渐进式地与用户进行沟通，这是一种低成本与人性化的促销。企业通过个性化的交互式交谈，更容易与消费者建立长期良好的关系。

■ 超前性

互联网涵盖了电子交易整个过程，从商品促销、渠道、一对一互动沟通以及顾客服务，还包括市场信息分析与提供等。如此功能，完全符合定制营销与直复营销的需求，这两者都是商业发展的趋势。

■ 高效性

计算机拥有强大的信息的存储和传输功能，其传输的精确度远超过其他媒体。因此，企业能及时有效了解并满足顾客的需求并做出反应，例如因应市场需求，及时更新产品或调整价格。

■ 经济性

互联网信息交换的无纸化，及时性，和网络空间的可扩展性，让网络交易成本明显下降。交易省却了纸张、实体店铺经营费用，对全球性自然环境的保护有明显助力。

8.1.3 网络营销的基本职能

网络营销的基本职能主要表现在网络品牌建立与推广、网站推广、信息发布、网络销售、销售促进、顾客服务、资源合作等方面。

■ 网络品牌建立与推广

网络营销的重要任务之一就是在互联网上建立并推广企业的品牌，可以使知名企业的网下品牌可以在网上得以延伸和拓展，新进企业则可以通过互联网快速树立品牌形象。网络品牌价值是网络营销效果的表现形式之一，其价值体现在顾客对于产品的持久忠诚以及企业的品牌效应。

■ 网站推广

网站推广是网络营销最基本的职能之一，基本目的就是为了让更多的用户对企业网站产生兴趣并通过访问企业网站内容，并使用网站的服务来提升品牌形象、促进销售、增进顾客关系、降低顾客服务成本。中小型企业通过互联网手段进行网站推广，突破了经营支援的限制，让新闻发布、广告投放、大型促销的成本明显降低。

■信息发布

网络有助于企业掌握更多的网络营销资讯，同时也有助于企业将信息快速、高效地传递给目标人群，包括顾客/潜在顾客、媒体、合作伙伴、竞争者等。

■网络销售

企业通过网络销售实现线下销售渠道的拓展。拓展形式除了企业网站，还包括在电子商务平台上建立网上商店，以及与其他电子商务网站进行不同形式的合作。

■销售促进

任何营销形式的基本目的都是为销售助力。线上多种促销手段的使用，对商家线上线下都会有促进作用。

■顾客服务

在线顾客服务水平直接影响网络营销的效果，因此在线顾客服务成了网络营销的基本组成内容。互联网提供便捷的在线顾客服务手段，其中包括FAQ（常见问题解答）、QQ、微信公众号、邮件等各种即时信息服务方式。

■资源合作

网络资源合作是独具特色的网络营销手段，为了获得更好的网上推广效果，企业通过交换链接、交换广告、内容合作、客户资源合作等方式，与供应商、经销商、客户网站以及其他内容、功能互补或者与相关的企业建立资源合作关系，实现资源共享乃至利益共享的目的。

八戒：我们现在网站建立起来了，就应该树立网络中的品牌形象，宣传咱家企业文化和产品风格、及时发布产品新品和开展网络销售。往远了看，以后可以和师傅、猴哥和沙师弟他们的企业合作，扩大企业的影响力。

小能：老爸你这悟性真不赖！佩服！

8.2 消费者行为分析与目标市场分析

八戒：不过这生意成不成，最终还是顾客决定，他们要是愿意买，就成；否则，一切都是白搭。

小能：老爸说得在理。所谓知己知彼，才能百战百胜。要不我们先了解一下消费者的行为和如今网民的情况吧。

猪八戒可是一看到学术名词就犯晕的人。小能看着他老爸的迷糊样，想着要如何举例，才能让老爸明白。

8.2.1 消费者行为分析

小能：老爸，听说过星巴克咖啡店吗？星巴克有句经典的广告词：我不在办公室，就在星巴克；我不在星巴克，就在去星巴克的路上。动听吧？

八戒：它家的生意可好了，光顾的可都是文化人、白领一族。

小能：星巴克开越来越多的分店了。虽然价格不便宜，但是光顾的人很多。星巴克不是提供服务的咖啡店，而是提供咖啡的服务公司。它提出了一个"第三空间"的概念——模拟传统中国茶馆的氛围，提供一个让顾客能够轻松小聚的公共客厅。而且星巴克有本地专属的产品，例如中式茶、牛油菠萝包。老爸，要不我们现在就去品尝一下？这附近的购物商场就有它的店铺。今天星期五，刷信用卡还可以打折。

猪八戒由儿子引路，安坐在醇厚咖啡香气的咖啡店里面，环顾四周，或拿着平板电脑划动手指，或拿着纸质书悠然阅读，或三两知己轻声细语的人群，不禁感叹道：怎么就这么一杯咖啡，也吸引了那么多人？忍不住问儿子：这些人究竟是怎么个想法？怎么就那么喜欢这里了？

小能靠在舒适的布艺沙发上，抿了一口咖啡，微笑着回话：老爸，人家可是对顾客了如指掌的，怎样的顾客能进门，进门后想要什么，都是全套分析，而且还针对不同地区不同产品和服务，肯定吸引人咯！

猪八戒学着儿子的模样，拿起那杯拿铁，喝了一口，疑惑自己的味觉"有啥好喝？"不禁笑话自己，实在是牛嚼牡丹。脑海里面倒是捕捉到儿子刚才说的"全套分析"一词。

八戒：儿子，你刚才说的那个全套分析，究竟是什么？听着好像挺靠谱。

小能：老爸，您问的事情，其实是我在出门前翻看的那本书上看到的，叫做消费者行为分析，它的大概意思是消费者的行为会受四大方面的影响——文化、社会、个人和心理。您等等，我找给您看看。

说罢，小能拿出随身的平板电脑，查找相关的信息给猪八戒细看。（编者注：消费者行为影响因素如图 8-3 所示）

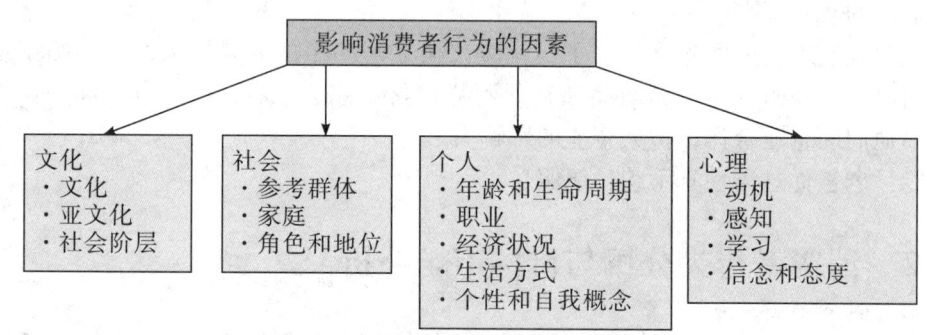

图 8-3 消费者行为影响因素

（菲利普·科特勒，《市场营销原理（亚洲版．第 2 版）》，机械工业出版社，2010）

文化是人类知识、信仰、艺术、道德、法律、美学、习俗、语言文字以及人作为社会成员所获得的其他能力和习惯的总称。每种文化之间都有巨大的差异，在同一种文化的内部，也会因民族、宗教等诸多因素的影响，使人们的价值观念风俗习惯和审美标准表现出不同的特征，因此产生亚文化的概念。社会阶层是指按照一定的社会标准，如收入、受教育程度、职业、社会地位及名望等，将社会成员划分成若干社会等级。同一社会阶层的人往往有着共同的价值观、生活方式、思维方式和生活目标，并影响着他们的购买行为。

社会中，一个人的消费行为受到许多参考群体（Reference Groups）的影响。直接影响的群体称为会员群体（Membership Group），其中包括家庭、朋友、邻居、同事等主要群体（Primary Groups）和宗教组织、专业组织和同业工会等次级群体（Secondary Groups）。崇拜群体（Aspirational Groups）是另一种参考群体。有些产品和品牌深受参考群体的影响,有些产品和品牌则鲜少受到参考群体的影响。对那些深受参考群体影响的产品和品牌,企业必须设法去接触相关参考的意见领袖(Opinion Leaders),把相关的信息传递给他们。家庭是社会中最重要的消费者购买组织,家庭中不同成员在产品或服务的种类选择和购买过程中有着不同的影响程度。每个人在社会中担当不同角色,而且在每种角色的扮演下,人们会做出不同的购买选择。

人们在人生的不同阶段,即年龄,对于产品和服务的购买选择是不同的。而不同的家庭组成也形成了不同的家庭生命周期,例如年轻单身和已婚子女家庭等。一个人的职业和经济状况也必然影响其选择和购买产品或者服务的决策。生活方式是一个人的生活模式,可以从活动(工作、爱好、购物、运动和社交)、兴趣(食物、时尚、家庭和娱乐)以及观点(自我、社会实践、商业和产品)三大维度来进行细分。可以参考的细分方式为VALS生活方式分类图。个性指的是一个人独特的心理特征,通常以性格的形式显示出来,而品牌的个性如果能够与目标用户的个性重合,那么就可以获得顾客的深层次认可,从而建立稳固的关系。自我概念可以理解为是人们对个人形象的想象与设定。

动机是指足以迫使人们去寻求满足的需要,需要只有达到足够强烈的程度才能成为动机。马斯洛需求层次体系(编者注:如图8-4所示)根据人们对需要的不同程度,把需要分层若干层次,从低往高,分别为生理需要、安全需要、社会需要、尊重需要和自我实现需要。只有满足了低层次的需要,才能产生高一层次的需要。感知,即感觉与知觉,是指人们通过感觉器官对商品个别属性或整体的认知。这是认知过程的形成阶段。学习,是指消费者在购买和使用商品活动中不断获得知识、经验和技能,不断完善其购买行为的过程。信念是一个人对某些事物所持的描述性的想法,态度是指消费者在购买或使用商品的过程中对商品或服务及其有关事物形成的反应、倾向,即对商品的好恶、肯定与否定的情感倾向。(资料来源:MBA智库百科;菲利普·科特勒,《市场营销原理(亚洲版.第2版)》,机械工业出版社,2010)

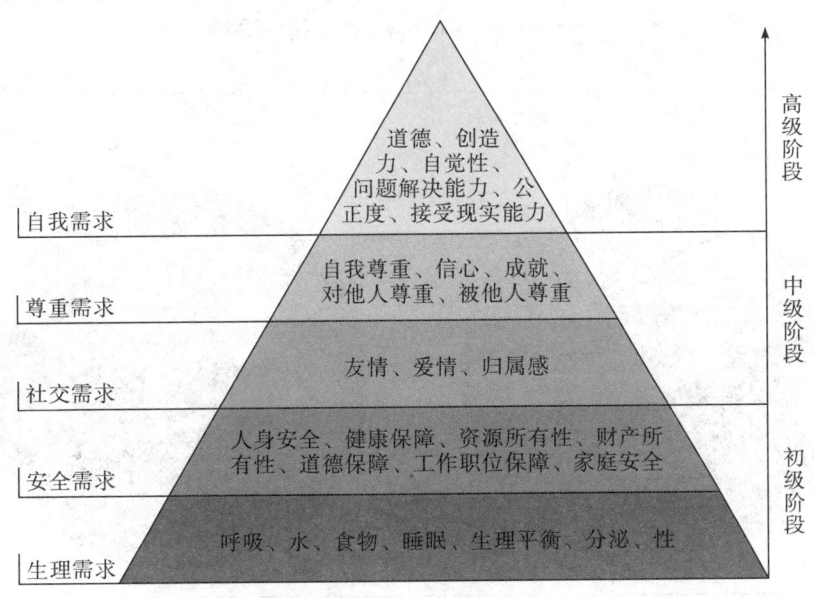

图8-4 马斯洛需求层次(资料来源:浙江大学精品课程)

8.2.2 消费者行为分析案例

小能为了让老爸更深入理解这套分析理论,便打开了 TB 网站的页面,在搜索栏目里面打入了"MR. ING"一词,两个页面跳转后,平板电脑的屏幕上出现了一个"品牌故事"的页面。

小能:爸,您看!'针对国内区域年龄层次划分,20~38 岁,现代城市精英人士,思想开放,充满自信,冷静智慧又不乏激情活力;锐意进取,王者风范;享受生活,品味独特……',这其实就是那套分析理论的结果。这页面往下拉还有更详细的内容,您可以看看。(编者注:Mr. Ing 品牌故事截图如图 8-5-1 至图 8-5-8 所示)

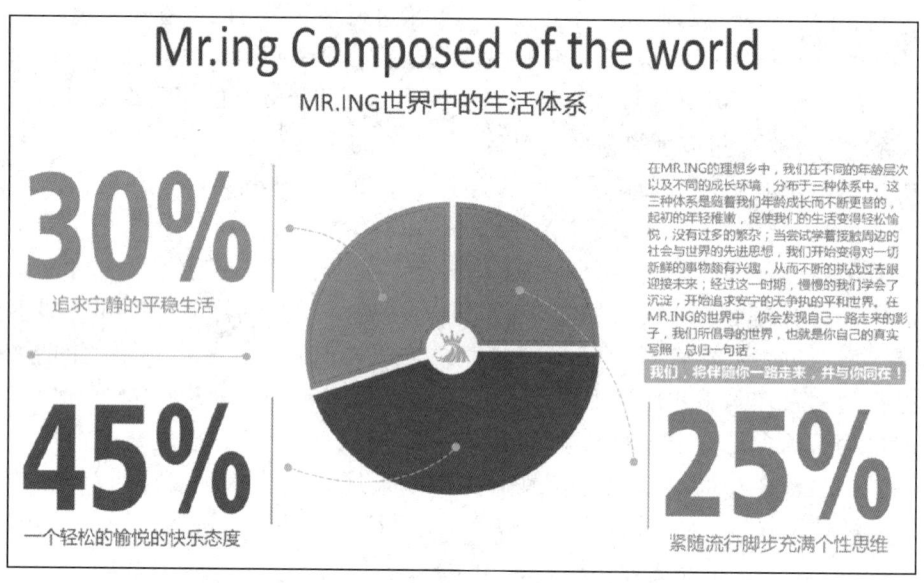

图 8-5-1 Mr. ing 品牌故事组图 1

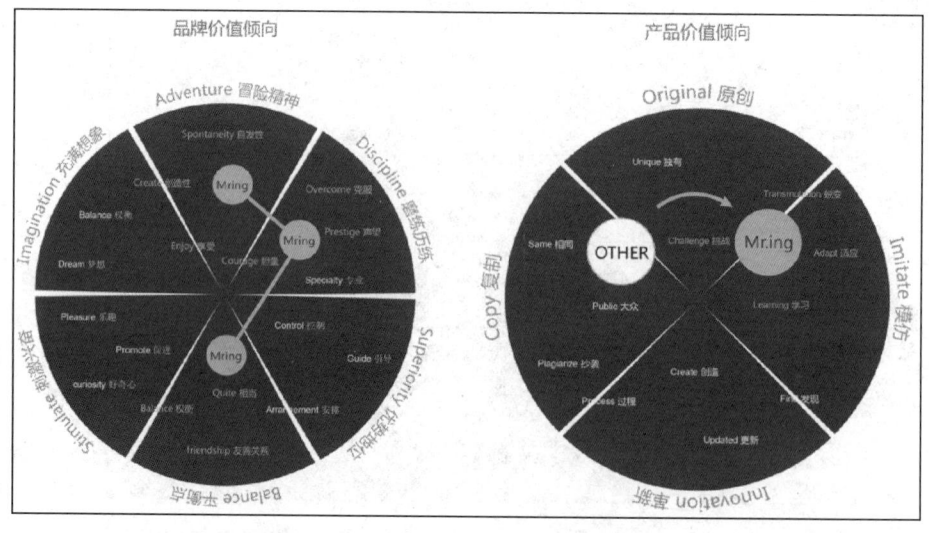

图 8-5-2 Mr. ing 品牌故事组图 2

```
......Mr.ing目标族群
```

针对国内区域年龄层次划分，20~38岁，现代城市精英人士
思想开放，充满自信，冷静智慧又不乏激情活力；锐意进取，王者风范；享受生活，品味独特......

他们大都赶上了90年代到2000年后，中国社会稳定；思想开放；资讯发达；经济高速发展的阶段。凭借自身的自强不息，积极进取；沉着自信，屡创佳绩。一部分已经成为中国社会发展的中坚力量，一部分则成为中国未来发展的坚实后盾。
他们的时尚品味，动感而又充满激情，崇尚的现代时尚与古代时尚相结合，效仿或者渴望得到在当今充满激烈斗争的社会下，能拥有类似西方安逸而又有韵味的生活；期望备受尊崇；酷爱现代科技，普遍接受新鲜事物......

图 8-5-3 Mr. ing 品牌故事组图 3

Product line   品牌产品系列划分

图 8-5-4 Mr. ing 品牌故事组图 4

代表潮流户外的"**旅系列**"以户外元素和户外功能满足为产品设计导向,并且摒弃了专业户外鞋类产品笨重,不美观的缺点,专为年轻男士户外活动,旅行提供兼具便捷性和功能性的"潮流鞋旅"

图 8-5-5 Mr. ing 品牌故事组图 5

代表潮流休闲的"**侣系列**"以轻便生活和丰富色彩为产品设计导向，专为年轻男士提供兼具轻便性，色彩个性的"潮流鞋侣"

图 8-5-6 Mr. ing 品牌故事组图 6

代表潮流商务的"**履系列**"以商务轻便化，商务潮流化为产品设计导向，专为潮流商务男士提供兼具商务性，舒适性的"潮流鞋履"

图 8-5-7 Mr. ing 品牌故事组图 7

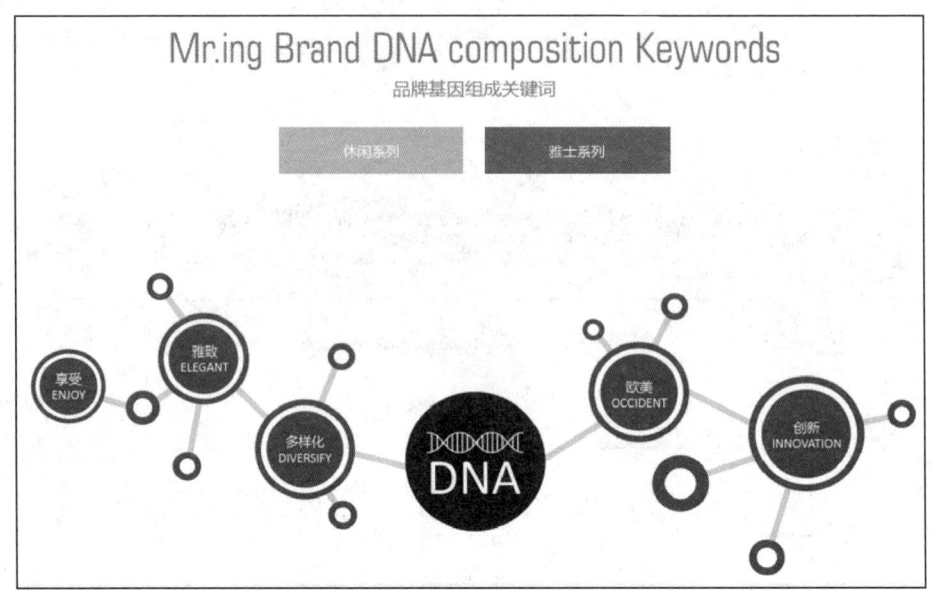

图 8-5-8　Mr. ing 品牌故事组图 8

（资料来源：Mr. Ing 淘宝官方旗舰店——BRAND 品牌故事页面）

8.2.3　市场细分变量及细分有效性指标

趁着猪八戒仔细瞧网页的空档，小能拿出手机，打开了手机里面的电子书《市场营销原理》也细读了起来。

小能一边看，一边嘴巴里面念念有词：要进行市场营销，步骤上是首先进行市场细分，然后到目标市场选择，最后到市场定位……消费者市场细分变量包括地理因素、人口统计因素、心理因素、行为因素……首先要了解顾客行为特征，才能理解为何要用这些变量对顾客进行分组，原来如此！

消费者市场主要细分变量包括四大方面：

■地理因素：地区或国家、城市或都市大小、人口密度、气候。

■人口统计因素：年龄、性别、家庭人口、家庭生命周期、收入、职业、教育、宗教、种族、年代、国籍。

■心理因素：社会等级、生活方式、个性。

■行为因素：使用时机、利益偏好、用户状况、使用率、忠诚度、准备程度、对产品的态度。

（资料来源：菲利普·科特勒，《市场营销原理（亚洲版. 第 2 版）》，机械工业出版社，2010）

小能看完这个消费者市场细分变量的清单，回想起刚才给老爸看的网页，发现店家在进行市场细分的时候应用了好几个变量：地理因素（地区、气候）、人口因素（年龄、性别、收入、职业）、心理因素（生活方式、个性）、行为因素（使用时机、利益偏好）等。他把想到的文字仔细记录了下来，准备回到家里再仔细琢磨。

坐在旁边的猪八戒看着儿子的学习成果，满意得连连点头：儿子，你这才是做事业的样子。其实，这市场，只要有人就有需求，有需求就有生意。就跟当年我跟师傅取经那样，只要有人家，就可以化缘。

小能一听，忍不住扑哧一笑：老爸，您还记得当年那些日子啊？

八戒：当然！没有当初的艰辛，哪来今日的成就？前两天在网上看了一份《第37次中国互联网络发展状况统计报告》，里面提到，截止至2015年12月，网民数量已达到6.88亿人。手机网民数量也高达6.20亿人。年轻人是网民的主要人群，而且整体网民中月收入在3 000元以上的人群占比例达23.4%。由此看来，现阶段对年轻人，以及有一定经济能力的白领和高收入人士的网络营销市场有很大的开拓潜力。

小能：老爸，市场这么大，咱们不可能兼顾，只能选择最合适的人群来进行营销活动。所以，我们还是要考虑市场细分的问题。

八戒：这怎样细分才算靠谱？

小能：有四个市场细分有效性指标：可衡量性、可接近性、足量性、行动可能性。具体来说，如果无法估计市场需求有多大（可衡量性），或者知道顾客是谁，却没有可行的方式接近那些顾客（可接近性），或者是顾客人数不够多（足量性），又或者公司根本没有有效的计划去针对这些顾客提供产品/服务（行动可能性），那所谓的生意就是白搭了。当然，结合企业自身能力和竞争情况，最终营销人群确定后，针对不同人群就得用上不一样的营销方式。

八戒：儿子，这道理一套套的，看来你是当真在用功！

小能：当然，我可是在观音菩萨面前许诺要好好看书，帮助爸妈你们生意更上一层楼的！

八戒：好！我儿子当真是长大了，有担当了！

延展学习活动： 请以消费者市场细分变量作为分析框架，对星巴克的目标用户特征进行描述。

8.3　网络营销手段

第二天，猪八戒早早地回到了公司，正考虑着如何提高网站访问率，突然听到门口传来敲门声，"进来"声落，办公室秘书红小妹走进了办公室，同时递上了一份邀请函。（编者注：邀请函如图8-6所示）"老总，这是我们公司一个布料供货商的年会邀请函。请您查看。"猪八戒打开邀请函，发现其中除了印有年会的信息，还附上了该布料公司的网址、电子邮件地址和联系电话，一个被称为的"二维码"标志和微信号码。最后，末尾处还模拟了一个搜索引擎的输入框，其中写着"翩然布料"。猪八戒看完，不禁心里琢磨：这些信息印在这里肯定具有一定的目的性。究竟目的是什么呢？

图 8-6 邀请函

就在猪八戒百思不得其解之时,小能兴冲冲地走进了办公室,兴奋地用手提电脑展示了一系列提高网站访问率的方法给八戒看。

网络营销的方法有:搜索引擎营销、许可 E-Mail 营销、网络广告联盟营销、视频营销、植入式营销、网络社区口碑营销、微信营销、微博营销、社会化网络营销等等。

8.3.1 搜索引擎营销

8.3.1.1 搜索引擎定义

小能从维基百科的网站中找到了搜索引擎营销的概念和方法,逐一展示给猪八戒看。

> 搜索引擎营销(Search Engine Marketing)或缩写 SEM,是一种以通过增加搜索引擎结果页(Search Engine Result Pages, SERPs)能见度的方式,或是通过搜索引擎的内容联播网来推销网站的网络营销模式。根据搜索引擎营销专业机构(Search Engine Marketing Professionals Organization, SEMPO)的研究,SEM 的方法包括搜索引擎优化(SEO)、付费排名以及付费收录。(参考来源:维基百科)

八戒:这搜索引擎营销的概念,我和你妈在上镇元子大师的电子商务课程的时候也接触过。(编者注:具体可参考章节 4.4.1.3)

小能:那老爸您应该大致了解搜索引擎是如何提高网站访问率吧?

八戒:简单地说,就是通过调整搜索引擎显示的搜索结果来吸引顾客,从而达成企业的宣传甚至销售的目的。不过这搜索引擎营销究竟要花多少钱?

小能：其实搜索引擎营销有免费的方法，也有收费的。例如，自然搜索主要是靠站长优化网页来增加网页被搜索出来以及在搜索结果中排名靠前的概率，是免费的。目录列表是让站长把网站提交给目录编辑，让自己的网站显示在适当的主题之下，这种方式有收费也有免费。而付费排名，上次观音菩萨也说了，付费模式是搜索引擎的主要盈利模式。（编者注：具体可参考章节 2.2.1.3）付费价格的高低决定了搜索结果的排序，越靠前越贵。

八戒：那要排到第几位才有用？

小能：之前看到书上说，最受重视的就是搜索结果的前三位。60%的人只查看搜索结果第一页的内容。可想而知，抢位置是多么重要的事情。

8.3.1.2 搜索引擎营销的实施

一、免费的搜索引擎营销

八戒：不过，既然有免费的服务，肯定先用这个！花钱多，你妈又会唠叨我了。

小能：那成！我先跟你讲讲有哪些免费的方法可以让网站被搜索引擎收录吧。

小能打开了百度的主页，点击"更多"便进入了百度的产品大全，紧接着选择"站长与开发者服务"——"搜索开放平台"——"百度框计算—百度数据开放平台"——"PC 端数据提交、移动端数据提交"。

小能介绍道：老爸，您看。这就是百度搜索引擎所提供的免费服务之一。一个网站如果希望被搜索引擎查找出来，首先要告知搜索引擎它的存在，也就是这个页面所说的"提交资源"。百度可以支持多种类型网页内容的提交。这里的固定清单有九种：客服电话、软件下载、公益组织、电视节目、商品数据、视频直播、网游数据库、快递查询、招聘职位数据，如果超过了以上范围，还可以直接写邮件给百度提意见。像我们的网站，可以考虑客服电话和商品数据这个栏目。（编者注：百度搜索引擎首页如图 8-7 所示；百度平台 PC 端数据提交页面如图 8-8 所示；百度平台移动端数据提交页面如图 8-9 所示）

图 8-7　百度搜索引擎首页

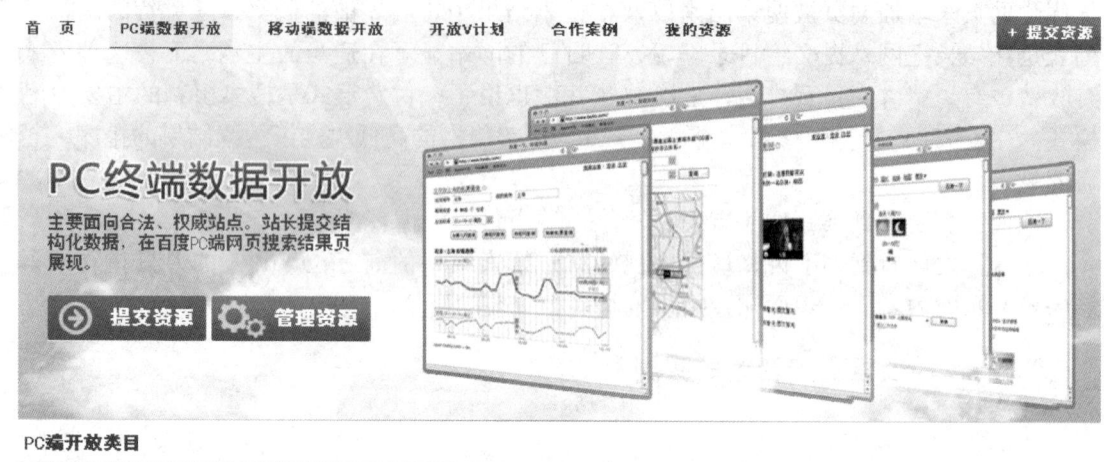

图 8-8 百度平台 PC 端数据提交页面

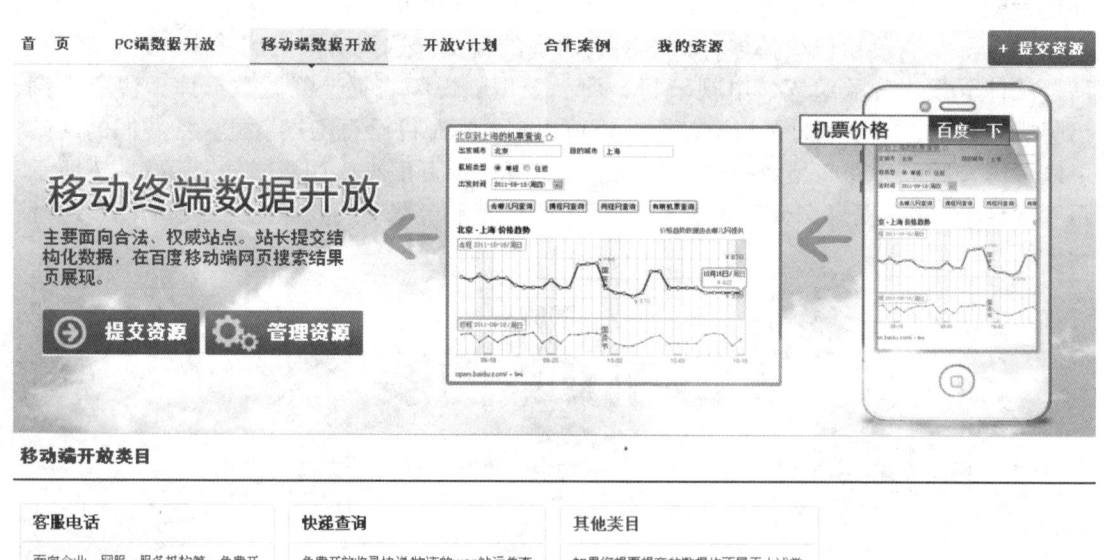

图 8-9 百度平台移动端数据提交页面

八戒：除了百度，还有其他选择吗？免费服务越多越好，反正不用钱！

小能：还可以选择其他的搜索引擎，比如 Bing（必应）或 Google（谷歌）。

话毕，小能打开了 Google（谷歌）的相关页面给猪八戒看，搜索之后进入"265 导航"。

小能：这个是目录列表的形式，所谓目录列表就是用户提交网站地址给搜索引擎，然后搜索引擎编辑对网站进行审核，并决定把网站放在哪个主题页面。（编者注：推荐网站加入谷歌 265 的步骤如图 8-10 所示；谷歌 265 网站提交页面截图如图 8-11 所示）

- 如何推荐您的网站加入谷歌265
  - 步骤一：打开谷歌265首页 http://www.265.com/，点击页面下方"**网站提交**"
  - 步骤二：在弹出表单中填入所需信息，点击"**Submit**"即可

图 8-10　推荐网站加入谷歌 265 的操作步骤

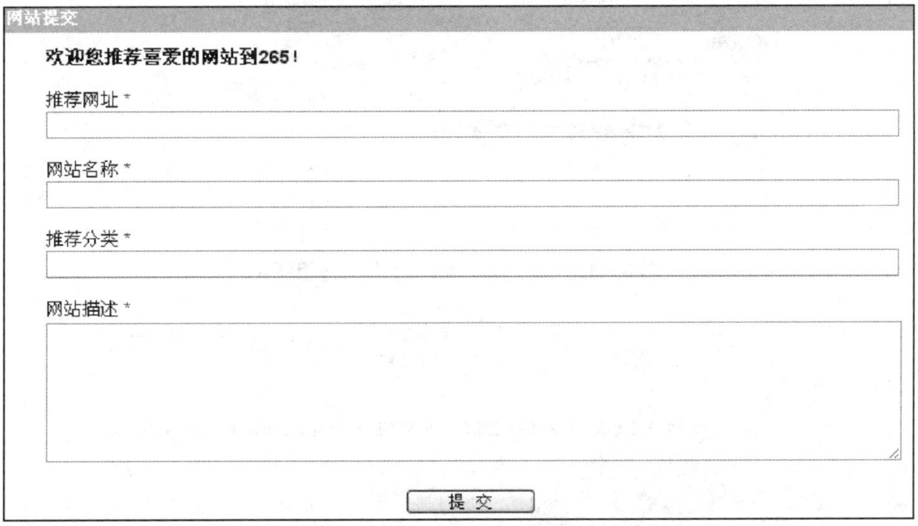

图 8-11　谷歌 265 网站提交页面截图

二、收费的搜索引擎营销

八戒：不过，儿子，免费跟收费的区别是什么？

小能：按照我的理解，免费的话就是完全自力更生，收费的话就是多了个帮手，做事情省力一些。我操作给您看看。

紧接着，小能在网页之间依次跳转，进行相关操作。

以百度为例的网站推广步骤：

第一步：打开网站 http://www2.baidu.com，选择"注册"，按照图 8-12-1 至图 8-12-3 的操作，进行百度推广用户注册，因更新关系，注册过程可能界面有所不同，但基本步骤是一样的。

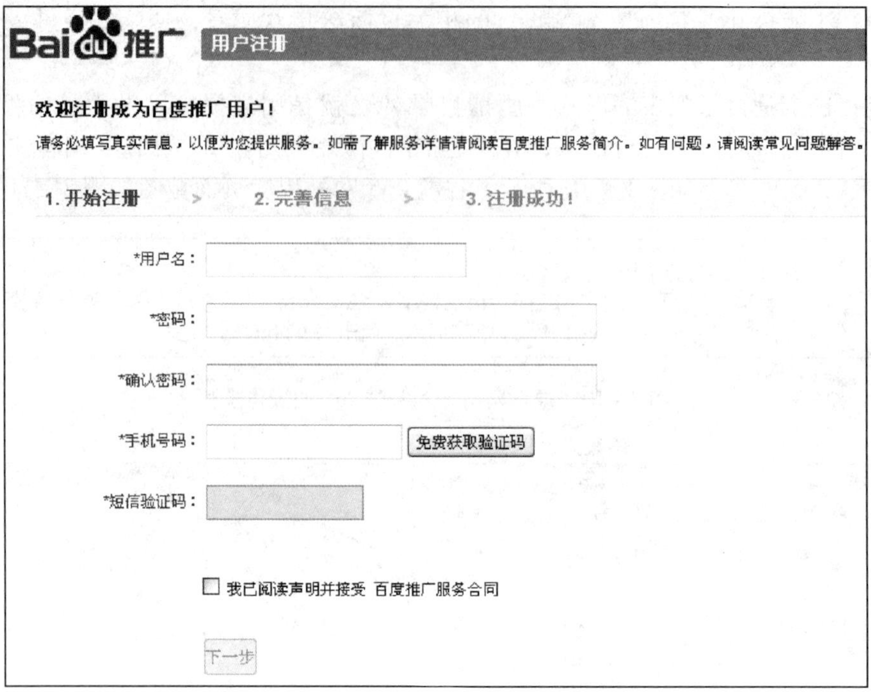

图 8-12-1　百度推广用户注册组图 1

图 8-12-2　百度推广用户注册组图 2

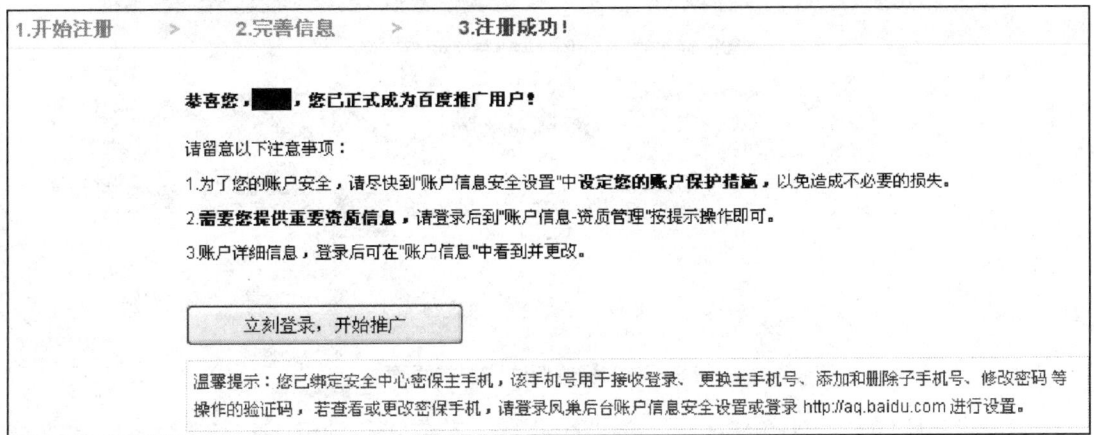

图 8-12-3　百度推广用户注册组图 3

第二步：注册后可进入百度推广账户页面，点击左侧"搜索推广"，进入扩展页面，选择"推广管理"后，进行"快速新建账户"的操作，该操作内容包括业务内容描述、关键词确定、方案定制、创意添加、投放地区选择、每日推广预算等。（编者注：点击"搜索推广"进入的扩展页面如图 8-13 所示；快速新建账户的页面如图 8-14 所示）

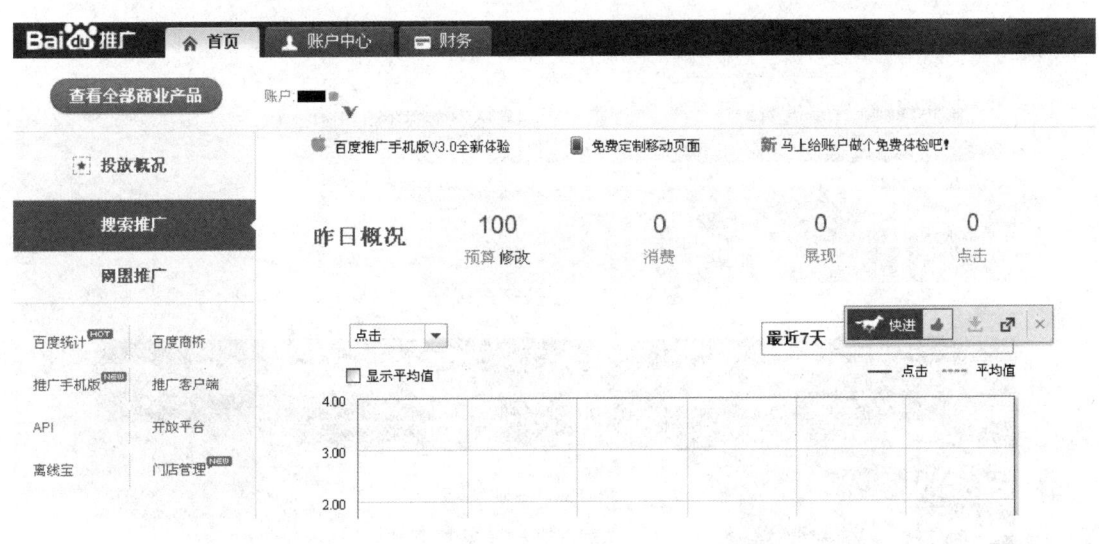

图 8-13　点击"搜索推广"进入的扩展页面

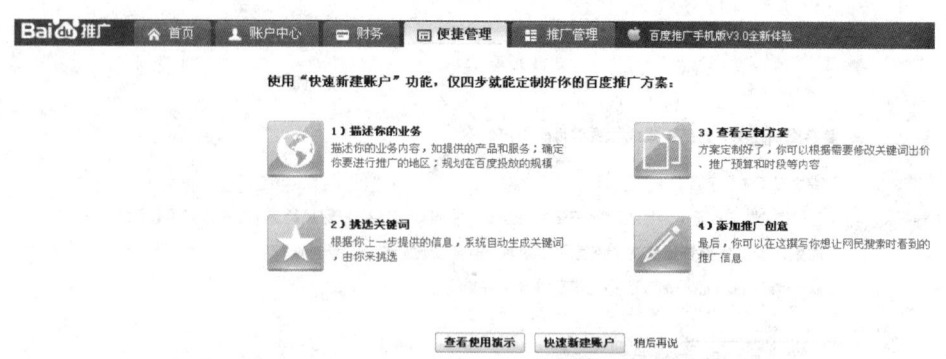

图 8-14 快速新建账户的页面

第三步：跟随"快速新建账户"的四个步骤，首先进行业务描述。（编者注：业务描述如图 8-15 所示；业务描述中的地域选择的可选项如图 8-16 所示）

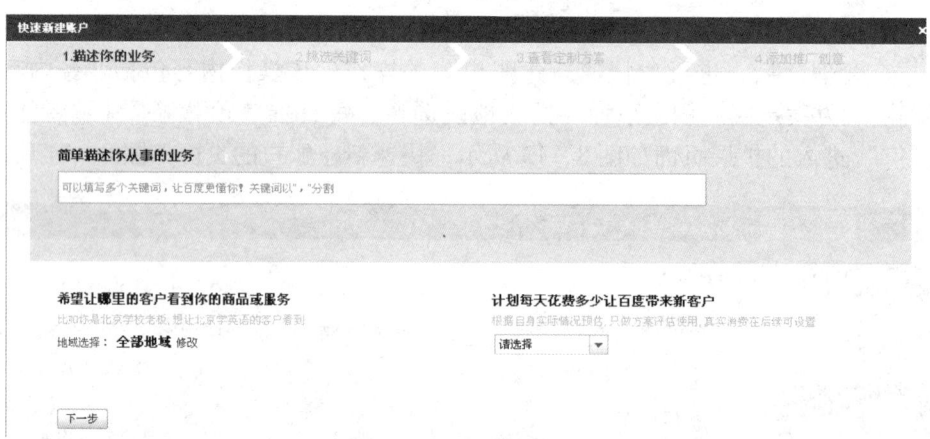

图 8-15 业务描述截图

图 8-16 业务描述中的地域选择的可选项

第四步：进行挑选关键词的操作。选择关键词时候，系统会通过日均搜索量来提示该关键词的热门程度，以便用户做出选择。（编者注：关键词的确定如图8-17所示）

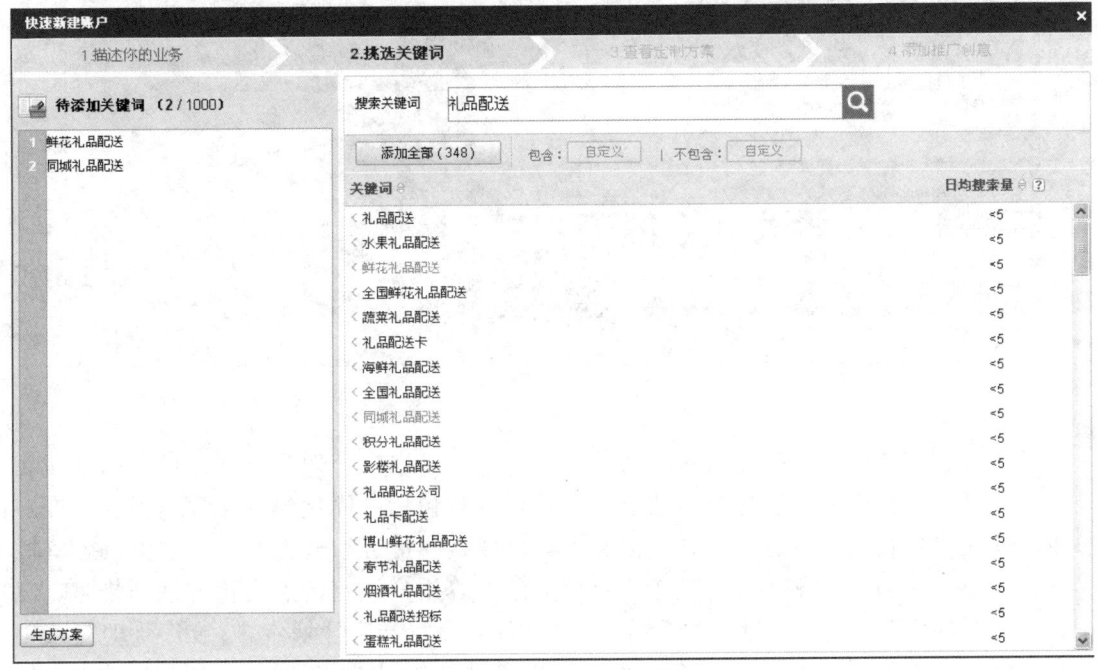

图8-17 关键词的确定

第五步：查看定制方案。其中的出价、匹配模式等都可以修改。（编者注：查看定制方案如图8-18所示）

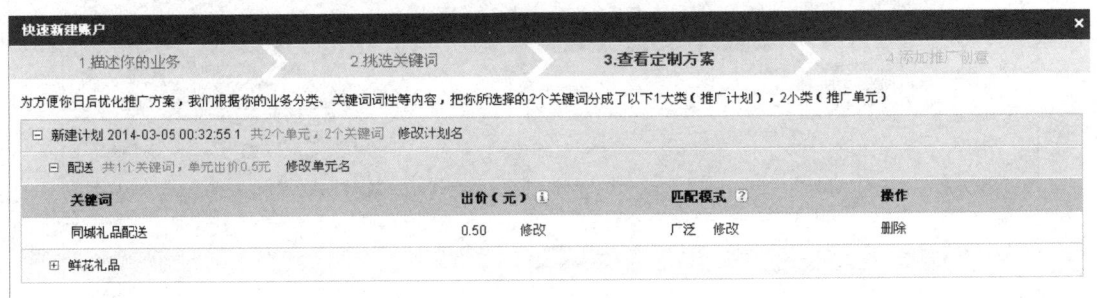

图8-18 查看定制方案

第六步：依据系统提示填写推广创意。页面左侧会同步显示推广创意的展现效果图。（编者注：推广创意的描述及效果展示如图8-19所示）

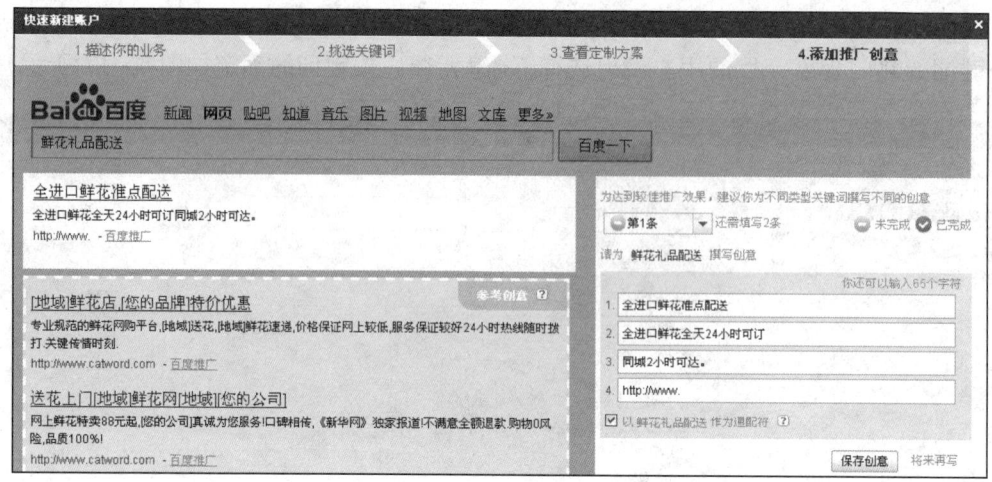

图 8-19　推广创意的描述及效果展示

第七步：完成单个推广计划的订制后，点击进入"推广管理"页面，可利用页面底部的工具栏，对推广计划进行修正改善。工具栏内容包括：优化建议、数据报告、推广实况、历史操作查询、关键词工具、估算工具、搜索词报告和转化跟踪。这里以工具栏当中的"估算工具"为例截图，这个工具可大致估算用户设定的点击价的网站排名。但是这数据只能作为参考，并非完全准确。（编者注：设置推广计划后，"推广管理"菜单下的显示，页面底部为工具栏。"推广管理"菜单截图如图 8-20 所示；工具栏放大图如图 8-21 所示；工具栏中"估算工具"的效果图如图 8-22 所示）

图 8-20　"推广管理"菜单截图

图8-21　工具栏放大图

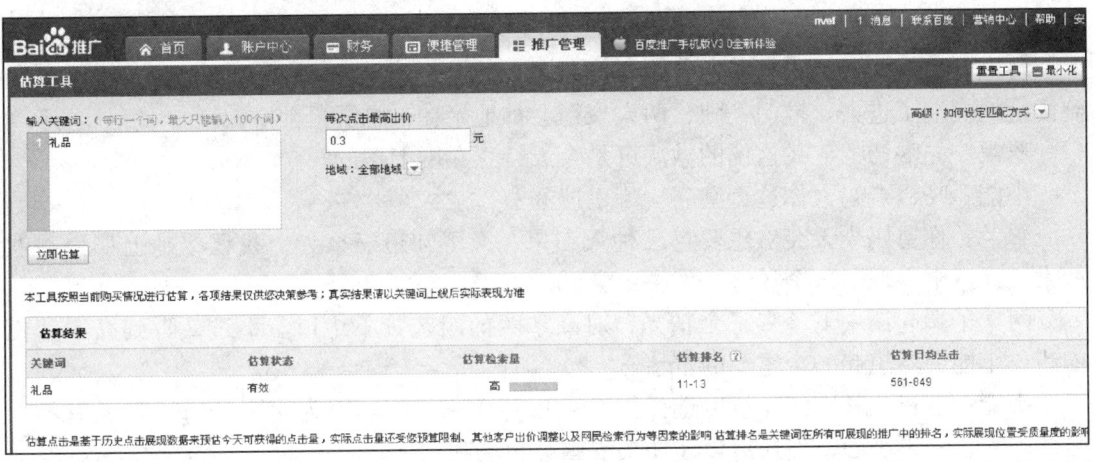

图8-22　工具栏中"估算工具"的效果图

猪八戒在旁边看着儿子噼里啪啦的打字，感觉很玄乎，因为说到对电脑操作的熟悉程度，他跟儿子那水平的差距比得上大师兄孙悟空翻三个跟斗云的距离了。

八戒：儿子，这么复杂的操作我可搞不懂，有没有简单一点的方法？

小能：访问百度推广的页面 http://e.baidu.com/，点击右上角的"免费注册"并填写相关资料，百度推广的服务代理商就会迅速主动地打电话过来，给你提供专业顾问答疑服务，并针对企业需求设计推广方案。如果企业觉得方案可行，那就可以签约成事了。（编者注："免费注册"登记表格图8-23所示）

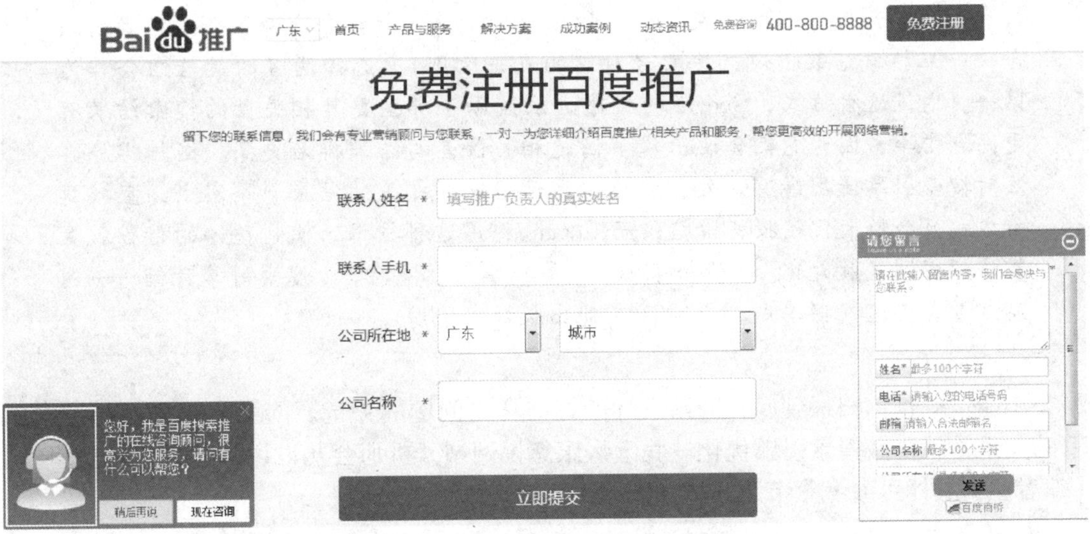

图8-23　"在线申请"登记表格

小能：如果您想了解更多关于百度推广的信息，尤其是如何操作各种网络营销功能，可以直接访问百度营销中心的网址。

回家的路上，听着儿子絮絮叨叨地说着搜索引擎的事，猪八戒仿佛已经看到了漫天的订单飘在眼前，越想心里越开怀。

三、搜索引擎优化

晚上到家，两父子跟高翠兰打个招呼就进书房了。高翠兰看两人回来了，就舀了两碗汤给他们端了进去。推门一瞧，两人聚精会神地聚在电脑屏幕前。

翠兰：先喝汤吧，我这汤的做法可是今天特意在网上搜的。

小能：哗，老妈，你这么潮啊！哪里搜的？

翠兰：你舅妈今天突然想要自己种人参果，又不知道怎么弄，我就帮她上那个谷歌搜索，无意中发现了这个汤谱，就决定尝试一下了。

两父子端起汤一下子喝了个精光，对高翠兰的厨艺赞不绝口。不过，听到高翠兰说的话，小能突然想起一个重要的事情。

小能：老爸，其实您还可以选择用 Google 搜索来推广。因为使用 Google 的人有不少是外国人，一不小心，你还可以顺便拓展国际市场呢！

兴致一来，晚饭过后，父子二人开始探讨有关搜索引擎优化的事情。

小能：老爸，您可别以为有钱就可以霸占头位！

八戒：你之前不是说就是给钱买位置吗？我还想着要不要一开始就给它下个猛药！等生意上去了，再降低点击价格。

小能：不完全是这样的操作，比如说 Google，它们用的是混合竞价。您可以看看以下这段文字的介绍。

Google，率先引入了混合竞价（Hybrid Auction）。参加 Google AdWords 计划的广告主按照他们愿意付的钱数为搜索者的点击进行投标。但是出价最高的投标者不一定会在 Google 上获得最好的位置。Google 衡量出价和点击率二者的组合（一旦搜索结果出现，搜索者对它的点击比例），选择两者的最佳组合作为第一。通过这种方式，Google 的排序方法鼓励了那些更具相关性的搜索结果有更高点击率，因为它们会比出钱多但是相关性差的结果排名更高。这种排序算法对搜索引擎使用者有好处，因为它显示了更加相关的结果。事实上，直接竞价方式只会最大化了投标价格，而 Google 利用这种技术，使它整体的付费放置销售额得到了最大化。（资料来源：（美）莫兰，亨特，《搜索引擎营销——网站流量大提速（第二版）》，电子工业出版社，2009）

小能：老爸，归根到底，网站设计的好与坏是问题的关键。网站要想搞好与搜索引擎的关系，就要做搜索引擎优化。我上次跟您说网站分析那会儿也说到这个优化的事情。（编者注：具体可参考章节 7.3.2 及附录 1、2、3）

8.3.2 许可 E-Mail 营销

8.3.2.1 许可 E-Mail 营销定义

这天，小能正在手机上看电子书，突然收到微信提醒有新邮件，点击打开一看，原来是一封订阅邮件。点击打开一看，原来是来自于知乎网站的每周订阅。（编者注：知乎网站的每周邮件订阅如图 8-24 示）

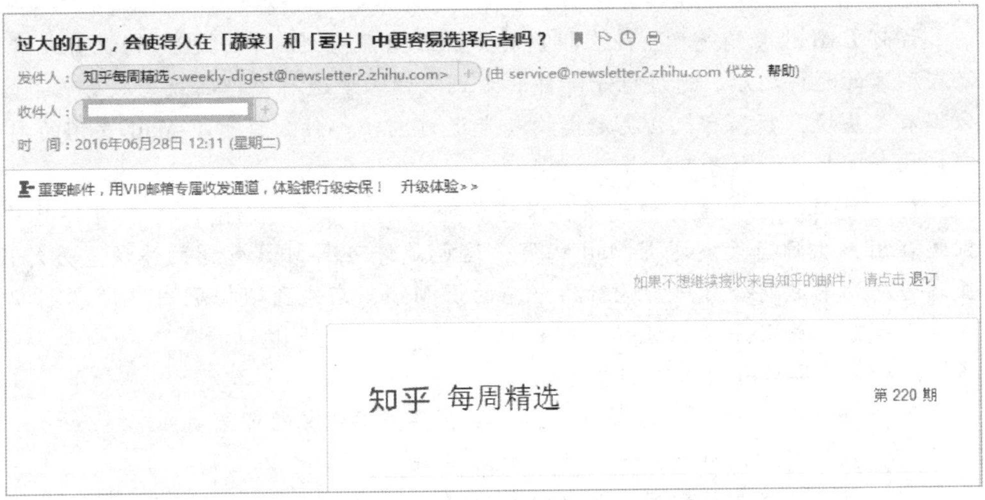

图 8-24 知乎网站的每周邮件订阅

这一周的知乎精选内容对于小能而言兴趣缺乏，但是他知道老爸对这些内容感兴趣，就把邮件转发给猪八戒了。猪八戒果然很感兴趣，回到家就迫不及待向儿子请教如何能够收到这种邮件。

小能：很简单，您在网站注册后，点击进入个人设置页面，选择"邮件"菜单，就可以进行选择。（编者注：知乎网站的个人设置页面—邮件设置部分如图 8-25 所示）

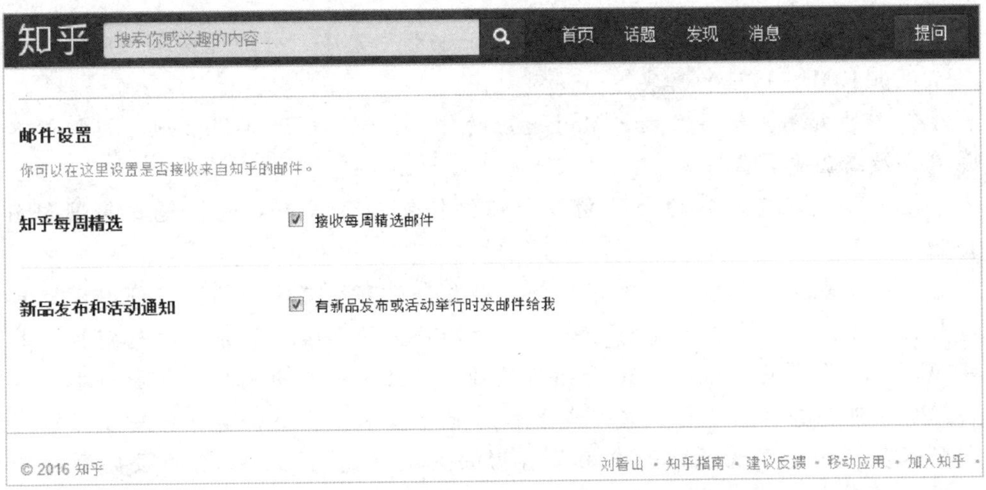

图 8-25 知乎网站的个人设置页面—邮件设置部分

很快地，小能帮猪八戒注册了一个账号，并完成了基本的设置。

猪八戒从旁看了个大概，灵机一动，说道：儿子，要不我们也给那些客户发邮件吧！我们有新货就给他们发个邮件。他们收到信息后自然就过来了。

小能：老爸，电子邮件不是随便发的，如果邮箱用户允许企业发送邮件，那就用上了"许可 E-Mail 营销"（编者注：具体可参考章节 4.4.1.2）；如果没有经过邮箱用户允许就发送，那叫做"垃圾邮件"，属于违法行为。

话语间，小能已经迅速地通过搜索引擎查找了有关内容。

> 许可 E-Mail 营销是指企业在推广其产品或者服务的时候，在得到现有或者潜在顾客的允许之后，通过电子邮件的方式给顾客发送有关产品或者服务信息。依据有关法规，顾客有权利决定接收或者退订电子邮件。许可 E-Mail 营销的内容包括新闻邮件、电子刊物等。
>
> 许可 E-Mail 营销是一种与顾客保持长期联系的方式。例如，腾讯的 E-Mail 系统在用户生日当天发送 E-Mail 祝贺，这也是许可 E-Mail 营销的体现。另外，亚马逊网站不定期给用户发送新品介绍的 E-Mail，京东商城提醒用户优惠券即将到期等，都属于许可 E-Mail 营销的操作。
>
> 一般地，E-Mail 订阅流程包括：
>
> （1）网站提供 E-Mail 订阅服务，一般需要提供内容的可选项；
>
> （2）用户通过网站输入自己的 E-Mail 地址；
>
> （3）网站发送邮件到用户登记的 E-Mail 确认订阅；
>
> （4）用户确认邮件后就可以接收有关 E-Mail 推广信息。
>
> 开展许可 E-Mail 营销的关键点有三个：拥有一定数量的用户许可 E-Mail 地址；企业拥有进行 E-Mail 营销的能力，这包括一些基础设置和团队操作；E-Mail 传递的信息于顾客而言是有价值的，会引起用户的兴趣或行动，例如点击浏览更详细内容、购买等。
>
> 如何获取顾客的 E-Mail 地址是能否有效进行营销的关键。以下都是比较有效的方法：
>
> （1）网站注册的时候使用 E-Mail 地址作为注册 ID，并通过发送注册确认邮件来保证 E-Mail 地址的真实性；
>
> （2）告知用户提供准确 E-Mail 地址的作用，例如通过 E-Mail 地址接收订单信息、最新优惠等；
>
> （3）通过社交媒体的分享功能、邮件转发等方式有目的性地收集 E-Mail 地址。
>
> 邮件列表发行平台的选择有多个，如果企业有足够人力物力，可以考虑自建邮件列表发行平台，自建的好处在于资料安全的可控性和系统的稳定性，其中 Windows 自带的 Winwebmail 是个可选项。企业如果想节省平台维护成本，可以选择专业服务商的平台，这一类平台功能和技术上会有优势，但对于顾客资料的保密性和会系统操作的自由度有影响。现在国内比较著名的服务商包括

WebPower 和 Epsilon。互联网上也有部分免费邮件列表服务资源，例如外国网站 Bravenet（http://www.bravenet.com/）。

（资料来源：百度百科；冯英健，《实用网络营销教程》，清华大学出版社，2012）

8.3.2.2　许可 E-Mail 营销案例

等到猪八戒在儿子的解说下看完了一系列的文字后，两父子的肚子早已经咕咕作响。两人收拾好东西就到客厅吃饭。饭桌上，两人依然兴致勃勃地讨论如何进行许可 E-Mail 营销的事情。小能把之前看过的一篇关于许可 E-Mail 营销的案例找给猪八戒阅读。

> 麦包包：EDM 会员经营策划方案
>
> 案例背景：麦包包，中国领先的时尚箱包在线直销网站，诞生于 2007 年 9 月，由意大利近百年历史的箱包家族集团 VISCONTI DIFFUSIONE SNC 提供天使基金设立而成，在浙江嘉兴自建箱包生产基地，并拥有中国首家"欧洲麦包包时尚研究中心"，旗下拥有多个时尚品牌，并独家网络代理国内外知名品牌产品，产品线涉及时尚、商务、休闲、户外运动等多个系列。麦包包目前已经成长为 B2C 领域的一线品牌，同时也积极地推动着中国的箱包市场理性化及规范化发展，真正为用户创造时尚价值。
>
> 麦包包的市场专家第一次与 WebPower 接触是在数年前的"赢时代"大会上，随后 WebPower 受邀参加了麦包包的市场战略讨论，分享了 WebPower 在欧洲和国内与诸多明星客户的伙伴式合作历程，随着双方的共识越来越多，从早期尝试合作到现在成为合作伙伴级别客户，WebPower 充分见证了一个明星 B2C 企业的成长历程。
>
> 麦包包在 EDM 上的战略是：让更多的受众了解、熟悉、信任 Mbaobao 的品牌，从中培养出一批粉丝级受众以加强对时尚潮流调研的效率，以及新品上市前目标市场体验反馈的效率，并在最恰当的时机将超值产品推介给最需要的客户/代理商，为"箱包渠道品牌"战略保驾护航。
>
> 活动策略：
>
> WebPower 根据麦包包当时的营销现状以及未来的战略规划制定了"麦包包 EDM 会员经营策划方案"。为麦包包设计了活动、促销、产品介绍、内容期刊、客户关怀等不同种类的邮件，并按不同邮件的受众偏好进行分析，通过对邮件列表的管理与数据深挖及筛选，将最适合的内容推荐给最有需要的人。在一系列标准活动中不断对邮件列表质量、邮件品牌定位、ISP 信誉等进行整理和规划。同时，在整个营销周期将邮件产品进行整合，以一个整体品牌来规划邮件营销。

活动效果:

产品类(周刊):主是针对高性价比产品或新品做推广,目的在于促进转化,订单转化率维持在40%~45%。

互动类(月刊):与购买行为相关针对性服务,目的在于提高用户黏性,加深关系,重复购买,订单转化率维持在35%~40%。

促销类(周刊):通过邮件进行产品促销,单次邮件转化率在35%~40%。

内容类(月刊):培养阅读习惯,提高黏性,培养忠诚度,以习惯有引导的转化,每次持续带来25%~30%的转化。

客户关怀类(月刊):与客户个人信息相关内容,例如生日等特定时间内的沟通,带来订单45%~50%的转化。

客户评价:"Web Power的服务团队非常专业,需求响应速度也非常快,针对我们不同阶段的营销目的给予了定制化解决方案,通过不同类型的邮件设计结合强大的数据跟踪及分析功能,对营销效果有了较大提升。"

(资料来源:梅花网《麦包包:EDM会员经营策划方案》)

图8-26-1 麦包包:EDM会员经营策划方案配图1

图 8-26-2　麦包包：EDM 会员经营策划方案配图 2

延展学习活动： 在麦包包的案例当中，WebPower 公司设计了许可 E-mail 营销方案，其中不同种类的邮件在营销方案中所起的作用是什么？为何这些 E-mail 能够带来不俗的转化率？

8.3.2.3　邮件文案设计要素

高翠兰端着切好的水果过来，瞄了一眼猪八戒手中的屏幕，忍不住插嘴两父子的对话。

翠兰：你们两父子怎么也看这个网站了？

小能：老妈，我这是给老爸找的许可 E-mail 营销的例子。不是为了去看网站。

八戒：老婆，我们要不要也弄这个邮件来宣传一下我们的公司产品。

翠兰：这个想法太好了！我们可以在邮件里面放上新款衣服的图片。这样的话，还省了从前邮寄纸质画册的钱。

小能：爸妈，其实除了你们刚才提到的新款衣服图片，E-mail 的内容还可以多元化。你们看看这个"21 个邮件营销内容构思来源"的总结就明白了。（编者注：21 个邮件营销内容构思来源如图 8-27 所示）

仔细看罢，猪八戒不禁扬眉：看来这许可 E-mail 营销确实有看点。与此同时，小能为了让爸妈更好地理解这种营销方法，找了具体的 Salt House Inn 营销文案给两人浏览。（编者注：Salt House Inn 的许可 E-mail 营销文案如图 8-28 所示）

小能：有关调查说，用户 2 秒内可以把邮件列表当中的亮点邮件找出来。从用户打开邮件，阅读，然后再对其中内容进行有效点击，这整个过程持续时间也不过 5~20 秒。要想在这么短的时间内捕捉用户并进行互动乃至于转化，就要看邮件的写作水平了。

八戒立马感觉压力山大，还好儿子很快就把之前看过的有关邮件文案的设计要求给他说了一下。

图 8-27 21 个邮件营销内容构思来源（资料来源：WebPower 公司中国官方网站）

图 8-28　Salt House Inn 的许可 E-mail 营销文案（资料来源：WebPower 公司中国官方网站）

（1）邮件使用"煽动性"的语言。使用主语语态，表述精短集中，要点明确。强调的、坦诚的、认真的、清晰的语气更容易吸引用户关注并采取行动。

（2）在图片上添加超链接，让用户鼠标经过图片的时候可以轻松点击进入另外的页面。

（3）转发一封已经发送的邮件，以便自己获得第二次营销机会。

（4）使用不同主题依据具体情况，多次发送相同内容的邮件。

（5）使用社交证明：利用褒奖、截图、社交评论等来支持诉求。

（6）细分用户列表，对用户依据购买用户、表现出浓厚兴趣但未购买用户等类型的用户进行分组。

（7）邮件文案结构和措辞：文案结构不应超过10个字每行，每小段不超过2~3句话。这将更利于用户阅读。使用一些有影响力的修饰，如大写、加粗、斜体、下划线和突出显示。

（8）邮件主题在有新意的同时，要让收件人快速了解邮件内容。如果可以，建议其中包含企业名称、产品和关键词等。长度为8~20个汉字。为捕捉用户眼球，关键词要放主题前部。

（9）预览摘要部分要和标题保持统一和内容的互补，突出邮件的关键内容。

（10）发件人的邮箱地址应该真实可判断，让收信人可以通过地址判断邮件的来历。

（11）邮件的签名是另一个宣传的好地方，应该善用。其中可添加公司其他网络资源的获取方式，例如二维码、微博地址、官方网站等，还有公司线下的联系方式等。

（12）邮件内容需要考虑在移动设备屏幕上的显示效果是否理想。要优化邮件格式以适应移动端显示。

（13）如果是订购邮件，应在显眼地方放置提醒购买按钮。

（14）可充分利用邮件把用户引流到其他社交媒体之上，提升企业整体网络营销效果。例如在邮件正文附上内容摘要，然后提供跳转链接到企业微博或者网站。

（15）邮件发送的时间场合要恰当，以免引起用户反感。

（资料来源：WebPower 公司中国官方网站；推 1 把网站）

> Salt House Inn 是一家位于普罗温斯敦的高级酒店，于 2013 年 5 月 2 日开业。他们的推广电子邮件的设计犹如其新式设计和复古的风情带来老美国的味道，令人赏心悦目。邮件使用社交媒体中的图像，虽然免费但是图片质量很好，如图 8-28 所示。邮件营销及多渠道会员营销机构 WebPower 中国区认为，这里给市场营销人员的启示是使用任何视觉资产时，你都必须让邮件看起来美丽耀眼。无论使用的是免费的照片、图标，或只是自有图像，都不要错失让用户发现，并点击漂亮图形的机会。

8.3.3　网络广告联盟营销

8.3.3.1　网络广告联盟定义

这个晚上小能有点小兴奋，大半夜地还在网络上浏览，却突然发现无论自己走到哪里，都有购物广告跟随。刚开始的时候觉得挺厌烦，不过后来突然想到这种广告形式也不失为一个推广的好办法，于是便仔细研究了起来。

网络广告联盟定义：团结不同类型的中小网站，联合发布广告，共同获得报酬的联盟就是网络广告联盟。广告联盟营销包括三个要素：广告主、联盟会员和广告联盟营销平台。广告主按照网络广告的实际效果（如销售额、引导数等）向联盟会员支付合理的广告费用，节约营销开支，提高营销质量。广告联盟营销平台为联盟会员提供广告主的商品销售、会员注册等效果广告以及值得信赖的第三方用户访问跟踪、实时报告系统、佣金结算、营销等方面的服务，此外还提供网络营销的咨询、策划、创意、广告投放效果监测等广泛的增值服务。（编者注：本定义可见章节 2.2.1.1；资料来源：百度百科）

8.3.3.2 网络广告联盟加盟示例

小能看完基本概念，决定登录百度和 Google 的推广账户，了解更多的内容。小能打开了百度推广的主页面以后，就看到了目标：网盟推广。用官网上的陈述，那就是：百度网盟使用定向技术，通过对目标网民的自然属性（地域、性别），长期兴趣爱好和短期特定行为（搜索和浏览行为）的数据分析，帮助企业锁定目标群体，当目标网民浏览网盟站点的时候，企业的推广信息就会以固定、贴片或悬浮等方式展现出来。这也就是他刚才浏览网页的时候，网页上那些被认为是小能感兴趣的广告的来源。（编者注：百度网盟推广介绍页面如图 8-29 所示）

图 8-29　百度网盟推广介绍页面

登陆进去以后可以看到网盟推广的操作菜单。（编者注：百度网盟推广部分功能页面截图如图 8-30 所示）

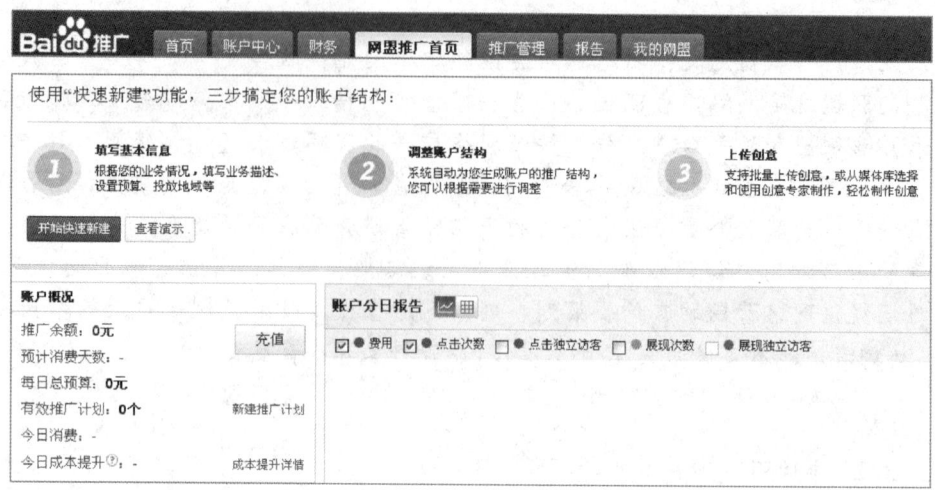

图 8-30　百度网盟推广部分功能页面截图

8.3.3.3　网络广告联盟分类

仔细查看了搜索引擎里面的网盟推广介绍，小能心里有了底。他重新打开百度搜索结果，却发现页面的右侧有好几个网站的介绍，用心一瞧，原来都是可选的网盟推广的网站，这些网站种类上也不仅仅是搜索引擎。（编者注：可选择的网络广告联盟示例如图8-31所示）

8-31　可选择的网络广告联盟示例

小能心念一动，决定好好了解网络联盟的种类。网络世界信息可谓海量，很快，他就把答案给找了出来。

网络广告联盟涉及的内容和参与者较多，有不同的分类标准，这里主要介绍三个分类标准：

一、根据广告联盟的广告主与联盟平台关系进行分类：

1. 自建型广告联盟。指推广自己的产品为主的广告联盟，如MOP联盟、QIHOO联盟、当当联盟等。此类联盟建立的目的比较明确，即为了扩大市场占有率或提升销售额。

2. 综合型广告联盟。联盟拥有自身的产品，不仅推广自身的品牌和产品而且还推广其他广告主的品牌和产品或通过其他联盟推广自身的品牌和产品，例如百度、新浪、搜狐、金山等。它们拥有自己的联盟，还在其他联盟里面推广。

二、根据网络广告联盟的广告媒体形式进行分类：

1. 互联网平台广告联盟。基于传统互联网平台，指通过用户完成点击或付费的广告联盟组织形式。它整合各中小网站资源并打包吸引广告主，依据流量投放广告，产生点击或者定购关系，获得的广告收入在联盟成员中分配。

2. WAP广告联盟。基于无线互联网，指通过手机完成点击或付费的广告联盟组织形式。它汇集各中小WAP流量并打包吸引广告主，依据流量投放广告，产生定购关系，获得的广告收入在联盟成员中分配。

三、根据网络广告联盟的平台性质进行分类：

1. 搜索竞价联盟。指以搜索引擎应用为核心的广告联盟，联盟的组织者为搜索引擎服务商。这类联盟往往是由搜索引擎公司发起成立的，例如Google、百度、搜狗等，主要以CPC支付给加盟网站一定比例的分成费用。

2. 电子商务网络广告联盟。指以电子商务广告主为主的广告联盟，联盟的付费方式以CPS（按销售额付费）为主，如易购网、唯一联盟等等。

3. 综合网络广告联盟。指以聚集中小站点资源，以综合付费形式CPM、CPC、CPA为依托、联盟平台为主的广告联盟，有自身的广告主资源也兼营网络广告分销业务。具体联盟有：阿里妈妈、智易营销、亿起发、黑马帮、太极链等。

（资料来源：百度百科）

小能对于网页当中提到的几个英文缩写实在是搞不懂，只能猜测是与推广的费用挂钩的关键词，于是又打开了搜索引擎当网络小爬虫了。

CPA：Cost Per Action，即每次行动付费。这种形式的网络广告主要出现在广告联盟平台上，例如淘宝、招聘网、智易等。不过这种计算方法在市场上普及度不高。

CPC：Cost Per Click，即每次点击付费。Google AdWords、百度的竞价排名都是用这种算法。

> CPM：Cost Per Mille，即每千人成本。它是指在广告投放过程中，关注到该广告的每一人平均分担多少广告成本。传统媒体大多用这种计价方式。
>
> CPS：Cost Per Sale，即以实际销售产品数量来支付广告刊登费用。例如返利网、当当网站联盟等。
>
> （资料来源：百度百科）

8.3.4 视频营销

这一天，猪八戒经过公司的茶水间，听见几个女职员在那里高谈阔论，他隐隐约约听到"都教授""星星"等词。不过猪八戒也没把这事情放在心上。

没想到傍晚回到家中，竟然发现家里面冷冷清清，没有了往日那些勾人的饭菜香气。猪八戒正疑惑着老婆高翠兰究竟去哪里了，谁知道一走进书房，便看到他老婆正在电脑面前抹眼泪。猪八戒吓了一跳，三步并作两步走过去，搂着老婆关切地慰问。问了半天，原来翠兰看电视连续剧大结局心情太激动了。直到猪八戒回来，才意识到尚未做饭。她匆匆地点击了电脑播放的暂停键，就进厨房了。

猪八戒趁老婆出去做饭，想着好好看一下究竟是什么电视剧，入眼的却是几乎占据视频窗口 2/3 的广告。这实在是无趣，于是猪八戒也跟着走出了书房。

晚饭的时候，猪八戒把高翠兰看电视掉眼泪的事情当作笑话给儿子讲了，结果就是猪八戒被老婆罚去洗碗了。儿子小能靠在厨房门边陪猪八戒聊天。

小能：老爸，你难道不知道现在的网络视频有多红火吗？像我妈这样在电脑上看电视剧的人其实一大把！

八戒：话说，视频网站就靠播这些片子来赚钱？

猪八戒毕竟是自己做生意，而且最近对网络上花钱的事情特别敏感。

小能：它们绝大部分的收入是靠广告。一般视频内容正式开播之前的广告，或者是视频中途停止时候插播的广告。还有那些在网页上设置的广告位。

猪八戒：哦！原来如此。在视频上面放广告贵不？

小能：这个得上它们的网站瞧瞧具体价格。不过再怎么贵，也比电视上卖的广告便宜，所以现在这种视频营销广告是越来越多了。

猪八戒：视频营销？这个不知道跟上回镇元子大师介绍的柔性广告植入有啥不同。（编者注：具体可参考章节 4.4.2.5）要不你回头给我好好说说吧。

8.3.4.1 视频营销定义及应用实例

小能搜索了不少资料，逐一展示给猪八戒看的同时，也从旁指引。

> 视频营销是指企业将各种视频短片以各种形式放到互联网上，从而达到一定的营销目的。视频形式包括：电视广告、网络视频、宣传片和微电影等。

猪八戒一看这说法，乐了：儿子，这很简单！我们在厂里面拍些视频什么的，一放上网就行了!

小能:话是这样说,不过,老爸,你拍的那些估计是没人看的,那根本就没有宣传效果。

八戒:那该怎么拍?要怎样的视频才有人看呀?

小能:我给您仔细找找网上的视频,您看多了,自然就了解个大概了。

(编者注:视频营销应用行业举例如表8-1所示)

表8-1 视频营销应用行业举例

应用形式	广告实例
产品/服务广告视频	交通类:玛莎拉蒂汽车广告
	房地产类:万科集团广告
	食品饮料类:星巴克
	网络服务类:百度云创意广告
	金融服务类:支付宝广告
	教育出国类:新东方2013广告宣传片
企业宣传片	万达集团2016年宣传片
公益宣传片	台湾公益广告:态度改变孩子的人生
微电影	雪佛兰微电影《大山里的声音》
娱乐短片	惊喜合唱北京国贸2013圣诞快闪
电视/电影宣传片	《爸爸去哪儿》节目宣传片

八戒:儿子,为何选这些片子啊?

小能:哦!老爸,您有所不知,按照艾瑞网《2016年中国网络广告行业年度监测报告》里面所说,交通类、房地产类、食品饮料类这三大类别在展示类广告中占比近46%。所以我特意找这些行业的广告给您看。至于另外几个,是为了让你体会一下各种应用视频营销的形式。

8.3.4.2 视频广告策划要点

与此同时,对于老爸之前提到的问题:究竟怎样的视频才有人围观?小能一直放在心上,经过几天的线上线下翻阅资料,对此终于有了大致的了解:

对于广告视频的制作而言,其目的必然围绕产品/服务不同生命周期的推广而进行。依据广告的AIDAS原理(A:Attention引起注意,I:Interesting产生兴趣,D:Desire引发欲望,A:Action促使购买行为,S:Satisfaction达到满意)网络视频必须要有清晰的目标对象和策划意图:视频的制作究竟是给谁看,怎样表达内容,通过哪里传达,什么时间传达。只有弄清楚以上几点,视频的策划才算是开了头。

整个视频内容的策划需要围绕一个具体目标,例如,整个视频的目标是为了提升人们对某搜索引擎服务的认知度,期望可以让认知度从20%上升到50%。就这一点而言,需要考虑产品/服务所处的生命周期阶段。还有,内容要塑造品牌差异化,要体现品牌的与众不同,例如Google广告突出搜索速度的快速性和搜索结果的无屏蔽性。另外,语言表达不能过于平铺直叙，最好有点夸张的语气或者是语言表达。还有，视频表达的内容不能过多，否则用户无法理解。依据有关实验显示，每个人一次性接收的信息量不能超过三点，一旦信息过量，结果只有一个——被人选择性遗忘，甚至是产生厌恶情绪。最后，企业广告主的出场应该是压轴性的，这样的话可以降低人们对视频推广形式的反感。

至于具体的内容，可以考虑使用以下表现方式。（编者注：视频内容的表现方式如表8-2所示）

表8-2　视频内容的表现方式

表现方式	广告实例
写实	视频记录的游记；普通人会做，但是某些人会特别厉害的视频；某些带有争议性的社会突发事件或者包含社会责任感的视频内容
实证	功能性介绍，例如视频展示如何使用PhotoShop功能实现特效
对比	用新旧配方汰渍洗脏衣服的比对
衬托	奔驰汽车为体现汽车的优越性能而设计的越野广告
渲染	可口可乐公司使用动画形式描述在自动售卖机购买一瓶可乐的背后的故事
悬念	飘柔洗发水广告视频里面的未完待续
娱乐	微电影《万万没想到》系列
幽默	萌宠小动物的视频
夸张	兰博基尼2012世界末日创意广告

随着网络技术的提升，网络信息量的庞大，直接导致了网民对于等待视频打开的耐性剧减。美国麻省理工教授拉梅什·西塔拉曼（Ramesh Sitaraman）在2012年发布的一项研究显示，对很大一部分用户来说，如果视频无法在两秒钟内完成加载，那么这些用户将放弃观看该视频。（资料来源：新浪科技）在中国，大多数视频网站会在视频正式播放之前设置接近一分钟的强制广告时间。虽然用户被迫等待，但是大多数人对此表示厌恶，更不要说真正留心广告的内容了。因此，与其花大钱投放广告，还不如制作高质、短小、有趣的视频内容直接进行网络投放。像七喜系列广告、杜蕾斯搞笑广告、Google广告等，全凭网民以病毒性营销的方式进行传播。如果广告主非要亮相，那在视频末尾赶个末班车比占头位要让网民感觉实诚得多。

8.3.4.3　视频广告的简易制作工具

猪八戒看过了视频，向儿子请教，如何制作这些视频。

小能：要弄个高水平的视频有难度，如果弄个普通的视频就不复杂了，因为网上有很多教程，再不济，我们可以聘请专业团队来制作。

不过，虽说可以找专业团队制作视频，但是小能觉得还是要自己研究一下如何制作视频。在网上搜寻了一堆软件，外加一些教学视频之后，小能感觉前途又亮了：因为只要用手机，或者是DV机拍摄视频以后，就可以使用相关的软件进行视频的处理工作（编者注：部分图片处理、视频制作工具如表8-3所示）。另外，现在的移动APP当中也有不少视频制作的产品。虽然视频效果不及专业拍摄团队，但是弄个小短片还是可以的。

表 8-3 部分图片处理、视频制作工具

软件	作用	教学视频
Photoshop 官方最新完整版本 Photoshop CC（Creative Cloud）	图片处理	关键字搜索"Photoshop CC 教程"或者"Photoshop 教程"可得
Ulead Video Studio 会声会影官方最新完整版本 X9	视频制作	官网提供详细的软件使用教程 http://www.huishenghuiying.com.cn/
Adobe Premiere 官方最新完整版本 Premiere CC（Creative Cloud）	视频制作	关键字搜索"Premiere CC 教程"或者"Premiere 教程"可得

8.3.4.4 视频广告投放价格

小能在临睡前把猪八戒最关心的价格投放问题解决掉，然后在第二天早晨的餐桌上把刚准备出门的猪八戒给喊住了。不过待到猪八戒看清楚某视频网站上的报价（编者注：优酷网广告报价如表 8-4 所示），那坦荡荡的眉毛立刻成了八字撇。这插播视频的价格实在是不便宜！估计就是一个大坑，一般的中小型企业估计都耗不起。怪不得视频播放前后插播的广告都是大品牌。

小能：老爸，我个人的想法是，我们可以先拍好视频，然后上传到视频网站，免费让人观看。另外，我们也可以把视频刻录成为光盘，附赠给我们的经销商，让他们广泛传播出去。至于视频网站上投放广告，我们还是选择那些图片广告比较划算。

八戒：你这话中听，如此操作，我们的推广成本就能降低了。

8.3.5 植入式营销

话说这正是花好月圆的团聚季节，某著名视频网站隆重推出了讲述七仙女与董永从古代穿越到现代的微电影《这辈子，好好爱我》。电影讲述的是两位男女主角在某年鹊桥相见的时候，因为突发禽流感，导致二人从桥上掉进黑洞，穿越到现代，演绎了一场宅女与宅男的爱情故事。这样的故事虽然有点落于俗套，但是因为涉及两位神人的爱情八卦信息，所以广大网民都很好奇。而公司更是同期在网上开展了一系列的推广活动，例如阶段性推出电影预告视频；专门注册了一个以电影名字为 ID 的新浪微博开展有奖竞猜活动，邀请了几位网络名人参与讨论，转发信息；同时，微博上进行了一个"给爱你的他/她一句留言：纵然穿越千万年，我____，就如这辈子____你。"得奖者可以获得情侣版手机两台；电影上映前 3 天连续投放在微博。开发手机游戏 APP，名为"搭鹊桥"，古代版搭桥过程中玉皇大帝会派出各色神仙来拆桥，现代版搭桥过程中会出现各种恶劣天气，如雾霾天气会影响搭建进度。该游戏的积分在视频网站注册时可以用于支付会员费用。视频网站会员可以跳过视频当中的贴片广告，直奔主题。微信圈里面也是各种演员介绍的八卦文、连带宗教信仰和超能力等文字都纷至沓来。

本来高翠兰对于这样的电影是没有特别兴趣的，尤其是当她还在追寻"欧巴"的路途上，但是这铺天盖地的宣传无孔不入，地铁站里面有大横幅广告，旁边外加一个二维码扫描，连带微信朋友圈里面也有不少游戏 APP 的成绩单。高翠兰忍不住一看，不得了，立刻给七仙女微信留言：那个新剧究竟是怎么回事？这不都是私隐吗？七仙女很快就回复了：兰妹，这都是陈年旧事了，说出来也没有关系，更何况，就算我们不说，也会被有心人挖出来的。这次我们的农庄和我四姐设计的那些衣服都入镜头了，就当作是卖广告好了，我们也不亏。

8.3.5.1　植入式营销定义

这样的事情在高翠兰看来有点新奇，回到家，跟老公和儿子说起这事，儿子笑了，说董叔叔好厉害，竟然连植入式营销也用上了。

翠兰：儿子，你刚才说的植入式营销是什么东西？

小能：所谓植入式营销，就是把产品或者品牌以及它们的代表性的符号甚至服务内容有技巧地融入电影、电视剧或者电视节目等各种内容当中，通过场景的不断出现，让观众在不知不觉中留下对产品以及品牌的影响，从而达到营销推广的目的。

翠兰：这东西挺新奇的，估计跟国际影展的时候，那些大牌服装穿在走红毯的明星身上的效果差不多吧。

小能：哗！老妈你好 fashion！连这个都注意到了！不过你说的那种也可以理解为"代言"。东风日产 2015 年以 1.1 亿元的赞助费获取了恒大球衣胸前的广告冠名，再加上赞助比赛专用车，让恒大球队成了东风日产的代言人。这样的品牌效应也就潜移默化地植入到球迷心中了。

翠兰：那听起来植入式营销的效果应该很不错。

小能：不是随便哪里都可以植入，就如餐厅不会选择开设在公共卫生间旁边，五星级酒店不会提供臭豆腐吃食。但是，如果要想被人关注，就要与众不同，更要有持续的出场机会。老妈如果您对这个感兴趣，我可以找些资料给您看。

8.3.5.2　内容植入的方式和注意事项

对于在网络上找寻这一类的概念的操作，小能可谓驾轻就熟，所需信息很快就被整理出来，复制在同一个文档里面。

目前常见的内容植入方式大概有四种：场景植入、对白植入、情节植入和形象植入。

场景植入是指品牌商标或者产品作为媒体故事发生的场景或者场景的一部分出现，例如男女主角居住的楼盘，或者他们谈话时候身边停靠着的名牌汽车。

对白植入是指在剧情当中巧妙地把品牌植入其中，例如对白当中女主角提出想吃某西餐厅的甜品。

情节植入是指某一品牌的商品出现的环节在整个故事情节中起到一个推动的作用。例如小成本电影《失恋 33 天》其中的汇源果汁的植入就很明显，却也很自然。

形象植入，是指根据品牌符号的蕴意，将某一品牌商品或者服务植入内容当中，成为故事主角个性和内涵的表现形式，通过故事情节的深化，让品牌形象不断增强，例如美国电影《007》系列片当中的汽车品牌，虽然出现的汽车品牌不止一个，但是每款汽车都让人感觉热血沸腾，其中出现最多的是阿斯顿马丁（Aston Martin）。

选择植入式媒体时，需要注意以下几点：

首先，植入式广告要选择与品牌的定位相吻合的传播载体，例如加多宝选择"中国好声音"作为传播载体，节目当中不断重复的"正宗好凉茶，正宗好声音"可谓深入人心。"加多宝中国好声音"这个品牌的诞生成功让两者共赢。不过现实生活中也有极品配的例子，例如《一起来看流星雨》这部描述富二代与平民爱情经历的国产片，给男主角开的不是张扬的超级跑车，而是配个上汽的经济型小车MG3，售价不过10万元。

其次，选择植入式营销的品牌应该具有一定的知名度，否则就是竹篮打水一场空。因为单凭润物细无声的植入，让用户关注到这一品牌是不可能的。就如不少国产现代剧情当中的演员服装，纵然是品牌植入，但是也不会让人有深刻印象，更不会因此得到推广效用。

还有，植入品牌自身必须有独异性，能够轻易让人识别。比如电影《小时代》里面植入的各种品牌，虽然数量之多让人感觉无语，但是大部分还是让人感觉存在得很理所当然，而且还让各位时尚看官一眼就认出品牌。

最后，植入式广告要有多次出场的机会。正是因为记忆的形成需要反复提醒，所以电影、电视剧等都成了植入式广告的热门之选。现在网络微视频也成了新宠。例如《万万没想到》的微视频，每一集都有专属的赞助商。

（资料来源：MBA智库百科，百度百科）

洋洋洒洒一大段文字让高翠兰对植入式营销有了一个大致的了解。不过这种营销方式在网络当中的普及程度和应用方式，却是小能所关心的事情。

事实上，据有关报道所言，优酷土豆集团在2013年初已经定下实现用户多元化、提升售卖率、内容营销和启动多屏营销等收入多元化策略，以打破传统的通过贴片广告盈利的单一模式。在更早的2012年，优酷已经跟别克汽车共同打造了"追逐无限"系列微电影，以十二星座为角色特征，"追逐"为主题进行剧本创作，邀请4位著名导演分别执导。视频一度引起热烈讨论和关注，获得了非常不错的转发率和宣传效果。对于企业而言，植入式广告的费用远低于电视广告的直投费用，而且，成功的植入不会引发观众的反感情绪。对于网民数量节节攀升的今天而言，网络微视频是个精明的选择。

另外，伴随手机移动应用的增加和普及，移动端的视频广告收入增长明显。据艾瑞咨询公司统计数据显示，2015年，中国在线视频广告市场规模为232亿元，同比增长52.7%。在线视频广告市场已经进入稳定增长期。其中，移动端用户流量的增长及2015年核心在线视频企业移动端商业化的进一步强化，支撑移动端广告市场规模实现195.1%的增长率，收入高达98亿元。

8.3.6 网络社区口碑营销

猪八戒父子最近有点忙,在网上不停找寻《权利的游戏》第六季的踪迹,从百度贴吧,到豆瓣,辗转于网易哒哒,在各种与电视剧相关的网络社区里面坐沙发、搬板凳,这一路下来,让父子二人深刻体会到"找到组织"的兴奋感和满足感。至于翠兰,则是在网购的道路上紧跟韩剧风潮和各种网络社区的服装风评,买的不亦乐乎。

8.3.6.1 网络社区口碑营销定义

如此庞大的网络社区消费影响力,让猪八戒一家都陷入了网络社区口碑营销的影响圈。(编者注:更多信息可参考章节2.2.1.4)

> 网络社区口碑营销是指:依靠互联网络的技术,通过消费者以文字或者视频等方式作为载体,不进行第三方再加工,在网络社区传递有关产品/服务或者品牌的信息,从而让消费者得到信息,信任甚至影响购买行为的营销方式。
>
> 所谓网络社区,有百度的贴吧、淘宝官网论坛、天涯社区、蘑菇街和网易哒哒等。不过,类似天涯社区、网易哒哒等以网民广泛兴趣、网络沟通作为聚合点的网上论坛,对网络营销的促进作用并不明显。
>
> 国内互联网络上的网络社区口碑营销网站大致有以下几种:第一种,电子商务交易平台自我服务式的口碑营销平台,主要用于为消费者提供购物指南,例如,淘宝网的"闺蜜淘货""淘宝论坛""淘女郎",携程的旅游社区等。第二种,提供日常生活类口碑信息与相关服务的网站,例如大众点评网、口碑网、搜房的装修论坛等。第三种,以社区网站聚合网友提供特定产品/服务的口碑信息的网站,例如蘑菇街、美丽说、豆瓣网等。
>
> 通过消费者口口相传的口碑营销模式一般发生在彼此熟悉的两个人之间,因此信息可信度较高。另外,同一产品/服务的选购,意味着购买者之间具有相似的个性特点和消费需求,已购产品的顾客评价或者是身边朋友的推荐就具备了存在的必要性。
>
> 意见领袖,作为社区中最活跃,发帖最多,具备一定微信和影响力的角色,是企业进行网络营销的重点关注人物。因为领袖的决策会对社区其他参与者产生积极的影响,会被当作准则。(资料来源:百度百科)

8.3.6.2 网络社区口碑营销策划要素

网络社区口碑营销的实施前提:建立并积累口碑。如果品牌或者产品缺乏足够的口碑积累,营销方案的实施效果肯定大打折扣。因此,企业可以在前期通过新闻软文、论坛或者是百度百科等渠道进行推广,形成一定的口碑基础。另外,企业需要持续地、有计划地开展系列活动来巩固口碑营销的效果。除此以外,企业必须对口碑营销的过程进行及时汇总、分析和调整。

雪佛兰旗下的迈锐宝在2012年登陆中国市场之时，便是从代言人"梁朝伟喂鸽子"的微博开始进行传播，产生了"喂鸽子体"。在2013年的第二波宣传当中，迈锐宝邀请了六位来自不同领域网络知名人士与梁朝伟一起体验加州一号公路之旅，让他们通过新浪微博同步转播旅程，旅途当中的趣事受到粉丝们的密切关注。如此一来，活动的推广效果明显提升。

对于用户而言，真正关心的是产品能够为他们带来什么价值，能够帮助他们解决什么问题，因此，除了名人代言，企业可以考虑使用普通人来谈及有关产品或者服务的使用感受，或者是切入平常人的生活片段进行传播。事实上，现在的电视节目围绕某一特定话题进行的街访能够获得较高的关注度，原因之一便是信息的平民化，所谓的"接地气"便是如此。

企业应该在发布信息的同时，积极与用户进行互动。对用户的及时关怀在互联网时代实施难度大降。简单的一次点赞、评论或者转发都可以成为口碑营销的触发点。例如小米手机的饥饿营销虽然很成功，但是售后服务实在是短板，对于用户售后的疑问基本选择忽略。只是从衡量得失的角度来看，用户只能用"一分钱一分货"的观点来包容小米的不完美。类似问题在很多国内品牌当中均可见，用户对于产品的各种吐槽都是被自动忽略的。

使用有偿手段鼓励用户写下对产品/服务的体验，这样的方式常见于淘宝网店的售后服务版块。例如如果用户好评，并配上详细的产品评价，而非普通的"我很喜欢，质量不错"之类的笼统说辞，下次购物就可以获得返利等。其目的在于通过普通用户的角度进行陈述，增加信息的可信度。类似的详细评价甚至被放在产品/服务的详细介绍页面，用于吸引更多的潜在用户。同时，商家还可以鼓励用户把产品/服务的使用心得分享到网络其他的社交平台当中，实现信息传播的免费搭载。

企业可以主动出击，除了介绍产品/服务，还可以搭配更多相关信息，例如卖化妆品的网站添加化妆方式、服装与妆容的搭配方法等信息；卖衣服的搭配衣服保养、衣服污垢清除的方法等信息，以此增加用户对信息的点击率和转发率。在不少的论坛，直接打小广告是会被踢的，但是带着广告小签名盖楼是允许的。而社区口碑营销的最佳状态就是：社区意见领导者是自己人。（资料来源：艾瑞网）

CIC公司提出了品牌进行网络口碑研究的模型L-K-P™听—识—融™有一定的参考性。其中"听"（Listen），指倾听网民的建议和反馈，了解网民在关心什么；"识"（Know），指认识和了解各类产品或品牌相关的网络社区以及他们的社区文化；"融"（Participate），指企业通过聆听和互动参与来为网络社区中的网民提供更多的价值，让网民感受到企业对他们意见和建议的重视。

另外，该公司还提出了可激发营销创新的六大网络口碑洞察：行业与竞争情报分析；消费者研究与产品反馈；激发营销广告创意；网络社区互动参与；营销活动执行反馈；品牌网络声誉评估。

8.3.6.3 网络社区口碑营销实例

猪八戒决定要好好研究网络社区口碑营销的方式，于是找了一个案例仔细琢磨起来。

美国某城市有一家叫 Flying Pie 比萨店，虽然官方网站没有太多的内涵，但是却通过一个有趣的在线营销方案，无声无息地成了一家被城里的每个人都知道的店铺。

这个极成功的在线营销方案叫"It's Your Day"。每天会有五位具有特定"名字"的幸运民众可以在当天下午2点到4点或晚上8点到10点到店铺的厨房亲手制作免费的披萨，例如2月16日是"Ross"，2月19日是"Joey"，幸运儿会带着成品拍一张照片发到网上。Flying Pie 会在网站上每周公布新一周的名字。

新的名字怎么选？Flying Pie 会请每个来参加过的人提供名字，并且投票，他们会把这个票数当参考决定下一周的幸运名字。这样的做法是希望这些参加者们能邀请到更多的朋友过来。甚至让参加者回报当初介绍他来参加的那个看到网站的人。一个同事或朋友告诉你，你的名字在上面，你就过来了。接下来，你再告诉店家你的朋友可能叫上面名字，店家就知道你会回访网站，回访时候看到自己朋友的名字，你就会把那个朋友喊过来，这样一来，这个人群就会越来越大，新的客户不断会产生。

更有趣的是，美国的一位专栏作家还将这个案例实地调查了一下，这位作者当初是从他朋友知道 Flying Pie 比萨店的，他先收到一封信，通知他这家比萨店将在几月几日办"Armando 日"，这个作者的名字正是 Armando。这位作者先是非常惊讶这家比萨店的存在，还打电话给寄信给他的朋友，这位朋友说她吃过这家比萨，还不错，而且还承认每天都会去检查还有哪些新名字，每天的名字都会让她想起某几位这个名字的朋友，她每天也养成习惯寄信给这些朋友，通知他们"Flying Pie 提到你的名字喽！"。

这位作家还说，他问了很多人，竟然找不到一个人真的享用过那个免费的比萨。换句话说，Flying Pie 每天都让五个人来参加免费比萨活动，但其实大家都很忙，来的人并不多；不过，即使这些人不来，也并无损这些人们四处帮忙传播"Flying Pie"的热情。

Flying Pie 精妙之处在于将目标客户群体织成一张网，通过口口相传的模式让客户带着客户来。原因其一，大多数比萨店常常举办折扣促销与礼品赠送，投入不小，却不稀奇，无法引起客户兴趣，而 Flying Pie 每天邀请五名幸运客户来店里亲手制作一份披萨，让他们体会参与的快乐和在网上分享的满足感，这种"体验式营销"让他们感受别人羡慕的目光，自然更受欢迎。其二，其实人们并不在意是否领取免费比萨，但他们会为自己被选为幸运客户，并被大家所知晓而感到兴奋。它已然成了朋友闲来谈论的话题，店铺也因此达到了"口碑营销"的效果。其三，Flying Pie 并未在家自顾自地选择幸运客户，而是让已被选中的幸运客户来提供自己朋友的名字，经由投票选出，如此一来，Flying Pie 所赢得的不再是最初的某个人，而是他背后的整个朋友圈子。（编者注：美国 Flying Pie 网站活动页面截图如图 8-32 所示）

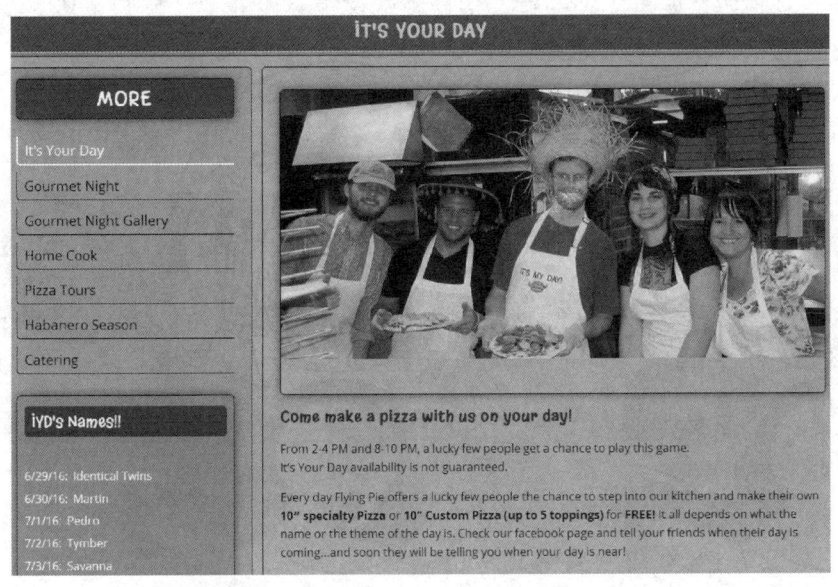

图 8-32 美国 Flying Pie 网站活动页面截图

8.3.7 微信营销

8.3.7.1 微信定义

这个小周末,猪八戒和老婆一起准备和儿子商量,明天一起出去短途旅游放松一下。走到儿子房门口,却看到儿子对着电话自言自语的模样"我在团购网上下单了,4个人正好一桌,超划算!"……"放心吧,验证码直接发我手机上了"……"误删短信的话,重新登录个人账户那里就可以重新发送验证码啊!"……"那就这样定吧,周五晚上见面聊,如果有变化就给我留言。还有,现在就把上次聚会的照片发过来吧。"

小能忙完,回头就看到了站在门口的父母。

高翠兰忍不住问道:儿子,你刚才干嘛对着电话自言自语?在用微信?

小能笑答:老妈,你说对了。你的手机有没有安装这个 APP?

翠兰:有,但是不太会用。当初在镇元子大师那里学习后就装上了。

小能:微信就是一个即时语音通讯软件,可以通过手机、平板和网页快速发送语音、视频、图片和文字。其中还有微信公众平台。老妈,现在使用微信的人很多,咱们公司也可以开通一个微信公众平台,方便进行信息广播和卖广告。(编者注:具体可参考章节4.4.1.7)

高翠兰的兴致来了:微信能跟生意联系到一起?那它还有什么好玩的?

小能立刻怂恿老妈:还可以玩摇一摇,扫二维码一大堆功能。妈,你可以手机拍照后直接传过去给外婆看哦!

翠兰:好像挺好玩的,不过拍照就不要了,皱纹一大把,拍照也不好看。

小能搂上老妈的肩膀,笑答:怕什么?用美图秀秀一弄,保证让妈您年轻20岁,改头换面都可以!

八戒笑道：你妈这要再年轻一点，估计她就该嫌弃我老了。言归正传，我跟你妈想要明天和你一起出去玩，你觉得怎样？

小能思考片刻，说：要不我上团购网站仔细看看，挑个地方吧。团购的话，价格便宜不说，还可以仔细瞧瞧别人的评价，看是否坑爹。（编者注：美团网截图如图 8-33 所示）

图 8-33　美团网截图

八戒：儿子，你这微信跟那个微博是一样的吗？

小能：微信通讯录里面的人的关系密切性比微博要强多了。像我这样，微信上的好友基本上都是现实生活中认识的人。微信对于很多人而言，因为可以即时语音聊天，也可以实现类似语音信箱的功能，可以文字留言，可以传输图片，算的又是移动数据流量，因此它已经逐步成为一个通信工具。

八戒：那岂不是直接替代了移动电话？

小能：在一定程度上来看，是！尤其是在 Wi-Fi 服务如此盛行的现代，它不仅可以替代移动通信实现免费跨网沟通（无论移动，联通还是电信，无论何种操作系统的手机），还可以安装多种软件，或者给自己设置一个只需一扫就记录成功的二维码名片。企业只需要注册微信公众平台账户，就可以跟粉丝进行互动了。微信里面能够接收信息的都是真粉，信息传输的抵达率自然就比微博要高。

八戒：说起这二维码，上次收到供货商的请柬上，就有这个图标。如此说来，这微信公众平台还真的值得一试。儿子，你看看这事情怎么操作，我们好谋划一下。

8.3.7.2　微信营销的实施要点

小能通过网络搜索和纸质书的翻阅，对于如何做好微信营销这一问题的答案也有了一定的想法。

微信营销是一种精细型营销，其一对一的对话沟通方式为企业提供了进行个性化营销的可能性。不同行业对于微信营销的应用都有差别，对于企业而言，微信能否成为一个低成本的传播途径，不担保；是否可以跟用户建立更深厚的关系，有可能。方案设计之前，首先考虑的问题是：要吸引什么人；要为他们提供什么服务（或者说传播的信息能够为它们带来什么好处）；服务的内容是否具备长期性。

具体而言，首先，是如何吸引潜在用户关注的问题，答案是：内容当道，传播的信息有内涵。微信内容在形式上支持文字、语音，带链接的图文信息，以及第三方应用信息的推送，因此，传播可以针对特定用户群体，制定不同的方式。各种卖萌、自黑或者是连载式故事都是可选项。

其次，是服务个性化与实用性。这个服务的设计与微信营销目的应该相匹配。作为企业，传播内容的设计出发点是顾客想要什么，而不是企业想要说什么。正如微信公众平台当中所提及的公司案例，招商银行提供查询信用卡的账单及额度、积分，办理信用卡开卡，还款业务等若干业务。南方航空通过微信可办理登机手续、查询航班信息、查询目的地城市天气，以及明珠会员的专属服务。在运营商公众号绑定手机后，提供积分流量、套餐余额、手机上网流量、客户咨询等服务。用户利用大众点评网的公众微信号发送位置就可以查到周边美食。果壳网的微信账号为用户提供每天的科技日历，传播历史上的今天的伟大突破。明星的微信，使用自动应答系统，提供模拟应答场景，为用户提供互动对话的可能性，例如陈坤的微信公众账号，可以获取定制语音服务和偶像定制的音乐、文字等内容。（编者注：陈坤微信公众账号截图如图 8-34 所示）《城市画报》这一杂志微信号通过各种粉丝福利会、杂志专题订阅、品牌合作等方式成功实现了与微信用户的互动。（编者注：《城市画报》微信公众账号截图如图 8-35 所示）

图 8-34　陈坤微信公众账号截图

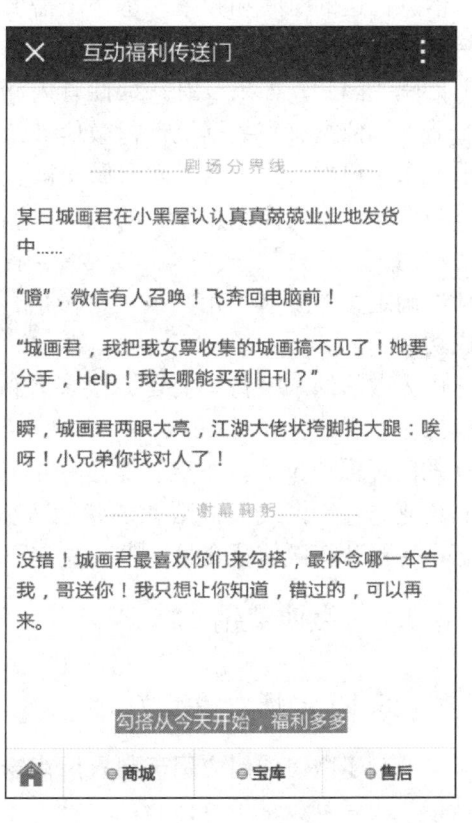

8-35　《城市画报》微信公众账号截图

微信的宣传平台上，如何使用二维码是一个技术活。二维码的每一次曝光意味着每一个增加订阅的机会。首先，设计上可以个性化、特色化；另外，公众号的介绍配在二维码旁边，其中要交代清楚微信号针对何种人群或提供何种服务（编者注：星巴克官网上的微信公众账号截图如图8-36所示）；还有，出场位置要选好，一般可见长微信的末尾处，同时旁边还提供如何订阅或者是如何进行互动的说明。出场的位置除了在移动设备的屏幕上，还可以在产品的包装，例如星巴克的杯子上，网站页面当中，或者是附赠的小礼品内，例如带二维码的小笔记本上面。

图8-36　星巴克官网上的微信公众账号截图

信息推送的时间和频率，是一个需要重视的问题。与微博不同，用户的手机如果每天持续性收到广告类信息，那就跟从前的垃圾短信一样，很快就会让用户厌烦，乃至于取消订阅。因此，如果没有持续性有内涵的内容，就没必要天天打着小广告在微信上蹦跶。另外，依据有关数据统计，微信被认为是一个通信工具，因此，内容的推送时间应该根据于用户的工作生活时间来做安排。

微信是一个关注用户体验的地方，因此，与用户的及时互动交流非常重要，因为对于用户而言，那就是一次单独的对话。各种卖萌是否可以适用于微信？这个问题的答案估计不确定，但是《城市画报》的微信营销策划以及跟用户的各种互动，都是值得关注的成功例子。

作为微信的东家腾讯而言，很多人认为微信的目的是打造一种"生活方式"，让微信成为一个现实生活中的入口，衣食住行样样涵盖，另外微支付的诞生也是为了实现O2O的闭环商业价值。小能感觉这样的功能对于猪八戒的制衣厂这一类上游企业而言，除非企业搞直销模式，否则就现状而言微信的作用并不明显。小能的心里面有了比较，对于是否要开拓微信公众号这事，决定还是要好好想想。

8.3.8　微博营销

8.3.8.1　微博营销定义

虽然对于微信如何应用于制衣厂尚未有最终定论，但是通过微信公众号定期获取资讯是猪八戒一家非常乐意体验的事情。不过偶尔的一次操作，让猪八戒发现，他可以从微信跳转到微博，乃至博客。

八戒：儿子，这三个地方竟然可以连贯起来，是怎么一回事？

小能：老爸，这其实是很多企业在实施的营销方法。通过微信跳转到微博，或者是博客。因为微信页面显示空间有限，另外，微博对于企业而言，是先于微信开通的营销渠道，因此，保持各种渠道之间的畅通非常有必要。

八戒：开通微博也是为了营销？

小能：微博营销是以微博作为营销平台，企业利用微博向用户传播企业、产品信息，通过跟网民的互动交流，或者是发布用户感兴趣的信息，树立企业或产品的形象，从而达到营销的目的的营销方法。国内最红火的是新浪微博，其次是腾讯微博。

八戒：不过这微博跟微信还是有不少差异的吧？

小能：确实不一样。因为微博是一对多的宣传，而微信是一对一。相比之下，微博的关系网会弱一些，但是也因此不会过分涉及私隐。用户浏览内容，关注微博，留言等操作都比微信要方便，不需要添加关注就可以阅读，这样就少了一点强迫性。而且因为不限制转发条件，因此信息的影响范围较大，就像卖广告，路人甲乙丙丁都知道。而且用户愿意看的都是感兴趣的，对比起网络上的贴片视频广告、漂浮广告等，微博广告更具有针对性。（编者注：具体可参考章节4.4.1.6）

八戒：我记得你之前说，现在的微信就是个通信工具，那微博呢？

小能：微博的信息量大，大家都喜欢用来打发时间。

八戒：以前我们公司里面开过一个博客，上面就是放一些布料的信息和企业信息，效果不怎样。微博篇幅比博客短，信息发布也不需要写那么多字了，更省时省事。

小能：微博确实比博客更普及，尤其是在手机上看的时候。现在很多企业也是在微博上发布140个字的简介，让网民一看简介就了解个大概，然后再添加一个博客地址或者网站地址的跳转操作，提供更详尽的内容。这就是您刚才说的那个贯通的问题。如果不跳转，就使用微博的长微博功能，把长长的一段文字保存为图片，点击打开就可以查看。要不我也花点时间去了解一下如何经营微博吧。

小能花了心思在信息收集上，这整理下来，发现内容还真不少。依据CNNIC《2015年中国社交应用用户行为研究报告》所言，微博作为兴趣信息的获取，分享平台的地位较微信和陌陌要明显，用户倾向于通过微信"及时了解新闻热点""发表对新闻热点事件的评论""关注感兴趣的内容""获取或分享生活/工作中有用的知识"。根据新浪微博发布的2015年第四季度及全年财报显示，截止四季度末，微博月活跃用户达到2.36亿人，同比增长34%，其中移动端月活跃用户接近2亿人，日活跃用户达到9400万人。这样的数据带来了丰厚的营销体验。

8.3.8.2 微博营销的实施要点

网络资讯了解了不少，但是对于如何做微博营销，小能感觉还是需要点具体的指南，于是联合各种案例，整理了一份资料给老爸和自己作为参考。

任何时候确立企业或者产品的位置都是至关重要的问题。因此，了解并塑造在粉丝眼中的定位形象是首要，其次，搞清楚企业的微博营销目的是什么，提升品牌知名度，企业公信度还是促销，这些都需要在开始阶段明确。例如"碧浪姐"的存在就颠覆了网民对这品牌的认知，让网民亲切感顿增。根据微博营销目的搭建渠道关系，例如企业微博+产品微博+客服微博，领导层微博+员工微博+企业微博等。同时，也可以搭建微博以外的渠道，例如通过构建微博+微信+官方网站，微信+微博等方式全面拓展营销推广活动。

企业要主动添加微博关注，关注对象包括媒体、记者、同行名人、合作企业等。主动转发，互动，@，私信等都是增强彼此连接的方式。

互联网络的时代内容为王，用户时间碎片化，关注度不深入，因此内容上要针对用户所需，例如提供促销信息或者转发有奖等。另外，内容以故事的形式展现，也是一种吸引阅读的方法，好的故事可以在短时间内实现巨量广播，例如"Roseonly"花店提出的"一辈子只送一位佳人"的口号，通过网络大V的转发，再加上网民的关注转发，两个星期之内就获得了20万粉丝。

原创性在网络上会受到追捧，虽然网络抄袭之风盛行，但是所谓"日久见功"，有质量、有内涵的信息对于搜索引擎的收录有好处，对于现在社交媒体时代，更是有被转发的价值。例如36氪、果壳网等，这些科技博客都受到热捧。网络大V也愿意分享有内涵的内容，如此下来，营销的效果就有了。

紧跟热点设计各种有趣的内容也会获得很高的关注度，从而形成剧烈的推广成效，例如2011年6月23日18：15分发布的"杜蕾斯鞋套事件"在短短15分钟内，转发量已经超过1万，晚上八点超3万，零时超5.8万。还有最近的"请叫兽假"事件，1个小时之内登顶新浪微博热门榜，也是"捕捉热点"所带来的成功营销案例。这样的营销操作，成功利用了微博传播的精短、快速、广泛的传播特点，没有直接打上产品或者企业标签，却是真切地利用了植入式营销，让网民无形中接受品牌印象，并成为网络推广中的一个助力。（资料来源：社会化媒体网站，派代网）

就微博信息发布的时间选择而言，因为微博的信息量大，用户关注的ID越多，信息刷屏就越快，因此，可以考虑在用户阅读的高峰期发布微博，使用"时光机"固定信息发布时间；对于新闻发布会或者是企业最新新闻，都应该考虑即时播报；对于网络当中出现的吐槽投诉，应该迅速了解情况，语气诚恳地正面回应/道歉。

对于微博提供的各种数据，各种推广支持，小能有点兴奋，感觉这个事情，尤其是在引导用户通过微博跳转到博客的事情上有戏，因此，他决定好好谋划一下。

8.3.9 社会化网络营销

8.3.9.1 社会化网络营销定义

牛魔王最近有点忙，因为新开的餐馆在团购网上做推广活动，一下子客似云来。各种忙碌当中，他决定开通微信，通过微信发送优惠券信息，同时也在自己的朋友圈里面"分享"信息。而红火的营业状况也吸引了很多食客拍照放微博，各种网络社区美食栏目下面都出现了围绕餐馆的讨论帖，这样的宣传攻势实在是让人无法忽视。在另一边，铁扇公主的纤体美容店也开了第八家分店，百度百科上的店铺介绍也同步更新了相关内容。铁扇公主作为纤体美容这方面的专家，除了活跃在各大服装搭配论坛以外，还不时在问答社区回答有关健康纤体的问题，她还拍摄了健身视频放到视频网站上，短时间内点击播放数过1万。

这些信息猪八戒本来是不知道的，不过牛魔王的女儿红小妹在公司当秘书，她在公司里免费赠送各种优惠券，还给公司同事提供跟纤体美容的大师级人物铁扇公主亲密接触的机会,如此一来,公司里面各种兴奋各种关注,一不小心,电梯那小小的空间就成为了一个传播的载体,很快,整座办公楼都知道了这事情。

猪八戒不得不佩服牛魔王两口子的传播能力,忍不住在儿子面前表露出各种羡慕妒忌。

小能:老爸,这个就是社会化网络营销的厉害之处了。把人际关系为核心的社会化网络作为媒介,进行集广告、促销、公关、推广等营销目的为一体的营销手段。它也可以说是网络整合营销的一种,着重口碑效应。

八戒:既然如此,那你妈妈的那个 TB 店除了使用 TB 网的推广方法,其实也可以走出 TB,在其他网站一起搞整合营销啊!

小能:老爸,你这话说得真有水平。上次老妈买的那个果子,就是微博上那个"枣想核你在一起"情人节活动搞的促销。这圣诞节快到了,老妈可以搞个节日营销,线上线下搞一系列的活动,估计效果不会差。

8.3.9.2　社会化网络营销的实施要点

父子二人有了最初的想法,决定好好谋划,过程当中也是各种小心,各种考虑。

要想实施社会化营销,首先要找准地方,这个地方指的是目标受众的聚集点,而且,目标顾客在这个地方的活动习惯,游戏规则也要搞懂。其次,要懂得如何把各种媒介连贯起来,各个地方活跃度积累到一定程度的时候,就可以利用一个合适的热点把它触动,例如某化妆品牌把官网产品介绍、视频网站化妆技巧、微博促销信息、时尚论坛帖子热议等连贯一起,实施阶段性递进的"妇女节"推广计划。还有,对于群体里面的领军人物,一定要保持良好联系,因为他们比所谓的"专家"更具有市场影响力。现代网民的各种爱秀、爱八卦、爱吐槽都是企业设计营销过程所要了解并利用的特性。任何人都希望自己是受到重视的人,因此,互动就成了必然。最后,对于活动的整个过程进行监控总结。

对于广大移动上网的用户,其需求的满足程度已经成为互联网应用发展的一个标志。根据爱立信消费者研究室(Ericsson ConsumerLab)在 2014 年针对新兴的需求,在巴西、印尼与美国进行的智能手机用户调查,归纳出七项数字服务需重视的关键需求:(1)随处可实时接入服务; (2)可定制个人界面和服务(例如个性化设置和提醒功能);(3)可随时关闭的功能(例如离线状态);(4)提高生产力(要能充分利用时间、有效管理和安排日程);(5)强化人际关系(通过现代通讯设备与人保持联系);(6)让消费者自己做主(随时了解追踪自己在消费、资料使用和信息的最新状态);(7)掌握周边有用信息(随时能得到与当下环境最为相关的信息)。总之,消费者相当重视服务的简单性,希望服务都能直观操作,并与原有的使用习惯无缝接轨。对消费者来说,移动化必须要能做到依据使用时间与地点,实时提供定制化服务。消费者的需求将带来新的市场机会,企业必须去挖掘目前几乎全面联网的生活形态下,还有哪些概念可以突破现有服务(资料来源:市场部网站)。以上几点都是企业进行社会化营销方案设计时候不能忽视的移动端需求。

虽然父子二人的策划在实施过程遭遇各种吐槽,但是最终还是帮助高翠兰的 TB 网店成功了一把。这也算是父子对网络营销各种方法的实践机会。

章节要点小结（请同学们在本章节中查找知识要点的对应页码，以便复习）

知识要点	章节页码
1. 营销过程的简单模型	
2. 网络营销基本职能	
3. 消费者行为影响因素，消费者市场细分变量	
4. 搜索引擎营销的定义以及实施要点	
5. 许可 E-Mail 营销的定义及方案设计要素	
6. 网络广告联盟的定义及分类	
7. 视频营销的定义及策划要点	
8. 植入式营销的定义及策划要点	
9. 网络社区口碑营销定义及策划要点	
10. 微信营销的定义及实施要点	
11. 微博营销的定义及实施要点	
12. 社会化网络营销的定义及实施要点	

延展学习活动： 假设校内现有一家由学生自主创业所开设的咖啡厅新张营业，请各位同学帮忙设计单月、季度和年度营销计划。建议充分考虑目标用户的行为特征、消费水平等。同时，营销计划的设计应包括开业之前的宣传阶段。

第 9 章
电子支付

猪八戒辛苦找生意机会，高翠兰负责财务和收发货的工作，二人忙得团团转。最近不少朋友都建议她开通网上支付和移动支付，实现高效率的资金流转。但是，除了 TB 网店的交易用上了支付宝，对于网络支付这一版块的内容，高翠兰完全不懂，于是她有天得空就拉着猪小能想把其中的门道弄清楚。

翠兰：不少朋友都让我开通网上支付和移动支付。这能用在电子商务网站上吗？

小能：可以啊，其实生活当中电子支付已经很普及了。

9.1 电子支付的定义

> 电子支付是指进行电子交易的当事人，包括消费者、商家和金融机构，使用安全电子支付手段，通过互联网进行的货币支付或资金流转。

与传统的支付方式不同，电子支付是在互联网这个开放的系统平台上进行的，它通过数字化手段来实现资金流转。人们喜欢电子支付具备的方便、快捷、高效、经济的优点：用户只要拥有一台可以上网的电脑或一个移动终端，只要符合一定的软、硬件设施的要求，便可利用碎片化的时间，突破时空限制，快速安全地完成整个支付过程。电子支付让消费者购物变得简单方便，所以更容易促进消费；电子支付的无纸化操作也大大减少了纸张的使用和邮寄、人员等费用，降低企业成本。

翠兰：在开通了网上支付的功能后，只要有可以上网的电脑或者手机，我就可以进行网络的消费、转账等金融活动，是这个意思吗？

小能：是的。现在电子支付系统正在蓬勃发展当中，伴随着电子商务的快速普及，电子支付已成为新兴发展领域，电子商务支付系统也成为电子商务系统的重要组成部分。

9.2 电子支付的类型

翠兰：小能，网上支付就是电子支付吗？

小能：那只是其中一种，电子支付的类型可多了。老妈您看看这些资料。

按电子支付指令发起方式来细分，电子支付分为网上支付、电话支付、移动支付、销售点终端交易、自动柜员机交易和其他电子支付几种业务类型。

其中，网上支付包括通过互联网进行的，使用银行所支持的各种数字金融工具，发生在购买者和销售者之间的各类金融交换，比如在线支付、投资理财、信贷、保险、证券交易、资金清算、资金流转、查询统计等。网上支付是电子商务的主流交易方式，也是当今发展最快的支付手段。

电话支付是指消费者使用电话类（比如固定电话、手机）或其他类似电话的终端设备，通过银行系统从个人银行账户里直接完成付款的方式。它是电子支付的一种线下实现形式。

移动支付是消费者使用移动设备完成支付行为的一种新型的支付方式。移动支付所使用的移动终端可以是手机、PDA、智能终端、移动PC等。

销售点终端交易和自动柜员机交易都是传统的线下交易方式，消费者使用销售点终端或自动柜员机，通过银行系统从其个人银行账户里完成付款。（编者注：电子支付的类型如图9-1所示）

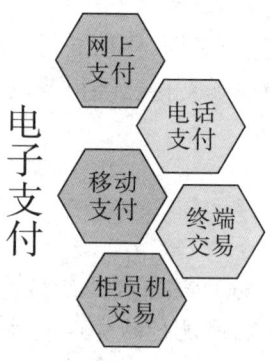

9-1 电子支付的类型

小能：其中，网上支付和移动支付是电子商务支付系统中发展最快的两种类型，也是保障电子商务发展的关键。这两种类型，涉及不少平台概念，老妈您先看看资料。

9.3 网上支付平台

9.3.1 网上银行

> 网上银行（Internetbank or E-bank），又称电子银行、虚拟银行，是一种通过互联网为客户提供各种传统和创新的金融服务的新型银行机构与服务形式。对于商业银行来说，网上银行起了降低银行经营成本，发展多样化、个性化和创新的银行服务，保留、扩大客户群的作用。

网上银行为客户提供了大部分传统银行业务，也担负着电子商务过程中极其重要的在线支付功能，同时还开辟了多个创新的服务领域。网上银行主要为客户提供以下三类业务。

■传统银行业务

网上银行把传统银行中的大部分业务，如查询、对账、转账结算、汇兑、代理公共收费（水费、电费、气费、电话费等）、信贷、网上证券、投资理财、证券清算（即完成证券公司与交易所之间，证券公司各营业部之间及保证金融账户与储蓄账户之间的资金清算业务）、信息咨询等业务实现了在线化。客户可以随时随地快捷方便地办理业务。

■在线支付

这是网上金融服务中最重要的一部分，也是电子商务的重要一环。无论是商户对顾客的购物、订票、证券买卖等零售交易，还是商户网上采购等批发交易或者是金融机构资金融通和清算等业务都可以通过网上银行完成。（编者注：在线支付的过程如图9-2所示）

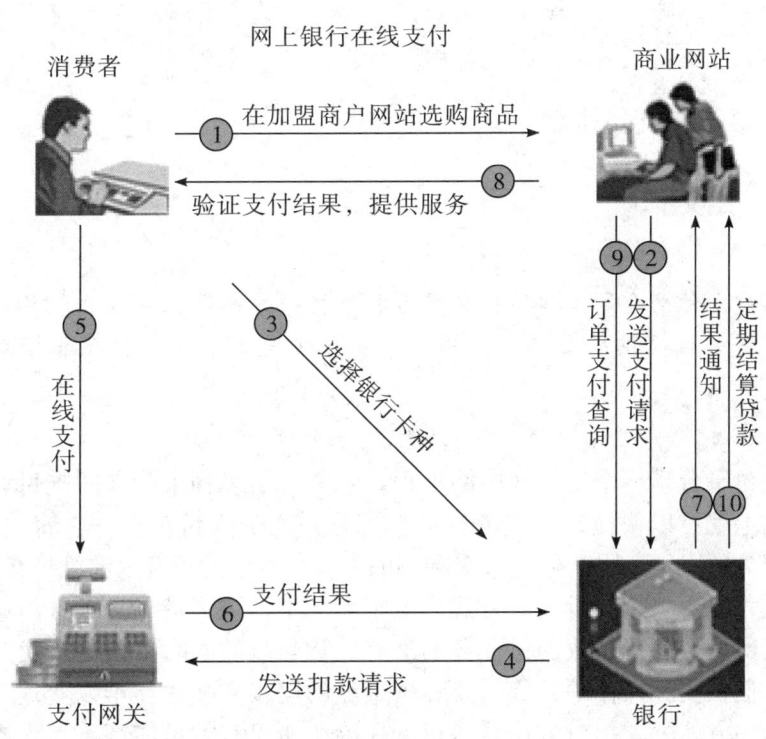

图9-2　在线支付的过程

■新的业务领域

网上银行可以利用互联网获取信息的全面性和便捷性开拓许多新业务，比如为集团客户提供查询各子公司的账户余额和其他明细的服务，帮助集团公司实时完成公司内部的资金调度与划拨；提供财务信息咨询、账户管理等理财服务；进行网上国际收支申报；发放电子信用证；开展各种数据统计工作；为大客户专门设计理财方案等。

网上银行是银行降低银行经营成本，提高银行盈利能力的发展方向，也是客户获得快速、安全、方便、便宜、多样化和个性化的银行服务的好途径。网上银行适应了现在快节奏的生活方式要求，突破了时空限制，利用互联网，在不需要新建分支机构或营业网点和大量增加人员配置的情况下，通过新的服务方式，赢得了新的利润来源，同时也扩大了客户群。

小能：网上银行是在现有商业银行基础上发展起来的。它有商业银行的背景，也有比较完善的安全保障机制以及 SSL 和 SET 等网络安全协议的保障，很容易获得用户的信赖。网上银行的安全性保障很重要，但是为保障安全性而进行的一些技术操作需要消耗一定的时间，而且多个 CA 认证中心的存在，在一定程度也影响了网上银行的服务效率，降低了用户的满意度。

翠兰：我也觉得网上银行使用起来比较放心，也能带来不少方便。但是，它无法解决买家和卖家之间信任缺失的问题。我曾经在一个论坛上看到一个小女孩的网购悲剧，她看上了一件自己喜欢的大衣，由于迫不及待要得到它，就轻信了卖家的承诺，把钱直接转账了，结果钱一转过去，卖家就人间蒸发了！而作为卖家，也会担心先交货会收不到货款，这该怎么办呢？

小能：第三方支付平台可以在一定程度上解决这个问题。

9.3.2　第三方支付平台

9.3.2.1　定义

> 第三方支付平台是指具备一定实力和信誉保障的第三方独立机构与国内外各大银行签约后提供的交易支持平台。支付宝是第三方支付托管模式的典型代表。

第三方支付平台是一个很好的中间平台，它整合了多种银行卡的支付业务，让消费者在一个界面上就可以快捷地完成跨行的不同账户间的支付工作。它简化了交易程序、降低了交易双方的成本，在为银行带来利润的同时节约了网关开发和维护费用。

第三方支付平台采用支付结算方式。电子商务中，结算指买卖双方因商品交易、劳务供应等原因所发生的货币收、付业务的清算。货与款的同时交换是买卖双方都有保障的结算方式。但在实际操作中，货物流和资金流的同步交换往往难以实现。而异步交换中，先支付的一方就要承担对方违背协议的风险。所以双方可能都不肯先支付，买卖就陷入了僵局。为解决这个问题，第三方支付托管模式应运而生。

第三方支付托管模式中，第三方支付平台成了买卖双方在缺乏信用保障或法律支持的情况下资金支付的"中间平台"，买方将货款付给买卖双方之外的有实力和信誉保障的第三方，第三方提供安全交易保障服务，部分第三方支付平台还提供简单的纠纷调解服务。通过在收付款人之间设立中间过渡账户，使汇转款项实现可控性停顿，只有双方意见达成一致才能决定资金去向。第三方支付平台作为可靠的、有信誉的第三方，担当支付托管和证据留存的角色。

9.3.2.2 第三方支付实例

小能为了让老妈更清楚地理解相关概念,就举起例子来:

图9-3以商家猪八戒和客户牛魔王为例,介绍第三方支付的支付托管模式流程。

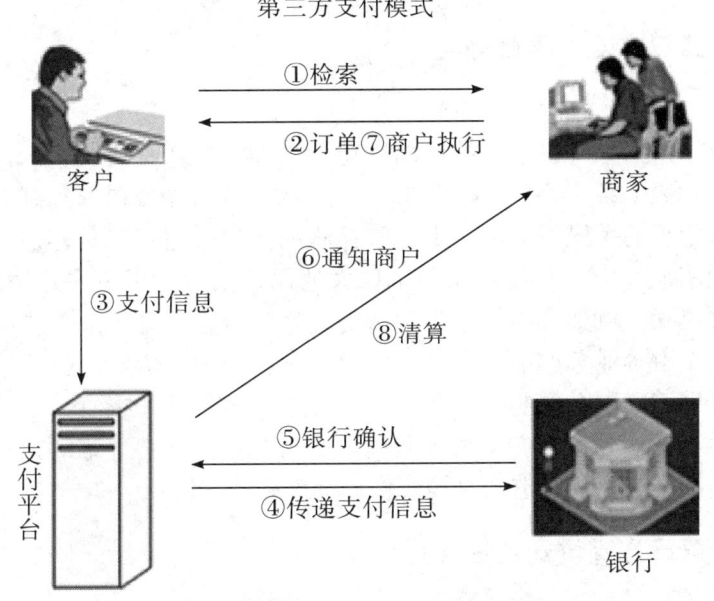

图9-3 第三方支付的支付托管模式流程

- 客户牛魔王在猪八戒的电子商务网站上选购商品,生成订单;
- 商家猪八戒确认订单;
- 牛魔王选择利用第三方作为交易中介,它同意资金转移到第三方支付账户中;
- 第三方支付平台要求银行付款;
- 银行确认付款,资金转移到第三方支付平台;
- 第三方支付平台将牛魔王已经付款的消息通知猪八戒,并要求猪八戒在规定时间内发货;
- 猪八戒收到通知后按照订单发货;
- 牛魔王收到货物并验货后通知第三方支付平台;第三方支付平台收到通知后或在规定的时间到了之后,将其账户上的货款划入猪八戒账户中,交易完成。

翠兰:我明白了,这种模式化解了买卖双方的交易疑虑,这点太重要了。有时我们难以收齐货款,主要就是彼此不信任的问题。卖的人担心收不到货款,买的人担心给了钱收不到货或者货不对板。第三方支付平台就解决了这个问题。买家的钱是给第三方支付平台,货物对了才把钱给卖方,而卖方只要守信经营,货款很快收齐了。

小能:是的,第三方支付的出现大大促进了电子商务的发展,现在支付宝是国内最大的也是最有影响力的第三方支付平台。

翠兰:我刚刚查过资料,2016年第一季度,中国第三方互联网支付交易规模已经达到40 584.3亿元,同比增速67.0%。

小能：的确，支付宝是第三方支付的典型代表。最初支付宝是淘宝网为解决网络交易信任问题而提出的一个支付托管解决方案，后来发展成能够为 C2C、B2C、B2B 等电子商务领域提供在线支付服务的平台。现在的支付宝通过跟国内外上百家银行以及 VISA、MasterCard 国际组织等机构建立了合作关系，可以为用户提供跨行账户之间进行的在线支付、转账、代缴费、移动支付、理财、透支消费等服务。

9.3.2.3　第三方支付平台种类

翠兰：除了支付宝，还有其他的第三方支付平台吗？

小能：有啊，第三方支付平台的产品种类不少，财付通、快钱、汇付天下等都是第三方支付平台的代表，各有特色。很多第三方支付平台的母公司都具有互联网公司的背景，他们比传统银行的手段更灵活，更注重互联网客户的用户体验，创新产品的周期更短。例如财付通依靠腾讯一开始就积累了庞大的用户群，所以更注重用户体验和要求。其他公司也发展迅猛，例如，快钱逐步加深与万达的合作，基于万达线下的场景开展互联网理财，消费金融等业务。中金支付（中国金融认证中心全资子公司）寄托强有力的公信力背景，开展互联网金融业务，市场占比已达 5.1%。汇付天下，易宝支付等继续深耕细作 P2P 资金托管。银联在线支付则利用银联自身系统优势，继续拓展银联云闪付的品牌的用户覆盖面，与手机制造商直接合作，推广移动支付。

9.3.2.4　第三方支付安全性问题

翠兰：那么第三方支付有什么不足吗？

小能：第三方支付平台产品都具有使用方便、界面友好、支付成本比较低、比较安全、能够比较好地保障付款人的利益等优点。但是第三方平台大多不是金融机构，大量资金存储在第三方账户内，存在寄存风险；另外，第三方支付是比较新的事务，法律约束和保障不足，一旦破产，消费者的利益难以得到保障；还有，第三方平台掌握了大量个人隐私，如果平台的信用度或安全性不足，可能会造成很大的损失。

翠兰：确实有不少朋友就有安全性的顾虑，认为第三方支付没有受到像银行业那么严密的法律和行业约束，没有像银行系统那样经历过足够长时间的安全保障验证，可能存在各种风险。所以宁可牺牲部分效率去保障安全性。

小能：效率和安全性是一对矛盾问题。理论上没有绝对的安全，所有的系统都是可以被攻破的，我们做的只能够是增加其攻克的成本和难度，让其无利可图、自动放弃。消费者需要根据自己的情况进行选择合适的支付方式。

9.4　移动支付

移动支付是目前发展最快的热门领域。

9.4.1 移动支付的定义

> 移动支付就是移动终端用户使用移动终端（比如手机、PDA、移动PC等），通过互联网或者近距离传感器向银行金融机构发送支付指令完成购物所需的货币支付与资金转移行为。（编者注：移动支付的支付流程如图9-4所示）

图9-4 移动支付的支付流程

9.4.2 移动支付的分类

移动支付的发展潜力巨大，所以移动支付产业链上银行、银联和第三方支付公司、移动运营商等都提出了自己的移动支付方案和产品。虽然移动支付的标准还没有订立，移动支付市场产品繁多，技术方案大相径庭，各有特点，但是我们还是可以把它们归到若干类别中。

按完成支付所依托的技术条件，移动支付产品可以分为近场支付和远程支付两类。近场支付是指手持通过具有NFC（Near Field Communication 近距离无线通信）技术的移动终端实现本地化通讯进行货币资金转移的支付方式。这种支付可以联网也可以不联网（如城市公交IC卡），只要是通过移动终端刷卡的方式在近距离与特定收单设备（如POS机）完成小额资金的交易就属于近场支付方式。远程支付是指通过移动网络发送支付指令或借助支付工具，和后台支付系统建立连接，实现各种转账、消费等支付功能。

按支付账户的性质，移动支付产品可以分为银行卡支付、第三方支付账户支付、通信代收费账户支付三种。银行卡支付就是直接采用银行的借记卡或贷记卡账户进行的一种支付服务。第三方账户支付是指利用第三方支付机构作为双方交易的支付结算服务的中间商，通过第三方支付平台实现交易和资金转移结算安排的一种支付服务。通信代收费账户是移动运营商为其用户提供的一种小额支付账户，移动运营商记录了用户通过互联网的消费情况，月底在用户的通信费账单中合单收取。

按用户账户的存放模式，移动支付产品可分为在线支付和离线支付两类。在线支付是指用户账户存放在支付提供商的支付平台上，用户消费时，直接在支付平台的用户账户中扣款。离线支付是用户账户存放在智能卡中，用户消费时，直接通过 POS 机在用户智能卡的账户中扣款。

按支付的结算模式，移动支付产品可以分为及时支付和担保支付两类。及时支付是指支付服务提供商将交易资金从买家的账户实时划拨到卖家账户。担保支付是指支付服务提供商先接收卖家的货款，但并不马上支付给卖家，而是通知卖家货款已冻结，卖家发货；买家收到货物并确认后，支付服务提供商将货款划拨到卖家账户。支付服务商不仅负责资本的划拨，同时还要为不信任的买卖双方提供信用担保。及时支付一般在货款同时交易的业务场景中和信誉度高的用户之间使用较多。担保支付在货款异步的场景和对对方信誉度不确定的情况下使用较广，支付宝就是一个担保支付的例子。

9.4.3 移动支付发展现状

移动支付是终端设备、互联网、应用提供商以及金融机构相融合的新技术，仅在中国就拥有超过 10 亿部手机、超过 20 亿张银联卡以及 1 000 万家以上的签约商家，而且数据显示越来越多的用户具有使用智能手机进行付款的倾向，移动支付成为大家关注的焦点。根据央行 2016 年 6 月发布的报告显示，2016 年第一季度，移动支付业务数量为 56.15 亿笔，金额已达到 52.13 万亿元，同比分别增长 308.08% 和 31.05%。移动支付的市场前景十分广阔，发展也十分迅速。

银行、银联和第三方支付公司、移动运营商全力争夺移动支付市场，各种移动支付产品不断推出，市场竞争激烈，他们使用的技术方案五花八门，令人眼花缭乱。根据艾瑞咨询数据显示，2016 年第一季度第三方移动支付交易规模市场份额中，支付宝占比 51.8%，财付通（微信关联）占比 38.3%。伴随移动支付战略和移动智能硬件布局的推进，拉卡拉移动支付交易规模继续发展；快钱钱包、京东钱包、百度钱包等也不断拓展线下消费场景；着力航旅业务的易宝支付也增长明显；中国电信的翼支付和背靠苏宁的易付宝理财业务伴随网贷行业的清洗，也获得了明显增长。

其中，支付宝钱包是支付宝专门为移动支付开发的子平台。支付宝钱包通过手机绑定一个支付宝账号并定制了手机支付服务，然后通过手机 SMS 短信向一个特定的 SP 短信特服号发送特定的手机动态指令来完成支付。

另一大腕，微信支付是由腾讯公司旗下的移动社交软件——微信和第三方支付平台——财付通联合推出的移动支付创新产品。用户只需在微信中关联一张银行卡，并完成身份认证，即可用一台装了微信 APP 的智能手机，用微信"扫一扫"扫描希望购买的商品或服务的二维码或直接点击微信官方认证公众号的购买链接，进入支付页面后通过在自己的智能手机上输入密码确认，即可完成支付。

过了一段时间，高翠兰尝试使用了支付宝钱包和微信支付，想到了新问题，过来找小能寻求帮助。

翠兰：支付宝钱包和微信支付我都用过，他们的用户界面友好、操作非常简单，支付速度也很快。但是我和朋友们担心移动支付的安全性问题。

小能：老妈您说到点子上了。支付宝钱包、微信支付等提供了简单、快捷的第三方支付账户远程支付方式，保存着电子支付所具备的快捷方便、支付途径丰富、支付成本低、能够提供交易担保等优点，但是移动支付涉及银行、第三方支付公司和电信运营商，任何一个环节出现问题都可能变成安全隐患，虽然支付宝通过手机宝令（即手机动态口令）、数字证书、支付盾等方法组合提供安全保障，但是在短时间内无法完全消除消费者对其安全性的担心。微信本身是一个社交工具，安全性离金融单位的要求比较远，许多人都出现过微信盗号的情况，所以人们对安全性问题的担心也是微信支付发展的障碍。

翠兰：按照这样的说法，那这个移动支付岂不是有缺陷？

小能：那就想办法补缺。为保护用户财产安全，微信支付与中国人保财险（PICC）合作，为用户推出全额赔付的保障。微信宣布，如果因为微信支付的责任，导致账户被盗被骗的，微信支付将在第一时间进行赔付；对于其他原因造成的被盗被骗，微信支付将配合警方，积极提供相关的证明和必要的技术支持，帮用户追讨损失。不过，移动支付技术和产品还有很多，由于移动支付标准还没具体出台，支付标准仍存变数，哪种技术最后会被大众广泛采用还是未知数。

9.5 支付工具

翠兰：网上支付和移动支付等的电子支付平台的指令发起方式虽然不同，但是里面一些支付工具的功能都是相同或接近的。

小能：是的，用户有在不同平台使用相同支付工具的需求。常用的支付工具可以分为以下三大类：一是电子货币类，如电子现金、电子钱包等；二是电子信用卡类；三是电子支票类，如电子支票、电子商业汇票等。这些方式各有特点和运作模式，适用于不同的交易过程。老妈，我给您查到以下这些资料。

9.5.1 电子货币类

9.5.1.1 电子现金（E-Cash）

一、定义

> 电子现金（E-Cash）是一种以数据形式流通的货币。它实际上是一种用电子形式模拟现金的技术。它把现金数值转换成为一系列的加密序列数后，用序列数来表示现实中各种金额的币值。

电子现金系统的设立目的是希望复制现金的特性：方便、费用低（或者没有交易费用)、不记名等性质。但不是所有的电子现金系统都满足这些特点。现有电子现金系统的共性是可以快捷方便地进行小额在线交易。

二、支付流程

如图9-5所示，电子现金的支付过程如下：

■客户在提供E-Cash业务的银行开户，并安装E-Cash软件；

■银行经过审核，确认客户账号；

■客户用预先存入的现金来购买电子现金；

■客户获取这些银行发行的、可在商业领域中流通的电子现金后，将它分成若干成包的"现金"，使用电子现金终端软件从银行取出一定数量的电子现金存在硬盘上，通常每份少于100美元；

■客户与能够接收电子现金的商家洽谈，签订货合同，使用电子现金支付所购商品的费用；

■能够接收电子现金的商家使用E-Cash软件与电子现金发放银行之间进行清算；

■E-Cash银行核对电子现金的信息；

■E-Cash银行将客户购买商品的钱支付给商家；

■商家发确认交易信息，并且发货给客户。

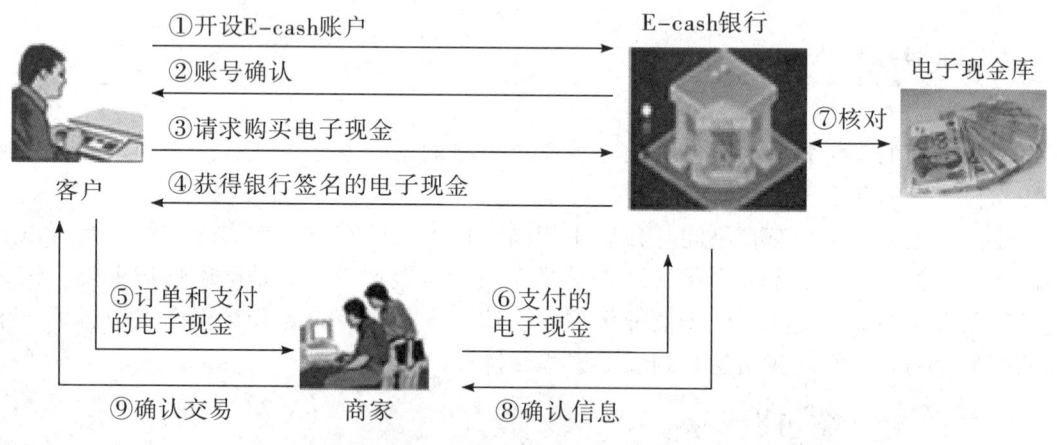

图9-5 电子现金的支付过程

由上可见，电子现金的用户、商家和E-Cash银行都需使用E-Cash软件；E-Cash银行负责利用数字签名技术进行身份验证和电子货币有效性验证；商家和用户也需要签订协议并进行授权；对于电子现金的持有者来说，万一丢失了加密序列数，将无法报失。总体而言，为了达到像现金一样匿名进行存、取、转让，电子现金对于硬件和软件的技术和安全性要求都比较高，另外还需要一个大型的数据库存储用户完成的交易和E-Cash序列号以防止重复消费。

翠兰看到这里联想到自身：我周围的朋友很少使用电子现金。

小能点头：是的，高成本和消费者对伪造电子现金的担心阻碍了电子现金的发展。现在提供电子现金服务的银行和使用电子现金的商家数量都不太多，但是电子现金的使用仍呈现增长势头。基于电子现金能够达到用户进行网络支付时，无法跟踪、隐私不会泄露的目的，随着更可行的电子现金解决方案的出台，电子现金将会成为未来网络交易常用的交易手段之一。

9.5.1.2 电子钱包（Electronic Wallet）

一、定义

> 电子钱包是电子商务活动中常用的一种支付工具，适用于小额购物。电子钱包有两类：一种是小额支付的智能储值卡，持卡人预先在卡中存入一定的金额，交易时直接从卡账户里面扣除交易金额。另一种是以软件形式存在的虚拟钱包，主要用于网上消费和移动支付，这类软件通常与银行账户或银行卡账户连接在一起。

实物形态的电子钱包服务应用比较广泛。实物形态的电子钱包服务系统有 VISA cash、Mondex、Proton 等，国内类似羊城通之类的公交卡和各个商场、超市发行的"购物卡"均属于卡类的电子钱包。

二、实物形态的电子钱包支付流程

以 Mondex 卡为例，实物形态的电子钱包的支付流程如下：

- 用户向发卡行申请 Mondex 卡；
- 用户给 Mondex 卡充值；
- 用户把接触式的 Mondex 卡插入专用读卡终端中，或者是把非接触式的 Mondex 卡放入专用读卡终端的读写范围内，本次消费信息就可输入终端机；
- 终端机与 Mondex 卡通过数字签名互相验证身份；
- 终端机从 Mondex 卡中扣款。

翠兰：小能，我想问，卡类的电子钱包，比如公交卡、购物卡、加油卡什么的，是日常生活常用的工具，对吧？那我的一个北京客户新近使用的中国移动开发的手机钱包业务也属于实物形态的电子钱包吗？

小能：这个当然属于实物形态的电子钱包服务。中国移动开发的小额电子钱包业务——手机钱包业务，是实物形态的电子钱包服务在移动支付领域的产品。它将客户的手机号码与银联卡进行绑定，并且更换了一张支持 RFID 功能的专用 SIM 卡后，即可利用具备 NFC（Near Field Communication 近距离无线通讯技术）功能的手机在中国移动合作的商户进行非接触式的 POS 机刷卡消费。

三、软件类电子钱包

翠兰：有实物电子钱包，那是不是还有非实物的电子钱包？

小能：是的，大家现在应用得更多的是软件类的电子钱包。

软件类的电子钱包一般不采用卡类那种近场或插入支付模式，而是采用与银行账户绑定，消费时直接从银行账户里面扣款的远程支付模式。按照软件类电子钱包的软件安装位置进行分类，可以分成服务器端电子钱包和客户端电子钱包两类。服务器端电子钱包不需要安装客户端软件，客户端电子钱包需要安装客户端软件。

国外主要的电子钱包软件系统有微软公司的电子钱包 MS Wallet、苹果公司的 Apple Pay 等，国内多家银行也推出了自己的电子钱包软件比如中银电子钱包。以 Apple Pay 为例，用户把需要添加的信用卡、储蓄卡等具备支付功能的主题，以虚拟卡片的形式进驻 Apple Pay，支付的时候调用虚拟卡片，手指一摸就完成支付。

9.5.2 电子信用卡类

> 电子信用卡一般通过网络进行支付，并利用安全电子交易协议 SET 保证电子信用卡卡号和密码的安全传输，在信用卡进行支付的过程中，会进行客户、商家以及信用卡发放机构的身份和信息认证，防止抵赖行为的发生。

虚拟信用卡，一种被称为虚拟 VISA 信用卡，是针对没有国际信用卡或者因担心信用卡付款安全的用户需要国外网上购物、激活各类网上账号、充值等情况推出的预存款 VISA 虚拟国际信用卡。

它实际上是包含信用卡必备的 16 位卡号、有效日期和 3 位 CSC/CVV2 码、姓名、电话、地址等个人信息的一个虚拟账号。客户向美国银行、花旗银行申请办理此虚拟信用卡，只需十几分钟即可拿到"卡"。这是一个预存款 VISA 国际信用卡，不可透支，客户需预充值才能消费。虚拟信用卡可申请为一次性账号，适用于人们在网络上的一次购物或交易行为，也有持久性账号。由于交易看不到真正的账号，所以可以有效地避免信息泄漏的情况。但是，由于它是虚拟卡，无法提供信用卡扫描件以及签署信用卡安全协议，部分商家并不接受虚拟信用卡。

翠兰：我明白了，这种虚拟信用卡主要用于两种场景，一种是需要保密自己的个人信息的交易场景，另外一种是没有国际信用卡，却存在需要国际信用卡才可以进行的购物、充值、激活账号等需求的场景。

小能：还有一种"虚拟信用卡"模式出现在第三方支付平台，比如阿里巴巴 2013 年推出的一款"信用支付"产品。阿里金融根据用户交易数据进行最低为 200 元，最高可达 5 000 元的授信。信用额度可用于在淘宝网上的购物支付。

9.5.3 电子支票类（Electronic Check，E-check 或 E-cheque）

9.5.3.1 电子支票

一、定义

> 电子支票是纸质支票的电子替代物，是利用数字传递方式将资金从一个账户转移到另一个账户的大额资金电子付款形式。电子支票通常是一个携带数字签名的电子报文。报文包含了支票上必需的收款人姓名、账号、金额和日期等信息，还包含了公开密钥加密签名或个人身份证号码（PIN）代替手写签名。

二、支付流程

电子支票的支付流程如图 9-6 所示：
- 消费者向银行申请电子支票；
- 银行审批通过，消费者获取电子支票；
- 消费者通过 Internet 向商家发订单和电子支票，同时向银行发出付款通知单；
- 商家向银行提交消费者提供的电子支票的审核；
- 银行通过审核，验证无误后，向商家发确认信息并向商家兑付或转账；
- 商家把验证通过的信息告诉消费者并安排发货。

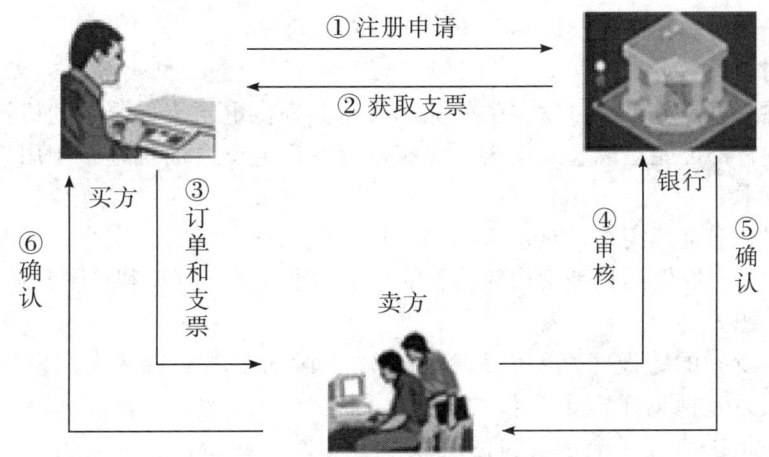

图 9-6　电子支票的支付流程

小能最后总结道：电子支票采用与传统支票接近的交易方式，所以更容易被理解和推广使用。电子支票采用的数字签名和身份认证技术方便各方验证支票的真实性。用电子支票支付，费用较低，而且银行也能为参与电子商务的商户提供标准化的资金信息，应该是最有效率的支付手段。尽管电子支票可以大大节省处理的费用，但是，对于在线支票的兑现，人们仍持谨慎的态度，电子支票的广泛普及还需要一个过程。

9.5.3.2　电子商业汇票

电子商业汇票是纸质商业汇票的电子化产品，是出票人依托电子商业汇票系统，以数据电文形式制作的，委托付款人在指定日期无条件支付确定的金额给收款人或者持票人的票据。电子商业汇票的付款人为承兑人。

中国人民银行规定电子商业汇票必须在人民银行批准建立的电子商业汇票系统中签发并流转。即电子商业汇票的出票、承兑、背书、保证、提示付款和追索等业务，必须通过电子商业汇票系统办理。

与纸质商业汇票相比，电子商业汇票通过采用电子签名和可靠的安全认证机制，保证其唯一性、完整性和不可抵赖性，也降低了票据被克隆、变造、伪造以及丢失、损毁等各种风险。电子商业汇票出票、保证、承兑、交付、背书、质押、贴现、转贴现、再贴现等一切票据行为均在国内唯一的电子商业汇票系统上进行，从而提升了票据流转效率，降低了人力及财务成本，有效提升金融和商务效率。现在电子银行承兑汇票最长票期从6个月延长至1年，最大票额从1亿元放大至10亿元，达到增强了企业的短期融资能力的效果，有助于企业降低财务费用。

9.6 电子支付存在的问题

电子支付是指进行电子交易的当事人，包括消费者、商家和金融机构，使用安全电子支付手段，通过互联网进行的货币支付或资金流转。电子支付伴随着电子商务的发展而壮大，同时，快捷安全的电子支付也成为了电子商务的推动者。

但是电子支付的发展还不成熟，还存在着许多问题。

■安全问题

安全问题一直是电子支付发展中的关键难题。提供电子支付服务的机构众多，任何一环出现问题，都可能造成重大损失。专家一直在研究安全而且不影响用户消费体验和效率的安全技术。

但是效率和安全其实是一对矛盾问题。理论上不存在绝对的安全，所有的系统都是可以被攻破的，人们做的只是增加其攻破的成本和难度，让其无利可图，从而放弃。

■法律问题

随着电子支付的跨地区发展以及新的技术手段的不断出现，人们发现涉及电子支付的法律建设远远落后于电子支付的发展，同时刑侦技术的手段和管理模式也不适应电子支付的发展。为促进电子支付的健康发展和减少纠纷，必须大力进行涉及电子支付的法律研究，在法律上理清各种电子方式的定义和性质，明确各类当事人的责任和权利，给出各种违法情况的惩处意见。并且通过新的刑侦技术保护电子支付中合法当事人的利益。

■货币兑换问题

基于不同货币的汇率是不断变化的，为促进跨国电子商务的发展，需要解决货币兑换的问题。建立一个方便、价格合理、有公信力的全球货币自动兑换模式或机构，可以大大促进全球贸易的发展。

■各方利益分配问题

提供电子支付服务的机构很多，比如银行等金融机构、电信服务商、第三方机构、ISP（互联网服务提供商）、认证中心等。协调好各方的关系，进行合理的利益分配，才能够让电子支付健康发展。

9.7 互联网金融

有了针对性的营销措施，有了先进的网上支付手段，高翠兰的网店、猪八戒的服装厂的电子商务业务蒸蒸日上。小能先是沉迷网游后来又幡然觉悟，在互联网创业成功的故事慢慢流传开来，不止得到众多神仙的称赞，也吸引了追求自我、渴望成功的年轻一代，很多人成为小能的粉丝，留意小能的着装，想买与小能一模一样的衣服。小能趁热打铁，创设了"真我"服装品牌，引导粉丝消费。夫妻二人看着小能通过电子商务既帮助了家族企业转型，也实现了自我创业，老怀安慰，放手让小能自己去闯。为了让小能更能体会创业的艰辛，他们并没有给小能很多的创业基金，只是随时关注小能如何应对创业遇到的问题。这天，小能接到粉丝的一笔青少年团体服装的购置，要购买价值5万元的团体服装。这是小能第一笔大额的订单，小能不敢怠慢，一边跟老爸交代要加速生产，一边准备把仓库里部分已经做好的服装调运过来先行发货。

猪八戒接到通知，故意给小能出个难题：小能，这是你自己品牌的第一笔大订单。我给你的基金只够买仓库里部分货源，剩下的货款你准备怎么给我？

小能：老爸，我已经想好了，现在TB网推出互联网金融创新业务，我只要凭借"卖家已发货"但未收款的订单为抵押，就可以向TB网提出小额贷款，TB会参照相关数据模型以及其他参数，给予我小额贷款。

八戒一下来了兴趣：咦，第三方支付平台可以小额贷款？你详细说说。

小能详细解释道：按照TB网目前的交易方式，双方需要通过TB网旗下的第三方支付平台进行交易。一般是买家下订单，并通过第三方支付平台打款，卖家发货，再由买家确认货物品质，最后使用第三方支付平台付款。也就是说，卖家在发出货物后需要经过"买家确认"才能收到相应款项，这其中存在一个周期。对于一些急需现金周转的卖家，这个周期可能会造成他们货物流转的困难。为解决卖家的困境，TB网推出的小额贷款服务，其主要模式为订单贷款。只要卖家当前有"卖家已发货"的订单，就可以申请订单贷款。经过审批，信誉良好的卖家可以即时拿回这笔在途资金，而不用经过买家确认货物后再付款的等待期。当然，卖家在享受这样的贷款服务时，还需支付一定的利息。而违约的卖家（含个人和单位）会进入行业黑名单，并且被TB网全网封杀，无法再继续进行营运。

翠兰点头：对于卖家，流动资金周转速度越快越好。而TB网现有的交易方式延长了资金的流转周期。如果一个时间段内卖家获得的网络订单很多，卖家就可能存在资金压力。这个新模式给卖家一个快速获得资金的方法。真心不错！

八戒：这个模式能够给有资金和成本短板的卖家一条出路。恩，它有什么风险吗？

小能：有的。首先这个模式有一个法律和监管的风险。TB网不是银行，这种模式更接近于民间借贷中的小额贷款。基于规范民间借贷行为的法律没有出台，这部分没有法律和行业进行监管。万一出现资金链断裂，或者贷款人毁约等问题，相关行为人受到的法律保护不足，所以风险防范很重要。其次，新模式还没有成熟，一些问题还没有成熟的应对和解决方案。比如一些买家提出，新模式下买家也应该延长试用时间；又或者有卖家提出应考虑到在买家退换货的情况下，该如何保障卖家的权益问题。

八戒沉思了一会：拿卖家的钱借卖家，还能收利息！TB网不仅仅是商家和买家的中介平台，我看它连银行的工作都做了。

小能笑了：老爸说到点子上了。这就是互联网金融的其中一种模式。

9.7.1 互联网金融定义

> 互联网金融是具备"开放、平等、协作、分享"等互联网精神的金融参与者,使用云计算、大数据、电商平台搜索引擎和移动互联网等互联网工具实现资金融通。

与传统金融业务相比,互联网金融透明度更强、参与度更高、协作性更好、中间成本更低、操作上更便捷。它可以为电子商务生态圈的用户提供资金流转、资金供需匹配等方面的金融服务。(编者注:常见的互联网金融业务如图9-7所示)

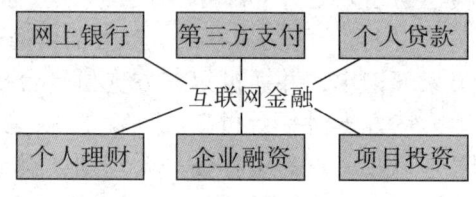

图9-7 常见的互联网金融业务

9.7.2 互联网金融的优缺点

翠兰:互联网金融野心真大,它想把传统金融的活全部都揽了。那它有什么优势,又有什么短板?

小能:互联网金融是当前热点,大家对它进行了热烈的讨论。归纳起来,它有如下优点。

互联网金融利用电子商务生态圈里面积累的、完整的和形成闭环的大数据、云计算等先进的互联网技术让用户可以用更低的代价获取各种资金信息。互联网金融模式把风险定价、期限匹配等复杂交易都大大简化,降低了对市场参与者专业性的门槛,让企业家、普通百姓也有机会通过互联网进行包括理财、缴费、证券交易、贷款、融资、项目投资等各种金融活动,从而提高资源配置效益。

翠兰:那又有什么不足呢?

小能:互联网金融有如下不足。

■互联网金融的安全性和风险防范能力还需要时间来验证,才能获得客户的信任。

■相关的法律和监管还没有跟上。互联网金融是新事物,很多方面处于法律和监管的空白地带。

小能:传统金融业作为资金流转中的老牌中介,多年来利用市场信息不对称性、比较好的安全性和风险防范能力成为市场交易主导。互联网金融则凭借其技术、数据和操作简单的优势吸引客户。大家欢迎互联网金融,但是互联网金融需要时间证明它实现信用风险的量化和可控,也需要时间来获取足够的法律和监管支撑。互联网金融要走的路还很长。

章节要点小结（请同学们在本章节中查找知识要点的对应页码，以便复习）

知识要点	章节页码
1. 电子支付的定义	
2. 电子支付的五大类型（网上支付、电话支付、移动支付、销售点终端交易、自动柜员机交易）的概念	
3. 电子支付工具类型	
4. 电子支付的存在问题	
5. 互联网金融的概念和优缺点	

延展学习活动： 请同学们结合自己的网上支付体验说说支付宝、微信红包等第三方网上支付的申请流程、支付过程和应用的优缺点。

第 10 章
物流配送

10.1 物流基本概念

高翠兰这两天的心情有点焦虑，因为团购的苹果距离下单时间接近一周了，却还没有踪影，好不容易等到了，拆开一看，卖家包装不够给力，苹果压坏了接近一半！面对满身伤痕的苹果，唯有上网搜寻菜式把它们给处理掉。但是坏果子数量实在是太多，让老公和儿子都鄙视了。

小能：老妈，你怎么就上网买苹果了？质量没保证啊！

翠兰：我是看去年你孙师伯送过来的水果包装都没有问题，就以为网购水果的包装也有保证嘛！

八戒：老婆，那没得比！师兄那个是高档货，包装肯定靠谱，都运到天庭呢！

翠兰：哎，你说这家卖水果的包装和配送怎么就这么差呢？

这个问题大家一时半刻也说不上答案，不过高翠兰也没有指望两父子给答复，继续往厨房去做苹果汤了。

晚上猪八戒正在网上看环球风景的视频节目，手机突然响起来，仔细一看，原来是沙师弟的电话，他赶忙接听。一番对话下来，才晓得原来大师兄孙悟空下山游玩了。沙僧打电话过来就是为了告知猪八戒一声：他和大师兄周末会一起过来高老庄探望猪八戒一家。

周末那天，猪八戒兴冲冲地开着小汽车到高铁站把两位好友接了过来，一起去新开的火锅店吃饭。饭桌上，谈及各自的生意情况。

八戒：猴哥，你那花果山的水果生产基地要扩充吗？

悟空：嗯，最近正在琢磨这件事。之前只想着多余的果子留给山上的猴子们当食粮，但是现在果树越来越多，这仓库都放不下了。而且，俺老孙的生意只往上（天庭）送的话，客源太单一，不安全。所以，俺决定开发新的市场，果子卖出去多赚点钱更实在。

八戒：那名字还是用"仙果汇"？还是说另起名字？

悟空嗤笑：八戒你有所不知，这肯定是要另起名字的，若让天庭那些冥顽不顾的知道自己吃的竟然跟普通人家吃的是同一种水果，肯定觉得自己掉价了。名字我已经想好了，就叫"花果山"。

八戒：哦！猴哥说得有道理，这不同消费水平的人肯定是买不一样的产品。

悟空：你也知道，这果树上长的果子肯定有差别。俺果山有那么多品种，把那些果子按个头大小，酸甜度等等排个序，就可以分类销售了。反正送上去的，肯定是精挑细选，要不然他们也舍不得掏那么多的钱。

八戒：不过之前送上天庭的都是你亲力亲为，可这里这么大，总不可能你自己折腾吧？

悟空：八戒你越来越聪明了。俺确实没准备自己送，这次跟沙师弟一道而来，就是跟他说说合作的事情。

八戒：哦？猴哥是准备让师弟的公司帮你送货？

悟空：正有此意。沙师弟的物流公司虽然在刚开始那会儿是跟着黄河走船运，不过现在已经囊括海陆空运输了。让他来送，我在运输上也节省不少成本。

沙僧：大师兄谬赞了。难得大师兄念着我这师弟，这次配送的事情定当尽力。

悟空：沙师弟你何必这么谦虚。谁不知道你的流沙河货运公司现在已经发展成为远近闻名的物流大企业。这次跟你们见面，俺是打算邀请你们一起去花果山看看，一方面是让你们欣赏一下山清水秀的好风景，另一方面就是想麻烦两位师弟就新市场的开发事情提建议。毕竟俺之前一直都只是跟天庭打交道做生意，这的情况还真是不太熟悉，尤其是运输这一版块。

经过一轮商议，众人决定在高家庄住一夜，第二天一行五人就踏上了花果山的春游之旅。

10.1.1 物流定义

辗转两回交通工具，五人终于来到了花果山。一抬眼，延绵不断的大山上尽是郁郁葱葱的果树，火红金黄的硕果挂满枝条，走近一看，鲜红欲滴的樱桃（5—6月），金黄饱满的雪梨（8—9月），紫里透红的桑果（5—6月）还有浅红青绿的苹果（7—10月），着实让人口水直流。小能在师伯的默许之下，边走边吃，不亦乐乎。走走停停接近1个小时，终于听到了哗啦的流水声，原来是水帘洞到了！一道飞瀑垂直而下，砸在突出的岩石上，珠玑四溅，形成一大片清透的薄纱，阳光下闪耀着万缕光华。入洞内，只见正当中一石碣上用楷书镌着"花果山福地，水帘洞洞天"。各人安顿下来，歇息一下，到了晚餐时间便入座正席。席上，就孙悟空提到的新市场开发这一问题，大家开始了热议。

悟空：其实就市场开发这一版块，俺还是有心得的。不过现在最头疼的就是怎么送货，这么大范围，怎样可以做到及时稳妥地送货，这着实是个难题。

小能：师伯，这个确实很重要，我妈最近买的水果就出问题了。等了接近一个星期才到货不说，还因为包装不好让果子被砸伤了一半。

翠兰：我还想着去网站投诉，结果那店家的评价区已经骂声一片，估计他以后的生意难做了。口碑都没了。

沙僧：这些问题的解决关键是物流要安排合理。

小能：沙师叔，您说的物流具体是指哪些工作？

沙僧：小能，所谓的物流，是指将物品从供应地向接收地的实体流动过程，根据实际需要，将运输、仓储、装卸、加工、整理、配送等有机结合，以合理的价格为用户提供一体化的综合服务。

小能：那平时我们说的配送呢？

沙僧：配送其实是"配"与"送"两个动作。"配"是指在送货之前按照顾客的要求进行合理的组织和计划，然后再进行低成本、高速度的"送"。这配送其实就是物流的其中一个环节。

10.1.2 物流的种类

沙僧：按照不同的标准，物流还可以分成不同的种类。你可以去看看我的博客，我曾经写了一份关于物流的基本介绍。你去看看吧。

小能听罢，与其他三位长辈打过招呼后，跑进了房间积极地捧起了平板电脑查看有关物流的分类、社会物流与企业物流等具体内容的网页。（编者注：物流的分类如表10－1所示，社会物流与企业物流的具体内容如图10－1所示）

表10－1　物流的分类

分类标准	种类
按照宏观/微观范畴的区别	社会物流、企业物流
按照作用领域的区别	生产领域的物流、流通领域的物流
按照发展的历史进程的区别	传统物流、综合物流、现代物流
按照提供服务的主体的区别	代理物流（第三方物流）、企业自建物流
按照物流的流向的区别	流入物流（企业供应物流）、内部物流（企业生产物流）、流出物流（企业销售物流）、逆向物流（企业废弃物物流及回收物流）

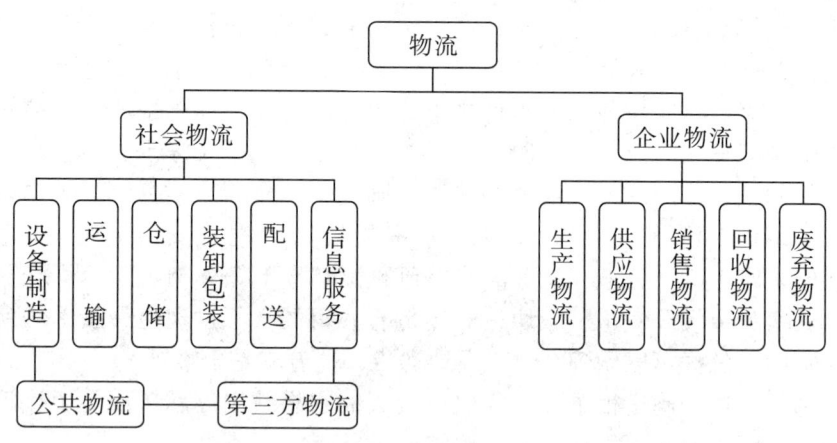

图10－1　社会物流与企业物流的具体内容（资料来源：新浪科技）

按照载体的不同，物流运输的方法主要分成以下4种（编者注：依据运输方法细分的物流方法如表10－2所示）

表 10-2 依据运输方法细分的物流方法（资料来源：百度百科）

运输方法	细分	适用范围
水上运输	内河运输	可作为内江河湖之间及毗邻国家之间的货物运送和旅客接送。工业上主要作为大型、笨重和大宗长途货物的运输。美国国内的水运网络贯通全国，是重要的运输途径
	海洋运输	各国对外贸易的主要运输方式。海运模式为"港口—航线—港口"。衍生的海上集装箱运输是国际贸易货运最重要的运输方式
陆上运输	公路运输	主要以汽车作为工具，实现短途的客运与货运。它既是独立的运输体系，也是车站、港口和机场物资集散的重要手段。在地势险要、偏僻的地方作为主要运输工具。但是运量小，成本相对水运或铁路运输高
	铁路运输	货运的种类包括整车（运输大宗货物）、零担（小批量的零星货物）、集装箱（精密、贵重、易损的货物），也可客运
航空运输	国内空运	通过国内航班进行货物及人员运输。货物方面主要适用于鲜活货物，贵重物品，精密仪器或时间要求高的货物。速度比水运、陆运快，成本较高
	国际空运	通过国际航班进行跨国货物及人员运输。货物方面主要适用于鲜活货物，贵重物品，精密仪器或时间要求高的货物。速度比水运、陆运快，成本较高。狭义上与国际快递有区别
管道运输		主要作为长距离输送液体和气体物质的输送方式。现代管道除了运输石油、天然气外，还可以运输矿石、煤炭、化学品和粮食等

10.1.3 电子商务物流相关概念及特点

房间里，小能在看资料；房间外，四个大人就孙悟空提出的问题各抒己见。

悟空计划利用互联网广阔的覆盖面，在 TB 商城开设网店进行产品销售。但是这配送问题着实需要解决。于是，沙僧决定就这网络配送所指向的电子商务物流领域的有关概念给悟空和八戒好好解说一番。

10.1.3.1 电子商务物流定义

> 电子商务物流又称网上物流，就是基于互联网技术，旨在推动物流行业创新性发展的新商业模式。具体可体现为：通过网络物流公司与货主客户之间更亲密接触，更快捷更精准地为顾客提供全国乃至全世界的物流服务；网络当中成立的物流交易市场，也方便了物流供需双方找到彼此，建立良好的合作关系，同创更大利益。

10.1.3.2 电子商务物流特点

电子商务物流与传统物流相比，在信息化、自动化、网络化、智能化和柔性化等方面更为突出。另外，物流设施、商品包装的标准化，物流的社会化、共同化也是它的显著特点。

■ 信息化

物流信息化表现为物流信息的商品化、物流信息收集的数据库化和代码化、物流信息处理的电子化和计算机化、物流信息传递的标准化和实时化、物流信息存储的数字化等。条码技术（Barcode）、数据库技术（Database）、电子订货系统（Electronic Ordering System，EOS）、电子数据交换（Electronic Data Interchange，EDI）、快速反应（Quick Response，QR）及有效的客户反映（Effective Customer Response，ECR）、企业资源计划（Enterprise Resource Planning，ERP）等技术与观念都是物流业的热点技术。

■ 自动化

自动化依赖于信息化的存在。自动化的核心是机电一体化，外在表现是无人化，效果是省力化。具体实施可见众多物流自动化的设施，例如条码/语音/射频自动识别系统、自动分拣系统、自动存取系统、自动导向车、货物自动跟踪系统等。自动化的实施有助于扩大物流作业能力，提高生产率和工作准确率。

■ 网络化

信息化让网络化成为可能。网络化有以下两层含义。一是物流配送系统的计算机通信网络化，物流配送中心借助增值网（Value Added Network，VAN）上的电子订货系统（EOS）和电子数据交换技术（EDI）向上游供应商提出订单；同时，物流配送中心通过计算机网络收集下游客户订货单。二是组织的网络化，即所谓的企业内部网（Intranet）。比如，台湾地区的电脑业在20世纪90年代创造出了"全球运筹式产销模式"，这种模式的基本点是按照客户订单组织生产，生产采取分散形式，即将全世界的电脑资源都利用起来，采取外包的形式将一台电脑的所有零部件、元器件、芯片外包给世界各地的制造商去生产，然后通过全球的物流网络将这些零部件、元器件和芯片发往同一个物流配送中心进行组装，再由该物流配送中心把组装好的电脑迅速发给订户。

■ 智能化

这是物流自动化、信息化的一种高层次应用。专家系统、机器人等技术的发展让物流作业过程中需要解决的运筹和决策问题，如库存水平的确定、运输（搬运）路径的选择、自动导向车的运行轨迹和作业控制、自动分拣机的运行、物流配送中心经营管理等在物流自动化的进程中有了及时解决的可能性。

■ 柔性化

柔性化意指根据消费者需求的变化来灵活调节生产工艺，这种"以顾客为中心"的生产理念的实施需要配套的柔性化物流系统。20世纪90年代，国际生产领域逐步推出了弹性制造系统（Flexible Manufacturing System，FMS）、计算机集成制造系统（Computer Integrated Manufacturing System，CIMS）、制造资源系统（Manufacturing Requirement Planning，MRP）、企业资源计划（ERP）以及供应链管理的概念和技术。这些概念和技术的实质是要将生产、流通进行集成，根据需求端的需求组织生产，安排物流活动。伴随技术的发展，物流配送中心根据消费需求的"多品种、小批量、多批次、短周期"特色，灵活组织和实施物流作业也成为了可能。

■标准化

标准化是指在运输、配送、包装、装卸、保管、流通加工、资源回收和信息管理等环节中，对重复性事情和概念，通过制定、发布和实施各类统一标准，以获得实施的最佳效益。标准的简单化、统一化、系列化、通用化、组合化、国际化都是制定过程中的要求。

■社会化

社会化是指企业把物流部分工序通过合约的方式外部化，将分销、生产、供应等过程中需要的运输、装卸、保管等职能交给专业公司完成，从而形成企业之间的紧密联系，并获得物流增值的过程。

■共同化

共同化是指企业联合组建物流体系，处理企业运营中相关物流作业，以解决单一企业对物流系统投资的不经济性和低效性。共同化在形式上包括配送共同化、物流资源利用共同化、物流设施与设备利用共同化以及物流管理共同化等。

（资料来源：MBA 智库百科、百度百科）

10.1.3.3　电子商务物流系统概念

大厅里，大家正消化着沙僧刚才介绍的知识，突然耳边响起了一个声音。

小能：沙师叔，我刚看了物流的分类和运输方法，那这些东西该怎样配合起来？

沙僧：小能，你阅读速度蛮快的！其实，一个电子商务物流系统包括几个版块，有配送、信息、仓储等，是一个较大规模的系统。而你刚才看的内容只是部分版块内容，并不是全部。

> 电子商务物流系统主要包括以下六大版块：物流配送中心、物流信息网络、物流运输网络、物流仓储、客户服务系统和物流管理系统。但是物流系统版块数量的多少，以及每一版块里面功能的设置会因应于不同物流需求而产生变化。这个线下的鸡蛋配送中心系统的管理图，可以作为一个参考，其中整个物流中心包括四大版块：库存、仓储、配送和账务。（编者注：以鸡蛋物流为例的物流中心指标体系如图 10-2 所示）

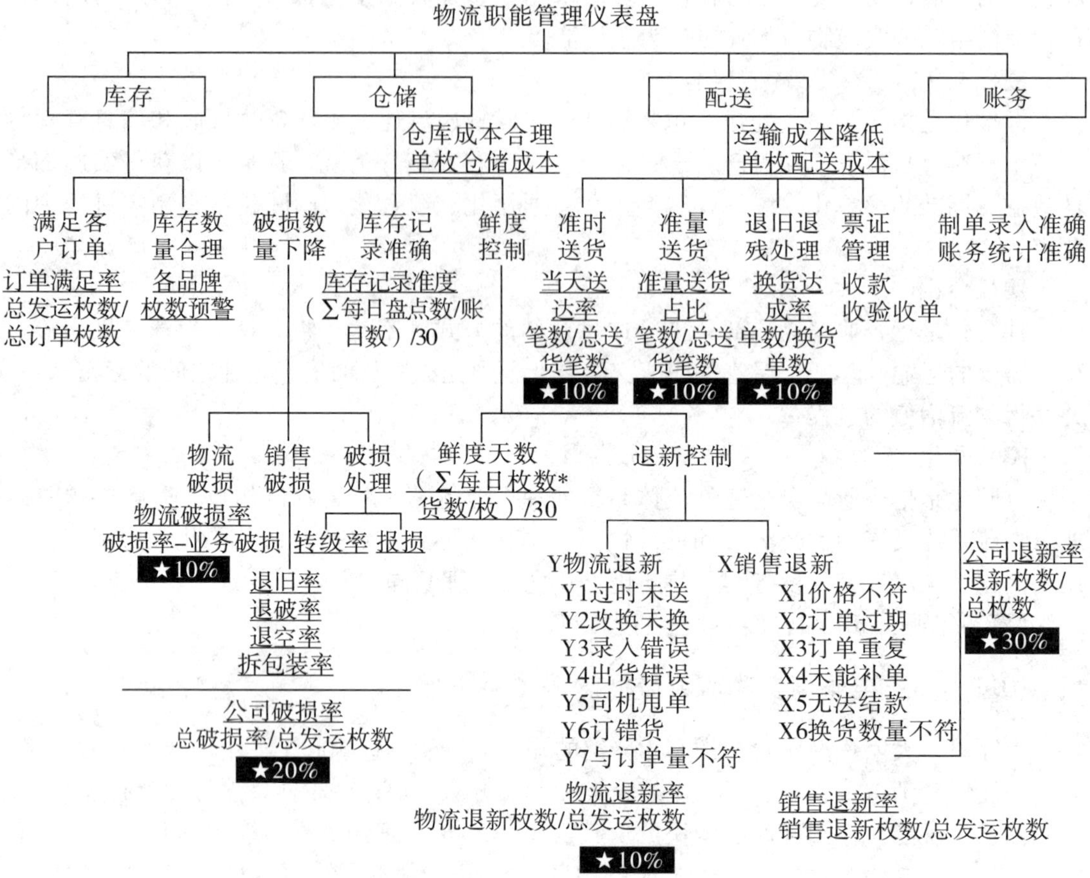

图 10-2 以鸡蛋物流为例的物流中心指标体系（资料来源：新浪微博 ID 数据化管理）

10.1.3.4 电子商务物流模式

旁边的孙悟空在听完沙僧刚才的介绍以后，提出了一个疑问：他这新市场的物流配送究竟要怎样实现。

沙僧：大师兄，这个问题的具体答案依赖于你决定使用何种物流模式。

在中国，现有的电子商务物流模式大致有四种：企业直营物流模式、第三方物流模式、物流一体化模式、物流联盟模式。

■企业直营物流模式

指企业自身经营物流业务，组织子公司完成企业的物流配送业务。京东现今的物流体系便是如此发展方向。不过现在电商行业里面，所谓的"直营"只是仓储（自建或租赁）+订单处理+宅配（末端配送及增值服务），并非完整的一个物流系统构建。

■第三方物流模式

指企业为集中精力搞好主业，把原来属于自己处理的物流活动，以合同方式委托给专业物流服务企业，同时通过信息系统与物流企业保持密切联系，以达到对物流全程管理的一种物流运作与管理方式。当当网使用的便是这种物流模式。

■物流一体化模式

指以物流系统为核心的由生产企业经由物流企业、销售企业直至消费者的供应链整体化和系统化。海尔集团采用一流三网同步模式：一流是指用户的订单信息流，三网为全球用户资源网、全球采购网络和计算机网络。JIT（Just In Time）信息流来自全球的用户订单，物流的快速反应通过采购 JIT、原材料配送 JIT、成品配送 JIT 系统提供支持。

■物流联盟模式

指两个或两个以上的经济组织为实现特定的物流目标而采取的长期联合与合作，其目的是实现联盟参与方的"共赢"。物流联盟具有相互依赖、核心专业化及强调合作的特点，是一种介于自营和外包之间的物流模式。马云在 2013 年 5 月 28 日宣布成立的"菜鸟网络科技有限公司"就是一个物流联盟。（资料来源：百度知道）

听完这个物流模式介绍，孙悟空感觉有点迷惘：究竟自己应该选择哪一种物流模式呢？他的疑问自然地冲口而出。

沙僧：大师兄，一般地，首要考虑的问题是要不要自建物流。我这里有个分析方法叫做物流模式决策程序，你可以参考一下。考虑的因素大致有几点：首先，物流对企业的影响度和企业对物流的管理能力；其次，企业对物流控制力的要求；还有企业货物的物流特点，企业的实力，物流系统开发和维持的成本等。（编者注：物流模式决策程序如图 10 - 3 所示）

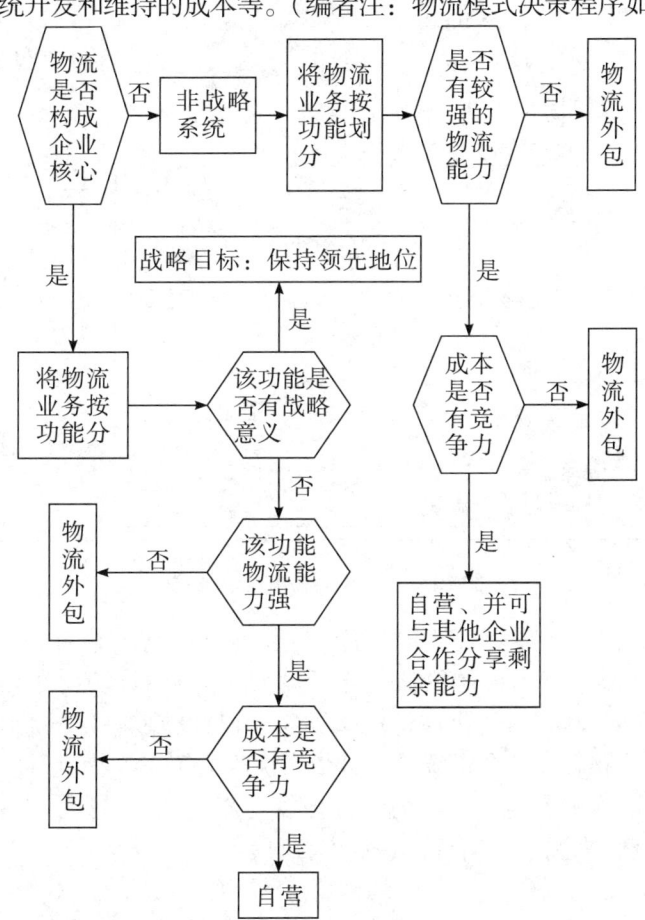

图 10 - 3　物流模式决策程序

（资料来源：马士华，中国人民大学出版社，《新编供应链管理》，2008）

悟空：如此说来，俺还是得好好琢磨一下。不过，如果你能帮我配送，我倒是省心得多了。这要是完全交给你，就是你刚才说的第三方物流模式了，对不？

沙僧：大师兄如果参股进来，也就成直营模式了。

悟空：哦！这个使得！简直是现成买卖！这样入股，俺老孙可是省钱省心了！

沙僧：其实这种入股的方式很常见，你开网店的那个平台的老板也是大笔钱投入海尔了，这不就是所谓的"捡现成"？

悟空：入股或者直接收购现成的企业确实是个多快好省的方法。

八戒：话说我们厂的货基本上都是找第三方物流公司运输的，还真没想过要自建物流。

沙僧：二师兄，你的客户遍布全国，布料又重又占地，自己做实在是不划算。找专业公司来运输更省钱。不过，据我所知，TB网也有专门的物流配套服务（如图10-4所示），猴哥你也可以考虑一下直接用他们的配送服务。

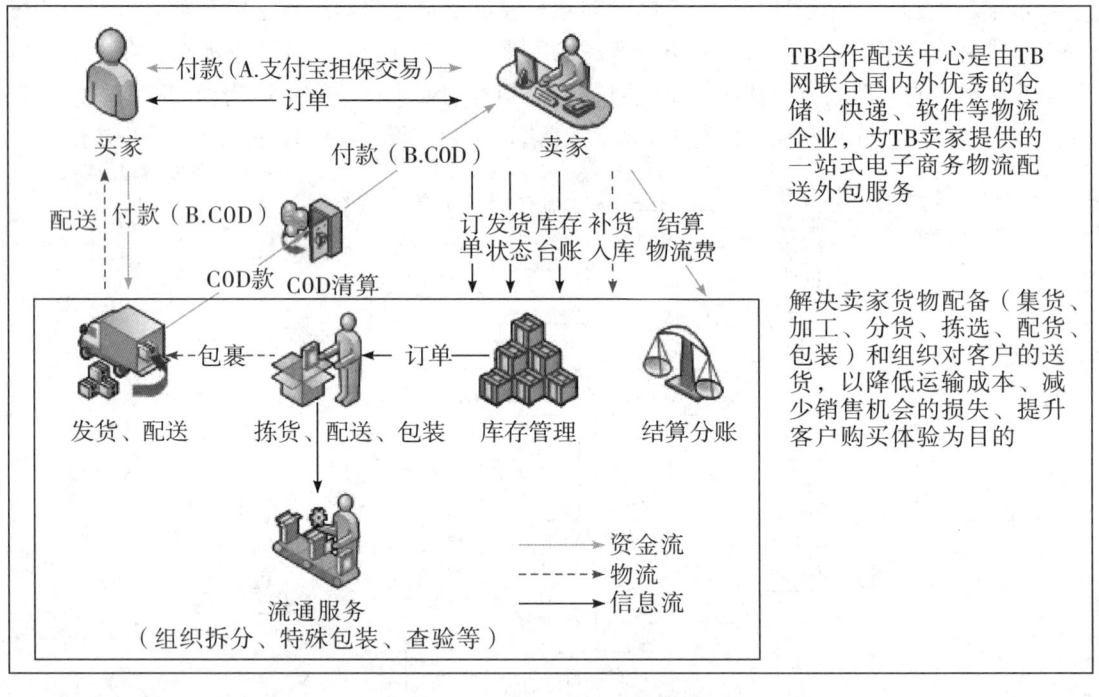

图10-4 TB的物流配套服务

沙僧：其实，现在还有一个第四方物流。第四方物流（编者注：第四方物流如图10-5所示）并不实际承担具体的物流运作活动，它只是通过拥有的信息技术、整合能力以及其他资源提供一套完整的供应链解决方案，以此获取一定的利润。它帮助企业实现降低成本的可能性和有效整合资源，并且依靠优秀的第三方物流供应商、技术供应商、管理咨询以及其他增值服务商，专门为各方提供物流规划、咨询、物流信息系统、供应链管理等活动。（资料来源：互动百科、百度百科）

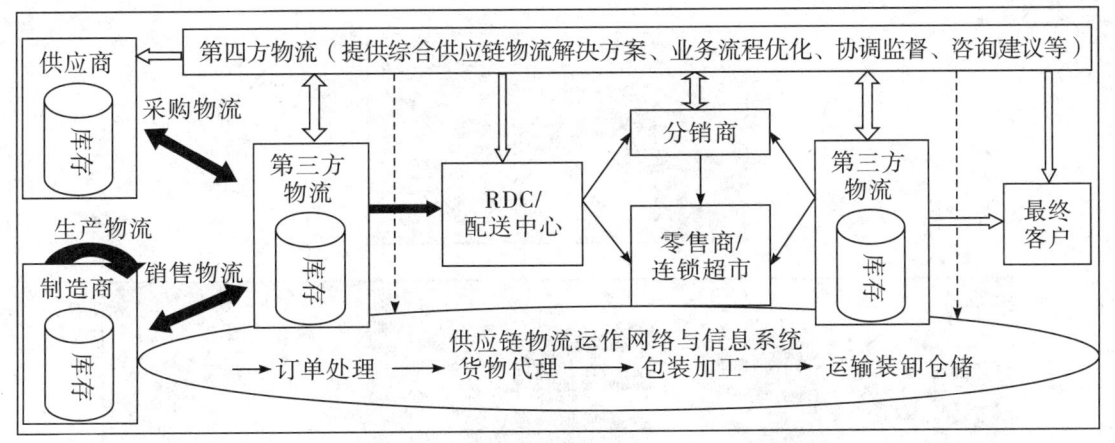

图 10-5　第四方物流

悟空：好！感谢感谢！你们先回房间好好休息！咱们明天再聊。

10.1.3.5　电子商务物流仓储与分拣

第二天，大家吃过早餐后，就由孙悟空带领，前往果园的仓库看个仔细了。沿途经过果园，看到果园里面的猴子工作秩序井然：有负责摘果子的，有负责接果子的，有负责装篮子的，有负责把满筐的水果接手传递下去的，有负责仓库门口检查入仓的，每只猴子各司其职。仓储中心里面各种类的水果分区域存放，不过在上货架之前，水果还会被人工分拣，然后包装成为特定重量的礼品盒子，然后盒子就待在货架上等待发货。

悟空：两位师弟，这个是仓库，不过现在看着地方快不够用了，俺准备再建一个。

沙僧：大师兄，我刚才看了一下，你这个仓库现在基本上是两层货架，而且很多工序都是非自动化操作，这样的话，以商城网店的经营情况来预算，你估计无法应付高峰期发货。不过重新挖山洞需要时间太长，你可以考虑改良现有的仓库，把它打造成仓储中心，例如增加货架高度，因按照货物特点布置货架位置，这样一来，空间增加，存储量更大。另外，使用一些自动化工具，那人手也不需要那么多了，而且做事情更有效率。

八戒：师弟，你说的货架要如何搭建？

沙僧：两位师兄，我这里有个文件，是一家物流公司制作的关于仓储系统解决方案的视频。它可以帮助你们大概了解仓储货架的搭建问题。（编者注：WAP 世仓"仓储系统解决方案"视频截图组图如图 10-6 所示）

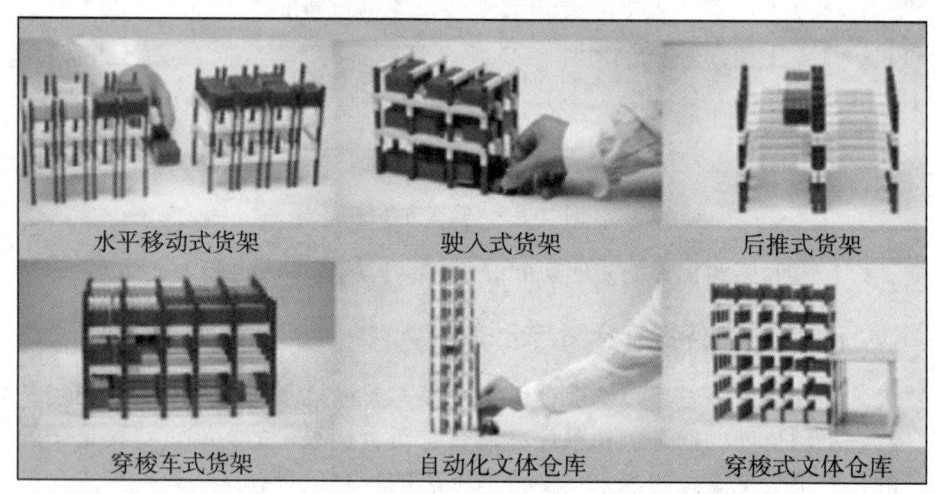

图 10-6 WAP 世仓"仓储系统解决方案"视频截图组图

沙僧：其实，在西方，很多企业都没有自建物流，它们会着重于仓储中心的建立，也就是只做配货，而不做送货。送货这个环节会转交给更专业物流公司来负责。

悟空：这种做法跟俺现在的设想是一样的。送货范围这么大，如果俺自己建车队什么的去送货，肯定划不来。还不如找你帮我专门负责送货呢！

沙僧：因为公司专业所以可以做得更好，而企业自身也可以节省成本。不过对于企业自身而言，物流的掌控性就会差一些。

悟空：俺也想过这个事情，不过有你在，不担心。对了，那个分拣水果的事情，你有什么看法？

沙僧：像水果这样的易碎品，如果说水果的质量和大小等都没有差别，也不可能使用全自动的分拣包装。在这里，我们可以考虑用自动化机器把苹果先按照个头来分拣一次，这样一来，在程序上减少了流水线的工作量。但是因为苹果质量的监控还是需要人工操作，所以这后续的还是按照现在这样的好，分拣完成后，包装，加条码进行货物区分，出货后也可以通过条码进行货物跟踪。

悟空：你刚才说的全自动分拣包装是怎么一回事？

沙僧：那个叫做自动分拣系统。我这里有份资料介绍，你可以看看。

自动分拣系统一般由控制装置、分类装置、输送装置及分拣道口组成。

控制装置的作用是识别、接收和处理分拣信号，根据分拣信号的要求指示分类装置，按商品品种、按商品送达地点或按货主的类别对商品进行自动分类。这些分拣需求可以通过不同方式，如可通过条形码扫描、色码扫描、键盘输入、重量检测、语音识别、高度检测及形状识别等方式，输入到分拣控制系统中去，根据对这些分拣信号的判断，来决定某一种商品该进入哪一个分拣道口。

分类装置的作用是根据控制装置发出的分拣指示，当具有相同分拣信号的商品经过该装置时，该装置动作，从而改变在输送装置上的运行方向，让商品进入其他输送机或进入分拣道口。分类装置的种类很多，一般有推出式、浮出式、倾斜式和分支式几种，不同的装置对分拣货物的包装材料、包装重量、包装物底面的平滑程度等有不完全相同的要求。

输送装置的主要组成部分是传送带或输送机，其主要作用是使待分拣商品连贯地通过控制装置、分类装置。在输送装置的两侧，一般要连接若干分拣道口，使已经分类的商品滑下主输送机（或主传送带）以便进行后续作业。

分拣道口是已分拣商品脱离主输送机（或主传送带）进入集货区域的通道，一般由钢带、皮带、滚筒等组成滑道，使商品从主输送装置滑向集货站台，在那里由工作人员将该道口的所有商品集中后或是入库储存，或者是组配装车并进行配送作业。

以上四部分装置通过计算机网络联结在一起，配合人工控制及相应的人工处理环节构成一个完整的自动分拣系统。（资料来源：互动百科）

沙僧：这个只能针对那些包装标准化的货物，而且对于像水果这样容易破损或者是不能颠覆的产品，还有那些超高、超重、超长或超薄的货物都不合适。我手头上还有一份关于使用"汇总分播"法提高订单拣选速率的方法介绍和视频，猴哥你有空的时候可以看看。（编者注："汇总分播"拣选技术案例视频截图如图10-7所示）

   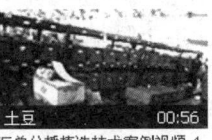

图10-7 "汇总分播"拣选技术案例视频截图组图（资料来源：中国物流产品网）

10.2 电子商务最后一公里和供应链管理简介

10.2.1 电子商务最后一公里

沙僧：其实我的公司现在正在研究"电子商务最后一公里"如何操作。现在配送的最后一环如何多快好省，是个研究的主题。

八戒：什么叫做"电子商务最后一公里"？

沙僧：其实是指从客户所在地的配送站到客户收货地址的距离。因为现在物流的配送环节，这最后的一步直接影响了物流配送的成本和服务水平。很多对于配送的投诉都是在这最后一公里产生。收货就意味着双方要见面，但是这见面时间地点不一定能够协调好。

正说着，翠兰突然想起网购的商品今天到货，现在人不在家，不晓得货物是否会被退回去。

沙僧：嫂子，不用着急，你要不找找邻居或者是看看附近经常光顾的小店店主是否可以帮你代收一下吧。

翠兰：这确实是个方法，不过随便找人代收的话，人家不小心看管，估计也很容易丢失。

沙僧：这是现在很多物流公司或者是做网上销售的企业在想方设法解决的问题。以厦门为例，这个城市是中国重点发展的九大物流区域之一。2013年的时候入选成为"城市共同配送试点城市"。城市里面新建了59个片区末端配送站点，每天接送配送商品接近30万件，共同配送覆盖面超过60%。

小能：师叔，什么叫做"共同配送"？

沙僧：大概意思就是不同的货主把货物聚集在一起，按照收货地址归类，再进行统一送货。也就是说，不再是每家快递公司分开送货，而是混在一起送货。配送成本降低，服务质量就有提升的空间了。这其实是"最后一公里"的解决方案之一。其实现在参与这"最后一公里"的企业有很多，形式上也有很多种。例如第三方形式投放智能快递柜，如速递易、宝盒、友宝、安杰。便利店代收，同时涉足社区的O2O，如猫屋。通过整合，集社区超市、农产品、社区基础服务为一体，如重庆佰分佰。自建物流、自投快递柜，例如京东、顺丰等。你妈妈碰上的这种情况，如果有个社区店或者便利店代收，就解决了。（资料来源：新浪微博ID 云快递）

10.2.2 供应链管理

10.2.2.1 供应链管理定义

八戒：对了，师弟，你为什么要研究这个"电子商务最后一公里"？

沙僧：因为我们公司也计划提供供应链管理方面的咨询服务。

悟空：供应链管理是什么？

沙僧：供应链管理就是指对整个供应链系统进行计划、协调、操作、控制和优化的各种活动和过程，其目标是要将顾客所需的正确的产品（Right Product）能够在正确的时间（Right Time）、按照正确的数量（Right Quantity）、正确的质量（Right Quality）和正确的状态（Right Status）送到正确的地点（Right Place），并使总成本达到最佳化。也就是说，在满足一定的客户服务水平的条件下，为了使整个供应链系统成本达到最小化而把供应商、制造商、仓库、配送中心和渠道商等有效地组织在一起来进行的产品制造、转运、分销及销售的管理方法。

悟空：那它跟物流有什么关系呢？

沙僧：如果做比较的话，大概可以说：物流是供应链体系的其中一部分。相比之下，供应链管理是为大局着想，考虑整个资源，或者知识的最优化整合配置；物流是实操型的，针对的是物品流动这一版块。不过，无论是供应链规划还是物流整合，都是为了实现降低成本、提高效率、稳固各方关系和安全的作用。（资料来源：维基百科、MBA智库百科、知乎网站）

对于沙僧讲到的各种物流方面的信息，各人都觉得收获颇大，不过因为碰头的时间太短，怕是了解得不够深入，沙僧有见及此，便留下了一些物流和供应链方面的资料给各人。

10.2.2.2 供应链管理案例

一、Z*品牌的供应链策略

对服装行业有着密切关注是猪八戒一家的习惯，因此，当沙僧拿出有关供应链实例资料的时候，他们的眼光很快就放在了某个外资服装品牌的供应链的内容上了。

> Z*品牌成立于1975年的西班牙，目标用户是时尚青年。他们的设计都不是原创，设计师们经常穿梭于各种时装发布会，或者进出各种时尚场所，收集时尚信息和顶级品牌的设计理念和产品。在顶级时装秀登场不久，Z*就会发布设计非常相似的服装。
>
> 他们的设计方式叫做"三位一体"：设计师（买手）、市场专家和采购专员。设计师（买手）收集时尚信息后进行分析、整理和归类，然后手绘设计草图；三者组成商务团队就草图进行讨论，进行Z*风格的修改、完善和细化；商务团队根据数据库中的信息共同确定商品投产的时间、服装面料、颜色、产量、成本、售价等信息，并交付生产部门实施。对于那些对新潮流敏感的款式，采用小批量垂直一体化生产，在企业内部使用物流体系快速完成，保证了产品质量的监控，长期来看，成本是比较低廉的。对于那些侧重于价格敏感的基本款式，就交给亚洲供应商，以降低成本。事实上，现在的Z*在不同的国家拥有不同的配送中心，这些配送中心都很接近重点销售市场与加工协作工厂，通过这样的方式保证快速的供货。

电子商务概论

极速供应链强调如何在正确的时间把正确的产品送到正确地点，因此，Z*品牌的产品从设计到运送到商店货架，平均只需10到15天的时间，比时装界平均的六到九个月的时间形成强烈的对比。而且，新品上市只占季度计划的20%，因此市场消化迅速。

还有，零售网点可以根据各自门店的货品销售情况直接向总部下采购订单，这样的方式比经过订货会汇总需求量再进行的订购要快速得多。店铺一般每周发送两次订单，产品也每周更新两次。订单必须在规定时间之前下达。如果有产品超过两到三周没有销售出去，就会被送到其他连锁店，或者直接送回西班牙，这样的话，顾客因受刺激，也很容易现场做出购买决定。而打折销售的比率也只是8.5折左右，而同行平均水平为6～7折。

总体而言，新品上市时间缩短，降低了产品的上市风险和库存压力，其他方面的管理费用和固定成本也降低，小批量多批次的柔性生产减少产品多样化成本，整个供应链上的配合使总成本下降，盈利增加。另外，整个供应链通过IT系统与业务流程的有效结合提高了极速供应链的运行。（编者注：Z*和G*两个服装品牌的供应链流程对比如图10-8所示）

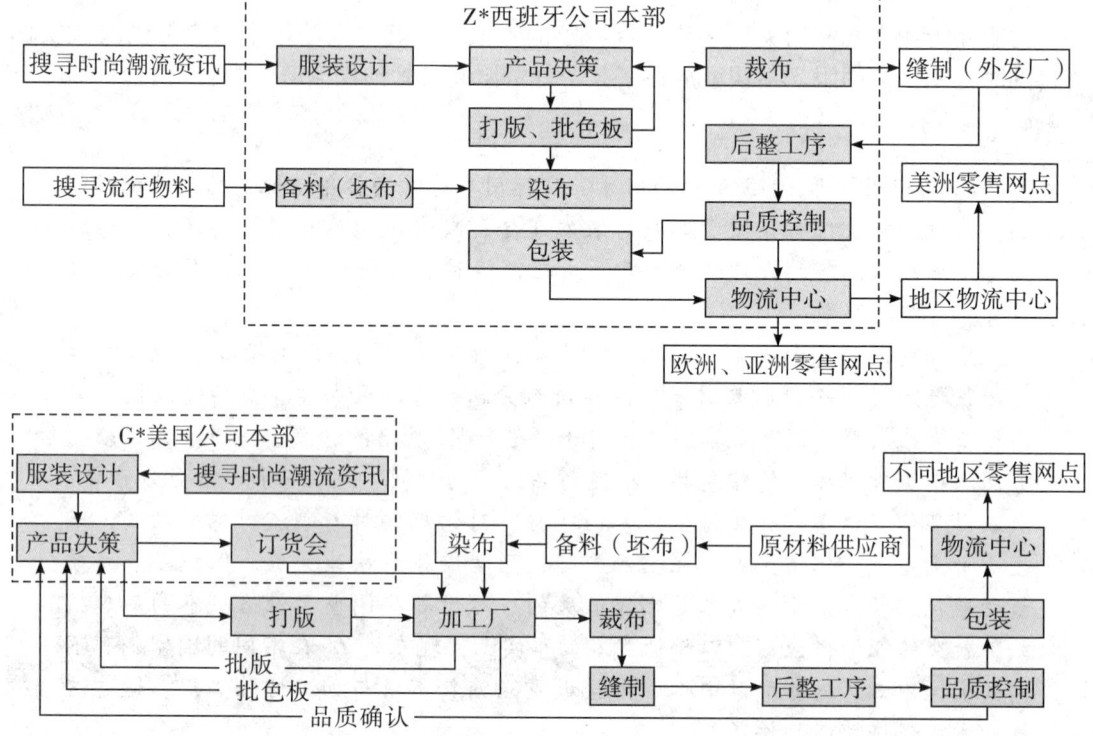

图10-8 Z*和G*的供应链流程对比（资料来源：虎嗅网、锦坤品牌研究院、百度文库）

翠兰：老公，我们的品牌怎么就没这样的速度呢？这要有，该多省时省钱啊！

猪八戒：老婆，就设计这一点，我们的款式就已经耗费不少时间了。更何况我们没有那样的时尚敏感度。据我所知，不少的服装品牌都是"天下一大抄"，大家的水平可谓"半斤八两"，稍有热销款冒头，就一窝蜂地生产，产量不够多，成本又高，生产周期又长，一不小心等衣服出来的时候，已经变积压品了，哎……

小能：我觉得这个根本在于对市场的需求反应太慢。因为永远是模仿，模仿的速度还不够快，模仿对象又没有选好，最终结果就是后知后觉了。而且，这个公司的IT系统和配套的管理系统都很完善，这不仅仅是设计一个环节，而是从设计到最后销售，乃至于售后都包括在内的供应链的整合。

翠兰：不过，这种成功案例多看总还是有好处的，回去咱们再细想一下，看是否能从中多学点什么。

二、海鲜走进"互联网+渔网"新C2B模式

这边的包厢，猪八戒一家盯着服装行业看，那边的包厢，孙悟空拉着沙僧继续探讨关于新鲜食品的配送问题。

沙僧：大师兄，最近我刚看到一个新闻，是关于海鲜生意的新做法。这个做法感觉挺适合你的高端品入市。说不定哪天你会考虑把高端品推广到我们这里，所以我建议你看看这新闻。

悟空：俺也觉得有这可能。听说现在网上订的一磅蛋糕能标价几百块钱，而郁金香也从荷兰空运过来，可想而知价格要多贵！这的消费力实在是不容小觑！

沙僧：这做法其实是现在流行的O2O模式，也就是Online to Offline，线上线下营销的联动。我给你说的那个案例是海鲜生意的O2O模式，也可以说是C2B模式的尝试，它是个体渔民通过商务平台接触最终用户的过程。

孙悟空：这确实新鲜，让俺好好瞧瞧。

中国五千年渔业史进程将被"互联网+渔网"模式彻底改变，海鲜第一次走C2B预售模式：顾客在主流电商平台聚划算上下单，海上渔船就开始从海里捕捞，渔船上铺设4G网络，海鲜加工厂搬到海上（亚洲第一大海鲜加工船），实现捕捞加工的无缝对接，30分钟加工完毕，进入冷链物流，在48小时内快速送到顾客手上。顾客还可以实时查询订单全过程的履行状态。

2014年3月26日，阿里巴巴聚划算与浙江瑞安市华盛水产有限公司（下简称华盛水产）共同组织的"海上第一网——中国海洋渔业互联网启航仪式"隆重举行。在东海待命的亚洲最大的海上移动加工船——华盛"渔加2号"准时在10点启动本次起航仪式，下令捕捞，在百舸争流的壮观场面中为买家奉上第一网收获。

其运营模式如下：

1. 预售：3月26日，买家通过淘宝聚划算整点限时在线抢拍，海上捕捞船上部署了4G网络和海事卫星设备，随时接受网络订单。上午10点，聚划算团购平台开启，已经在海上率领百艘渔船出海作业的"渔加2号"，也准时在10点启动起航仪式，下令捕捞。

2. 捕捞：接到订单后，海上将组织百艘捕捞船，第一网捕捞上来的25吨虾皮直接满足网上的预售订单，虾皮30分钟制成干制品，其中拿出1 000份供买家9.9元秒杀。

3. 海上加工：创造海上加工模式这一神话的华盛水产，将这艘4 800吨级、号称亚洲最大的海上水产干制品移动加工船搬到海上，实现捕捞加工的无缝对接，开创了中国唯一的海上鲜活加工模式。

4. 快速物流：海上移动的加工工厂完成加工后第一时间快速运输到岸，直接装运顺丰的飞机，在48小时之内，全程冷链物流送到顾客手上。上海、广州等沿海城市一般在下订单24小时内配送到位，内陆城市保证48小时配送到位。

5. 客户服务：移动4G信号铺上船的"渔加2号"，在活动开始后，客服人员第一时间在浩瀚的东海上为聚划算的买家实时提供订单服务。买家不仅可以进行抢拍，还可以通过农鲜达官方微信微博直播，实时了解自己拍得的宝贝在海上的状态，即渔民把鱼虾从捕捞上船，送到加工船收购，然后进行清洗、蒸煮、干燥、冷却、包装、冷藏的每一个过程。

6. 过程可视化：顾客可以实时查询订单在海上捕捞、加工、物流过程的一切状态。

价值分析：

"渔网+互联网"，推动中国海洋渔业转型升级。"电商巨头"与"渔业航母"的强强合作，标志着我国传统海洋加工业在互联网时代，从海上一步通过电脑到达消费者终端，迈出电商新步伐，为业界创新打造出一个全新的合作模式。

近年来，电商以有效减少流通环节、大幅度降低流通费用等优势，横扫各行各业，而生鲜因为对冷链物流的高要求，一直发展滞后，"最后一公里"成了困扰各个生鲜电商的难题。面对电子商务强劲的发展势头，为开拓更为广阔的市场，华盛水产依托自身强大的资源优势，通过互联网生鲜领先品牌——北京农鲜达农产品有限责任公司，牵手淘宝聚划算，共同举办"海上第一网——中国海洋渔业互联网启航仪式"大型活动，撒出"电商第一网"，彻底打破禁锢中国海洋渔业现代化、市场化发展的重重壁垒，实现中国海洋渔业渔网与互联网之间的第一次碰撞，为业界创新打造了全新的营销物流模式，凭借最新信息技术和现代物流技术的应用，大幅提升物流服务水平，为买家抢拍活动提供支持，在最短的时间内将新鲜的海产品送到买家手中。（资料来源：新浪新闻）

孙悟空：这着实给力！如此新鲜的物流配送，怪不得那么多顾客争先恐后地购买！想当年，这些鱼虾小辈，只有在沿海的地方才有机会品尝，其他地方买到的几乎都经过过度冷藏，又贵又不好吃，这回可就大不相同了。这配送速度比俺老孙还快！

沙僧：的确不容忽视。围绕这供需双方，搭建一个平台，联通彼此，成就了海鲜供应链的新做法。大师兄，相信有了前期的物流配送的磨合，到高端品推出市场的时候，我们的整个供应链也完善了。你到时候也可以尝试预售，然后就可以短时间内实施配送了。

　　孙悟空：这个水果的预售不知道效果如何，这要有参考数据就好了。

　　沙僧：这个平台夏天也策划过美国车厘子预售活动。商务平台在商城那里开通预售平台。从6月27日至7月8日，消费者支付10元定金可预订4斤车厘子。其间，卖家将收集消费者预订订单。7月9日至11日，支付过定金的消费者支付尾款。卖家收到货款后，美国车厘子农场就开始陆续采摘、分拣、筛选、清洗，空运至中国境内，再由商务平台联合国内物流冷链服务商，送至消费者手中。一般情况下，浙江境内2~3天就可送达。一次预售下来，大约1.5万人消费了40万斤的美国车厘子。数字实在是惊人！

　　孙悟空：这个品种俺这里也有，虽然口感也许不及外面的，但是还是不错的！关键是新鲜！那行，咱们好好筹划！

　　短短四天，猪八戒一家和沙僧对花果山的青山碧水留下了深刻的印象，这地方在孙悟空的保护之下，一派原生态景观，让习惯了都市生活的人感觉身心放松。无奈各人都要为生活奔走，唯有约定时间再聚。

章节要点小结（请同学们在本章节中查找知识要点的对应页码，以便复习）

知识要点	章节页码
1. 供应链管理、物流、配送的基本概念	
2. 物流种类	
3. 电子商务物流系统六大模块概念	
4. 电子商务物流模式及实例	
5. 电子商务最后一公里解决方法	

　　延展学习活动：请各位同学对当当网、京东商城和淘宝网的物流配送服务进行分析，对各电子商务网站的物流模式进行分类。同时，根据图10-3物流模式决策程序，对这三个网站各自战略目标与物流模式选择的关联性进行陈述。

第 ❸ 部分

综合案例分析

　　书接上回，唐僧师徒在凡间试水电子商务，经营得有声有色、远近驰名。连天上的神仙都知道孙悟空的鲜货网店、沙和尚的海陆空物流、猪八戒的企业网站。不少神仙都欲欲跃试，也想网上自主创业，但电子商务平台已经向电子商务生态圈的方向进化了，如何打造电子商务营运平台和培养电子商务人才呢？

第 11 章
电子商务营运平台

唐僧想做一个电子商务大平台，但师徒四人觉得电子商务发展得太快，新技术新思想新模式新方法不断出现，单凭他们的能力还不足以打造好这个生态圈。所以他们召开一个关于打造从消费者到渠道商再到制造商的 CBBS（即消费者、渠道商、制造商、电子商务服务的提供商）生态圈的头脑风暴会，集众人之长，一起把事情办好。

这天，唐僧主持的头脑风暴会在天庭召开了。

11.1 电子商务生态圈

唐僧：大家觉得应该打造一个怎么样的电子商务平台？

凌波仙子：电子商务平台不就像凡间的淘宝那样，是买家和卖家进行商品交易的场所。它可以作为一个虚拟的商铺，展示商家售卖的各类商品或服务以及曾经购买本商品的顾客对本商品的打分和评价。商家和消费者利用即时通信工具进行沟通。消费者可以将货品放入虚拟的购物车中，付款或选择货到付款模式后，商家发货。消费者收到货物后，双方可以互相打分和进行评价。

唐僧：如果我们的电子商务平台只是 TB 的翻版，我们的平台就没有竞争力了。而且凡间的电子商务平台随着信息技术的迅猛发展，各个领域内的新技术不断地推陈出新、不断进化，已经考虑升级为电子商务生态圈了。

凌波仙子：生态圈？什么是生态圈？为什么要做生态圈？

唐僧：无论是电子商务平台，还是电子商务生态圈，目的都是为消费者、渠道商、制造商提供服务的一个渠道。与其他渠道相比，电子商务平台具有获取用户的信息交换成本低、沟通聚集成本低、买卖交易成本低、注意力到达成本低等各种低成本优势。但是这个电子商务平台在黏住了海量顾客的同时，也吸引了巨量的电商，所以同质化产品的竞争会特别激烈。为了提升对电子商务企业用户和消费者的服务能力，电子商务平台必须从单纯提供商品销售场所给实施电子商务的客户，转变为提供客户所需的各项功能和整体解决方案。让用户就像进入了生物界的生态圈一样，不用走出这个电子商务生态圈，就可以通过生态圈提供的服务来满足自身的全部需要。要做到这一步，需要大数据、物流、金融等产业更为紧密地、多维度地展开合作，形成良性的协同生态链，同时也需要自建或吸引第三方企业和软件应用企业来为客户提供各种服务和解决方案，最终建立一个开放、协同、繁荣的电子商务生态圈。

小能：例如凡间的阿里集团在 2013 年 1 月将原有的子公司事业群制调整为事业部制，把 7 个事业群调整为 25 个事业部。让集团协力打造的 CBBS（消费者、渠道商、制造商、电子商务服务提供商）电子商务生态系统更市场化、平台化、数据化和物种多样化。

唐僧：是的，阿里集团之前的 7 个事业群的设定目标是把新"七剑"建设成为一个电子商务"水、电、煤"基础设施服务平台，从而在供应商和消费者之间打造一条无缝电子商务体系链条。具体而言，这根链条从消费者和渠道商在个人消费平台（淘宝、天猫、一淘、聚划算）网上交易开始，由企业贸易平台（阿里巴巴国际业务和阿里巴巴小企业业务）不断供货，而后渠道商再把消费者的个性需求反馈至制造商，并加以引导，为用户按需生产、柔性化生产，促进产业模式升级。而之后提出的 25 个事业部改革的终极目标依然是实现"同一个生态，千万家公司"的良好社会商业生态系统构建。这 25 个事业部整合、拓展阿里集团各类型业务，打通子公司或事业群间界限，实现商业生态系统建设自上而下的贯通顺畅。

11.2　电子商务生态圈的六大神物

北斗星君：那我们准备构建怎样的生态圈？

唐僧：早期的电子商务平台比的是业务规模和开放程度，生态圈之间比的是平台应用的丰富度和依赖度。我总结了一下，生态圈除了核心平台：电子商务交易平台，主要靠六种神物形成协同的合力，来推动整个生态系统的成长。（编者注：六种神物即六个方面的电子商务应用或服务。电子商务生态圈的六种神物如图 11-1 所示）

北斗星君：六种神物？

唐僧：没错。

图 11-1　电子商务生态圈的六种神物

11.2.1 神物一——大数据

> 大数据（Big Data），或称巨量资料、海量资料，指的是需要新处理模式才能具有有更强的决策力、洞察力和流程优化能力的海量、高增长率和多样化的信息资产。（资料来源：360百科）

唐僧："大数据"是一个法力无穷的神物。它以互联网中生成的、海量累积的结构化和非结构化的数据为原料，以云计算技术为丹炉，经过炼造，提供给仙家基于事实与实时数据的决策，以便采取相应的操作或行动的宝物。

小能一听就蹦了起来：这个神物是我们电商急需的好东西！我们可以通过电子商务平台在日常运营中累积的海量的网络行为大数据，通过市场调研、产品定位、寻找目标客户群和有价值用户等一系列活动，及时准确地洞察消费者的潜在需求；通过对流失模型、响应模型、顾客分类、评估广告效果的分析，结合顾客购买路径、偏好、行为、反馈等行为信息，了解顾客购买商品的想法以及影响他们购买决策的关键因素，据此设计合适的营销方案，实现以销定产的数字化运营。

翠兰马上补充：凡间已经有电商有利用大数据进行精准营销的操作。我们服装厂以前是采用以产定销的销售模式，有了大数据，我们尝试根据客户的访问停留时间、购买、评价等数据信息，了解客户的真实需求，通过以销定产的模式，进行精准营销和提供个性化服务。以我们的实验结果来看，大数据让我们获取客户的真实需求，从而精准地确定客户群和促销产品，达到企业与消费者双赢的局面。

沙僧：我们物流企业也离不开大数据。通过大数据我们可以预测商家的运货量和产品信息，设计最佳的物流路线，提前准备物流，甚至规划好库存量、提前把产品运送到离客户最近的仓库……大数据在帮助我们物流企业重塑并优化供应链方面能够发挥很大的作用。

其他的神仙也纷纷提出运用大数据的例子或思路。

唐僧：大数据可以帮助企业运用数据分析手段管理和优化运营的公司；大数据还可以对个人和企业的融资行为和项目投资行为进行信用评价审核和风险控制提供依据……大数据应用可以总结为一个"关联数据收集—形成知识—决策和行动"的过程（编者注：大数据应用过程如图11-2所示）。生态圈里面的大数据平台已经累积了整个生态链闭环数据以及各个物种的行为数据，比如垂直网站、社交网站、APP、云应用提供商、物联网拥有者所拥有的结构、非结构化数据；再加上大数据平台购买或交换而得的以前难以获取的不同来源、不同结构的数据，比如政府部门（交通部门、环保部门、旅游局、卫生局、教育局、药监局等）、机构组织和一些企业手里掌握的民众关心的权威民生数据等，让数据使用者可以从多方面、实时地进行洞察，从而为决策和行动提供依据。大数据平台作为电子商务生态圈最基本、最核心的技术底层，是进行实时的分析、提供有指导意义的决策、提供用户需要的解决方案的基础。

图 11-2 大数据应用过程

小能：大数据的分析是为了给用户决策提供支持的。有了大数据这个数据"金矿"，还需要合适的淘金工具把蕴含在大数据里面的有价值信息以可视化的、便于分析的方式显示出来。搜索引擎就是其中一种常用的数据分析工具。搜索引擎每时每刻抓取大量的文本、图片、声音和视频等结构化和非结构化的数据，通过云计算的技术来加速信息处理过程，以满足客户的需要。基于大数据的搜索引擎可以通过下面的服务来提升用户满意度。

■ 从基于单次服务的搜索变成基于具体某个用户的个性化搜索。大数据记录了用户以往的需求信息，基于大数据的搜索引擎把用户的行为数据作为给用户推介信息的参考数据，更加智能、精准、便捷地为用户提供搜索服务。

■ 从被动服务变成主动推荐服务。传统的搜索引擎是在用户提出搜索要求后才行动。基于大数据的搜索引擎会自动分析用户需求，在恰当的时机主动推送个性化的信息，把它变成商家引流的入口之一。

■ 真实、有效、安全的可视化的实时搜索。为了满足现代社会"快生活"的要求，基于大数据的搜索引擎应该做到真实、有效、安全，并以可视化的模式实时显示搜索结果。这类搜索结果可以作为决策的支持数据,直接放入相关报告中。

■基于大数据的搜索引擎除了提供必要的信息,还可以有效地结合本地资源,推出更加周到、贴心的服务,也实现了关联商品销售的导流。例如:当一位热爱旅游的用户在搜索引擎上查询机票相关信息时,除了给出航班情况外,还可以用二维码等形式主动推送当地签约酒店的折扣会员卡以及本地户外装备用品店提供的团购活动信息等。

■由于基于大数据的搜索引擎了解用户对特定领域的"偏好",聚集相关的人脉资源,如果辅以类似于"讨论小组"、"兴趣圈子"等渠道,可起到"聚合"的作用。能够让生态链中扮演的各方角色对接起来,找到彼此、明确彼此的需求和要求,实现以销定产。

红孩儿:不过,基于大数据的搜索引擎还在发展中,它的功能尚需有识之士帮忙锻造。

唐僧:没错。事实上,大数据如同水、煤气、电一样,将会成为电子商务生态圈中不可或缺的东西。电子商务生态圈的大数据平台和基于大数据的搜索引擎能够产生聚合力量,让生态链中扮演的各方角色对接起来,找到彼此,并明确彼此的需求和要求。我和观音菩萨想在天宫建立一个集合天庭、妖界、凡间三界的大数据平台,让大家都可以使用这个基于事实与实时数据的决策的宝物。

吕洞宾:我对大数据平台和基于大数据的搜索引擎很感兴趣,希望能够和同好一起研究。

11.2.2 神物二——物流与供应链管理平台

沙僧:物流与供应链管理也是电子商务生态圈不可缺少的支撑性基础服务。师傅,您觉得这个生态圈里面的物流与供应链管理平台如何锻造?

唐僧:如今网上的商品种类非常丰富而且相互竞争激烈,就是同一制造商也往往存在具有竞争关系的多个网络分销渠道。这个时候,企业需要站在更高的角度进行资源整合,以供应链的思维来管理和提供更优服务。

太乙真人:这困局貌似不容易解啊。

唐僧:确实有难度,但不是无解。电子商务中客户需求和产品价格越来越趋于透明化,所以同质化的产品的竞争会特别激烈。这种情况下,通过提升物流速度来提升用户购物体验,同时降低物流这个经营成本就成为企业扩大市场份额、通过规模效应盈利的重要手段。但是降低物流成本和提升物流速度是一对矛盾问题。根据统计,美国零售中物流成本占比8%~9%,而中国零售业多介于15%~19%,所以存在降低成本的空间。但是如果降低了物流成本,物流业就需要从提高物流效率中寻找利润。因为消费者很乐意看到物流业提高物流效率,但是不愿意为此多付钱。所以需要通过一些模式或方法的改进来解决这对矛盾。采用零供分离的共享库存机制,根据消费者的位置信息找到最近的库存进行发货就是其中一个改进方法。某电商与一个区域性的家电连锁企业进行过类似的合作,电商与实体企业共享库存,实体企业负责就近配送和服务。这种模式下配送时间可以达到24小时送货,物流成本降低一半以上,实现了降低物流成本和提升物流速度的目的,而且双方的相互引流也提升了双方的下单转化率。

悟空:从电商的角度出发,利用大数据平台得出的分析和预测结果,洞察和预判本地用户需求，计算出配货量，以便提前把产品运送到离客户最近的仓库，进行精准营销是降低物流成本和提升物流速度的另外一种方法。比如上次蟠桃会前，根据大数据的预测信息，我委托沙师弟专门把大量美酒佳肴预先送到最接近蟠桃会的仓库，蟠桃会期间，众仙对快速送货服务赞叹不已。蟠桃会后，我又把剩下的极少数库存进行促销，大大加快了仓储的流转率。精准的预测让俺老孙实现了降低物流成本和提升物流速度的目的。

沙僧：我觉得这个问题除了从电商的角度来解决，还可以通过物流业的整合来解决。可以利用物流平台汇集订单、调配和整合零散的运力，以规模效应降低物流成本、提高服务品质，同时对快递公司设立一套考评系统，根据各家快递公司的时效、满意度、报价、运力紧张情况等因素来分配订单。系统除了选择合适的快递，还可以对整个环节各个节点进行选择，在各个节点分配订单。以业务量作为奖惩手段，让物流商通过竞争来改进服务，降低成本，提高时效。

唐僧：电子商务生态圈里面有生产厂家，原材料、工业品、零件源头供应商和服务商，整个电子商务生态系统贯通后，可以形成数据互通的物流与供应链管理平台。

物流与供应链管理平台的架构包括以下部分（编者注：物流与供应链管理平台架构如图11-3所示）：

- ■最前端的是快速配送网络
- ■物流园区与干线整合
- ■打造可视化的供应链运营平台
- ■基于大数据的物流供应链数据服务

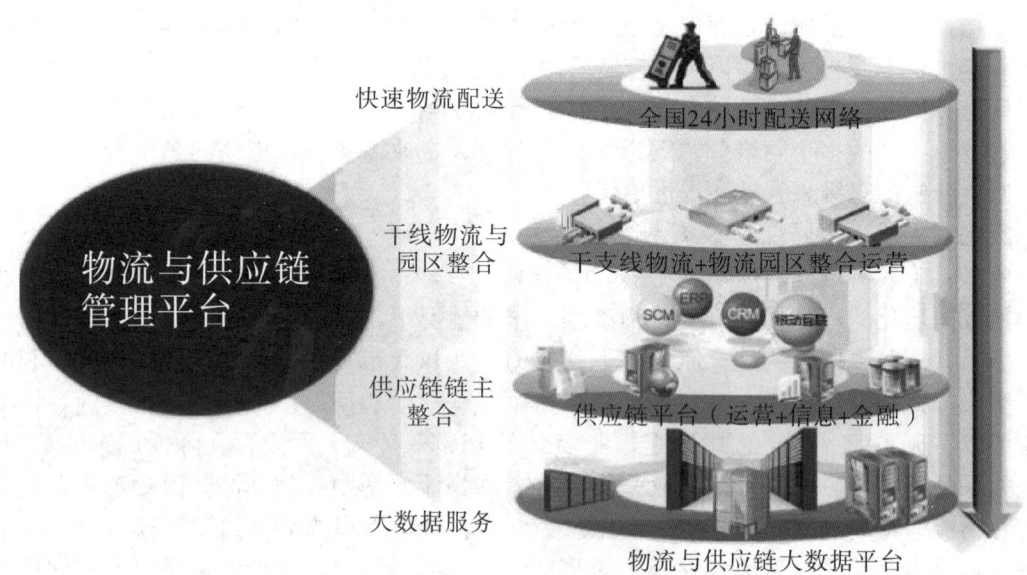

图11-3 物流与供应链管理平台

这个供应链管理平台有以下功能：

■需求预测：使用大数据平台，对消费者的消费注意点和兴趣、消费能力、习惯、评价等内容进行记录和分析，就可以预测该地区顾客的主流品类，预测销量，计算出配货量，提前送货到最近的仓库。

■库存计划与灵活调配机制：基于商家市场需求和仓储成本，科学地给出库存计划，是减少商品积压，加快仓储流转率的关键。要实现这一点，除了需要大数据平台给出计划，还需要智能的供应网络实现目标，也需要运营商具有及时处理井喷需求和修正的能力。通过前面提及的零供分离多级共享库存机制，灵活调配包括线下实体店等各级仓储资源，就可以在物流要求井喷时期提供统一、优质、快速和低价的服务给消费者。

■快速反应的物流计划驱动：不少进行电子商务的商家把他们的采购、制造、营销都扁平化了；还有一些公司采用了C2B预售模式和基于顾客需求的个性化小批量定制模式。这些都属于以消费者需求为导向的、以销定产的快速反应的供应链模式。而这些模式的实施需要物流平台及时、快速地对整个环节各个节点进行选择，并给出一系列跨区域跨平台的协同性物流计划。

■物流配送：通过大数据引擎整合物流公司，建立开放的物流平台，把大批量的发货需求汇总起来，通过大数据引擎调配和整合零散的运力，设计最佳的物流路线，通过规模效应降低物流成本。时效方面，使用竞标方式形成快递公司的错峰，从而实现不间断物流。这样，十家快递公司，可以错开成十个不同的时间，形成随时可下单，随时可发货，随时可转运，甚至随时可派件的局面，大幅度缩短快递的等待时间。

■供应链可视化：作为一个综合的供应链服务平台，实现从需求开始到库存计划、从订单下达到仓储运营、从干线调拨到末端配送、从线下运营到线上协同的全供应链可视化服务，用户可以随时看到自己的包裹动态，并能预测到达时间。这是客户体验的重要环节。

沙僧：师傅介绍的这个供应链管理平台不是传统的物流系统，它联通了物流数据和贸易数据，通过数据引擎进行计划、调配，通过统一的、快速响应的、可视化的物流网络来实现高效率、低成本的物流计划。

唐僧：物流是电子商务生态圈不可缺少的一环，供应链管理牵涉到多方的协作，是商品是否能够以最佳的方式进行生产、运输、存储、销售，最终交付给顾客的关键问题之一。好的用户体验往往离不开好的物流与供应链管理。只要生态圈里面的供应链各方整合资源，成为利益共同体和协同的联盟，利用规模优势、技术革新，就能够给顾客提供快速、优质、低物流成本的产品。

11.2.3 神物三——互联网金融平台

悟空：互联网金融不是互联网和金融业的简单结合，而是具备"开放、平等、协作、分享"等互联网精神的金融参与者，使用云计算、大数据、电商平台和搜索引擎、移动互联网等互联网工具实现资金融通的模式。与传统金融业务相比，它具有透明度更强、参与度更高、协作性更好、中间成本更低、操作上更便捷等特征。网上银行、第三方支付、个人贷款、企业融资、项目投资等互联网金融服务项目，满足了电子商务生态圈的用户资金流转、资金供需匹配等方面的需求，而互联网金融用户数量的不断攀升也验证了这种方式的逐步成熟。

互联网金融平台提供以下几方面的服务：

■传统金融业提供的金融服务

互联网金融可作为传统金融业的一个分销渠道,提供支付转账、费用缴交、个人贷款、企业融资、个人理财、项目投资等金融业务,方便用户随时随地快捷地获取各种金融服务。(编者注:互联网金融部分服务项目如图11-4所示)网上银行、网络证券也属于这方面的范畴。生态圈里面的用户已经习惯通过互联网办理各种金融业务。随着移动互联网的普及,快捷、方便的移动支付和移动金融操作成为流行,越来越多的用户利用碎片化时间,使用移动通信工具随时随身地完成各种金融操作。移动网上银行、移动网络证券等已经是移动用户经常访问的对象。

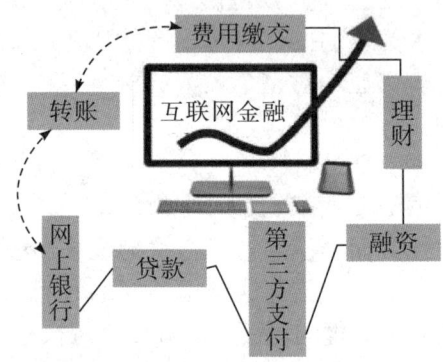

图11-4 互联网金融部分服务项目

■互联网金融平台自身提供各类金融服务

●支付转账服务

支付服务是电子商务生态圈非常重要的一项功能,是买卖双方进行资金流转的关键环节。第三方支付模式解决了电子商务中买卖双方因为不需要接触而产生的信任问题,为促进电子商务的发展做出了贡献。第三方支付模式是电子商务市场的主流支付模式,也是一项大大促进电子商务发展的金融创新。(编者注:具体可参考章节9.3.2)

互联网金融平台的费率比银行低,银行费率基本在1%~2%,第三方平台是接近千分之五。互联网金融平台,比如第三方支付模式,用低廉的收费和创新的支付模式,黏住商家和获取金融数据。

●存款理财服务和贷款融资服务

现在越来越多的生态圈用户把自己的资金存入互联网金融平台,进行相应的存款理财服务;互联网金融平台根据用户的闭环数据,给予贷款融资等金融操作。

铁拐李:互联网金融平台能够提供快捷方便、收益清晰的存款理财服务,例如凡间的余额宝,吸引生态圈的大量用户,很快就为互联网金融平台筹集了大量资金。

蓝采和:现在凡间的余额宝影响力可大了!其实它们是互联网金融平台为第三方支付用户提供的一项便捷性账户增值服务,本质上更接近于第三方支付与货币市场基金产品的组合创新。客户将账户中的1元以上的余额转入余额宝之后,互联网金融平台拿这笔钱替客户做理财增值,其中92.5%以上的钱用于购买货币市场基金产品,然后将收益每日汇报并且划拨到客户的账户中。互联网金融平台本身不参与基金的业务,也不介入基金投资运作,仅进行互联网客户导入的作用。

红孩儿：传统金融业一直将更多的资源用于服务大客户，普通人群是传统金融业长期忽视的群体。其原因是物理银行网点的成本投入很大，大客户和普通客户的接待成本是一样的，而产生的效益差别却非常大。

互联网金融平台的目标客户是传统体系中不被重视的普通人。这个群体的特点是个体资金规模小、个体数量海量、总体资金规模巨量。而互联网的优点则是边际成本递减，用户越多，成本越低，如果用户海量，则成本趋近于零。所以普通用户存入的哪怕只有1元的存款，在互联网金融平台上也能成就规模效应。

其实余额宝的投资收益不是最高的，货币市场一直有比它的收益高的基金产品。余额宝的优势不在高收益，而是在明确自己的优势的情况下，对目标客户进行精准营销和能够提供比其他货币基金更优越的服务体验：便捷的购买方式、每日结清并转化为份额的及时收益公布，以及当日成交确认并到账的快速结算方式。它以良好的流动性、极低的资金门槛、清晰的收益记录满足普通用户的理财需求。

翠兰：余额宝充分考虑了电子商务生态圈里面商家和客户的对资金流动性和利益的需求，只要能够保证资金的安全性，我们大伙都能够接受这种简单快捷的理财方式。互联网金融平台这种模式的创新，当然受欢迎！

沙僧：大家可能不知道，中国人民银行2011年下发的《第三方支付备付金管理办法》规定，备付金产生的利息收益归第三方支付机构所有。换句话说，第三方支付机构完全可以合法地利用备付金进行理财活动，赚取其中的收益。现在互联网金融平台推出这种产品，是把可以合法获得的收益变为用户个人所有，互联网金融平台自己只获得管理费和托管费等合共0.63%的综合费率。

铁拐李：互联网金融平台的让利可不是小数目啊，互联网金融平台这么大方的原因是什么？

小能：互联网金融平台是在下一盘很大的棋。互联网金融平台最关注的是提高用户价值和用户黏性，而不是公司的短期利益。它希望通过借道货币基金给客户高于银行利息的收益，吸引更多客户将资金从银行转移至互联网金融平台，达到"吸储"和培养忠诚客户的目的。

余额宝也只是互联网金融平台上其中一个产品。这个平台上现在陆续推出各种理财产品，市场反应都比较理想。下一步，互联网金融平台会把从用户那里筹集来的部分资金用于发放贷款融资等服务项目中。

沙僧：但是贷款融资需要完备的审查和强大的控制风险能力，互联网金融平台是怎么做的？

唐僧：互联网金融平台的优势是拥有聚集了个人的关注、消费、资金融通、物流等数据，以及商家的进货、销售、支付清算、物流等完整闭环大数据。这些实时和真实的大数据能够作为对个人和企业的融资行为和项目投资行为的信用评价、审核和风险控制的依据。

互联网金融平台还可以进一步利用第三方支付渠道进行实时行贷后管理，以便减少客户违约风险；对于违约客户，可以把他们放入行业黑名单进行通报，并且同时清除客户在整个电子商务平台上的账号和店铺以作处罚。电子商务生态圈的闭环的食物链让互联网金融评估和风险管理形成了一个闭环，降低了客户违约风险。

悟空眼睛一亮：中型小型微型企业贷款量小，对于传统金融业而言，对他们的管控成本高，边际收益与边际成本不对等，所以传统金融业一直忽视他们，而将更多的资源用于服务高净值客户。互联网金融平台凭借电子商务生态圈里面能够反映企业真实资信和实力的多维度数据信息，有效的实时资金监控措施，网络的快速反应能力和低廉的边际成本，为满足这些庞大数量的企业金融需求提供了可能。只要做好风险防范，由这些中小型，乃至于微型的企业所组成的集群，创造出来的财富将是一笔巨大的宝藏。而且这些客户中会有一部分成长起来，给互联网金融平台带来更大的受益。

■非金融机构利用互联网金融平台的数据和场所提供各类金融服务

电子商务生态圈内的非金融机构利用互联网金融平台提供的场所、工具和数据提供融资担保，帮助融资活动双方直接达成交易。提供资金方会获取比平时更高的收益，获取资金方也解决了资金问题。有些非金融机构只提供场所和工具，让交易双方自担风险，也有些非金融机构提供了担保服务。

传统的金融模式有金融实体机构进行信用背书，而互联网金融平台一般是由信誉度高的大公司创设，通过提供长期的金融服务，已赢得大多数用户信任。而这些提供担保服务的非金融机构的资金、风险控制能力和信誉往往比不上前面两者，一些提供担保服务的非金融机构出现了的倒闭现象，让不少用户觉得这种模式安全性不足。总的来说，这种模式处于萌芽的时期，发展前景不太明朗。

唐僧：传统金融业作为资金流转的中介，利用市场信息不对称成为市场交易主导。互联网金融利用电子商务生态圈里面的积累的那些形成闭环的大数据，以及云计算等先进的互联网技术，让用户可以用更低的代价获取各种资金信息和用户信用信息，从而提供相应的金融服务。互联网金融模式能够把风险定价、期限匹配等复杂交易极大程度地简化，降低了市场参与者专业的准入门槛，让企业家、普通百姓也有机会通过互联网进行包括理财、缴费、证券交易、贷款、融资、项目投资等各种金融活动，从而提高资源配置效益。但是客户对互联网金融的风险防范能力还存在不少怀疑。当前互联网金融正在摸索信用风险的防范模式，在互联网金融未充分证明其安全性和风险防范能力之前，传统金融还是其强大的对手。待到互联网金融能够实现信用风险的量化和可控后，传统金融的主导地位就会被削弱，互联网金融这个新的中介就会崛起。

11.2.4 神物四——社交网络平台

唐僧：互联网金融平台提供资金流，大数据平台提供信息流，物流供应链提供物流服务，三者融入电子商务交易平台，整个产业链的不同环节得以贯通，形成良性的协同生态链。但是为了给生态圈里面的用户提供及时和有效的服务，这个平台还需要在多个场景和环节引流，通过多种模式的营销满足消费者的需求。比如，利用社交网络平台进行引流。

社交网络即 SNS（Social Network Service），也叫社交网络服务、社会性网络服务或社会化网络服务。随着互联网技术的发展，进行网络社交的手段和工具不断丰富，复制线下人际网络来到线上的技术成本也越来越低，越来越多人采用低成本的网络社交工具和手段替代某些的传统社交活动。同时，随着网络社交的发展，个人在网络中的"形象"和"性格"日渐鲜活并趋向完整，社交网络也就逐渐形成。目前，约有一半以上的凡间网民通过社交网络沟通交流、分享信息。商家也发现了其中蕴含的商机，所以电子商务生态圈引入了这个神物。

蓝采和：如何在电子商务生态圈内通过社交网络进行电子商务活动？

悟空：常见的社交网络服务的电子商务模式有以下几种（编者注：社交网络服务的电子商务模式如图 11-5 所示）：

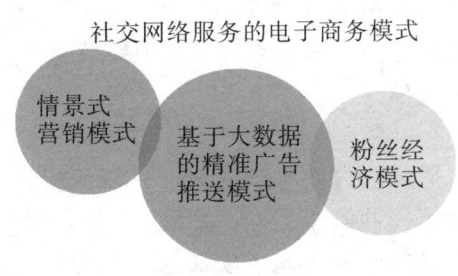

图 11-5　社交网络服务的电子商务模式

■基于大数据的精准广告推送模式

通过大数据挖掘实时的社交数据，社交网络也可以成为电子商务流量的入口，成为商业企业与客户互动的平台。比如用户如果在社交网络表示"关注"或者"喜爱"某些事物，社交网络可以实时推荐他们"想要"的东西。

八戒马上插嘴：是的，翠兰在去海岛旅游之前，在社交网络里面讨论了潜水器材，讨论过程中，她发现潜水器材的广告已经实时推送到她的面前。翠兰原来只是随便谈谈，看到这个广告后，她搜索了相关产品，最终购买了潜水器材。

小能补充：观音菩萨告诉我，"AISAS 模式"的理论是这样划分消费者在消费时的行为的。注意（Attention）、兴趣（Interesting）、搜索（Search）、行动（Action）、分享（Share）。其中搜索和分享形成一个循环：消费者在搜索相关信息时，有可能会发现别的消费者（在社交网络中，很可能是消费者的网络朋友）消费后的体验分享，以帮助自己做决策。这个循环中，注意（Attention）和兴趣（Interesting）是因，搜索（Search）他人，特别是有一定信任度的朋友的分享（Share）可以做催化剂，如果相关广告资讯能够在上述几个阶段实时推送到用户的面前，就能够对消费者的决策产生作用了。老妈无意中讨论起潜水器材话题属于注意或产生兴趣阶段，一个人每天产生的念头很多，但不少念头因为缺少继续的动力而不了了之，这时实时推送的广告起了强化意念的作用。社交网络中朋友们对器材的正面分享成为了购买的催化剂，让她在搜索比价后完成了交易。之后，老妈在社交网络对此品牌潜水器材的使用体验的负面信息分享就让一些朋友打消了购买这个品牌潜水器材的想法。

■情景式营销模式

情景式销售是指在销售过程中，通过环境、氛围的营造，使消费者获取到"情感共振"式的体验，通过情景来打动消费者的购买欲望，激发消费者的共鸣，进而促进产品的销售。

对于这个话题，大仙女很有共鸣：社交网络的用户平均停留时间很长，心情也比较放松，是进行情景式营销的一个好场所。比如牛郎织女，以情侣作为他们的专门销售客户群，以社交网络为营销地，通过故事营销来售卖"一心一意项链"。他们规定他们售卖的"一心一意项链"每个人一生只能购买一次，而且每对"一心一意项链"都是根据每对情侣的故事来制作的个性化产品，每份订单背后的故事和项链成品在获得顾客同意的前提下，会展示在社交网络当中。牛郎织女通过创造忠贞和浪漫的情景让顾客与产品、销售者建立深层次的联系，从而让产品变成有特殊意义的东西。他们利用社交网络特有的病毒式的传播模式赢得了大量的潜在的客户，而他们高价的、个性化的产品保证了其能够获取足够的利润。对于许多潜在客户来说，成为故事的主角满足感或是围观的乐趣，已经成了一种购买之外的附加值。

■粉丝经济模式

粉丝是 FANS 的谐音，是疯狂喜好者的意思。早期的粉丝，专指追星族。在微博等社交网络出现的粉丝则代表了一种信任、关联关系。微博、微信等社交网络的成功营销，离不开忠诚粉丝的培养。忠诚粉丝除了是忠实买家，还往往成为积极的推销者，义务的宣传员，免费的客服，甚至是免费的售后工程师。这些忠诚粉丝的用户体验的影响力被社交网络免费扩大数倍甚至成百上千倍，让大量忠诚粉丝朋友圈里面的潜在用户成为真实顾客。

红孩儿：凡间的粉丝经济模式经营得红红火火，MI 手机的营销模式就是其中的一个例子。MI 手机采用互联网销售和营销模式，通过论坛、微博、微信等社交网络营销模式，凝聚起粉丝的力量，通过好的口碑把 MI 快速打造为知名品牌。

小能对 MI 这个品牌也了解得比较深入：MI 的品牌宣言是"为发烧而生"，该品牌聚集了不少忠诚的粉丝，他们简称"米粉"，MI 通过鼓励粉丝参与调研、产品开发、测试、传播、营销等多个互动环节，极大地提升用户体验。各种形式的线上线下活动让粉丝产生了用户黏性，获取了成为"米粉"的荣誉感和成就感，从而主动成为品牌的免费推销员和宣传者。而 MI 团队在社交网络通过不断制造各种话题和频繁安排活动，不断制造用户参与和传播品牌的语境，从而达到"黏"住忠诚用户、吸引潜在用户等目的。

唐僧：电子商务生态圈引入社交网络这个神物，是看中了这个沟通交流成本低、获取与交换信息成本低、寻找目标客户群成本低的平台，希望它成为商家引流的一个重要入口。做生意，非常重要的一步就是引流。社交网络拥有海量的用户，能够提供及时获取个性化客户需求信息的服务，能够提供"黏"住客户的各种方法和工具，所以它是商家引流的入口和营销的重要场所，也是电子商务生态圈不可缺少的神物。

11.2.5 神物五——电子地图

电子地图（Electronic Map），即数字地图，是利用计算机技术以数字方式存储和查阅的地图。移动互联网的兴起，让电子地图成为了移动的导航地图，它的位置搜索与路线服务为人们的出行提供了很大的方便。某些电子地图提供的实时交通信息为交通和物流调度提供了依据。

沙僧：电子地图的位置搜索和路线服务已经是大家常用的功能，用户面比较广，体验也不错。在物流与供应链的管理中也经常利用它来优化服务。

红孩儿：是的，但是对于电子商务企业来说，他们更看重 LBS（基于位置的服务）功能。有关数据显示，移动互联网的生活服务类应用中，有 67% 的应用与导航地图有关。

而电子地图的 LBS 功能，可以作为 O2O 模式的入口，吸引附近的客源。所以电子商务生态圈引入了这个神物。

蓝采和：这种模式是不是这样的运作方式：比如电子地图标志了我的鲜花实体店的位置，在花店附近的潜在顾客通过电子地图知道店铺的准确位置，而系统自动地、精准地推送折扣信息就可以吸引有需要的顾客临门？

悟空点头：是的，这是其中一种电子地图的 LBS + O2O 模式。但我觉得电子地图还可以做得更深入。与其说人们需要 LBS 提供入口信息，不如说人们更希望 LBS 提供帮助决策的各种信息。比如说我在某地有了餐饮的需求，我不仅想知道附近有哪些餐饮店，我更想知道这些店有什么招牌菜，口碑如何，菜式的价位是多少，有什么促销信息，现在有多少客流量在店里面等等。

大仙女：这些评价类、促销类信息在社交网络和一些垂直网站都可以提供，因此，最简单的实现方法就是引入第三方公司，将相关信息导入。三仙女的一个垂直网站就可以提供相应的信息。

红孩儿：电子地图已经看到了这种需求，电子地图本身不满足于只做 O2O 模式的入口，而是想构建一个 O2O 平台。我觉得这个平台应该包括两个部分：一是商品交易平台，二是用户社交平台。企业一方面通过用户社交平台中以顾客的消费体验分享和促销信息的推送，为客户提供决策的依据，另一方面通过商品交易平台完成交易的闭环。

汉钟离：我觉得滴滴打车是另外一种电子地图的 LBS + O2O 模式的应用。乘客通过滴滴打车软件发送打车的需求，软件利用电子地图的地理位置消息（LBS）撮合司机和乘客的需求，利用电子地图实现导航，通过移动终端完成支付和评价。

哪吒：我觉得滴滴打车的模式可以套用到物流上面来。货车的平均载货程度与它的盈利情况密切相关。电子地图可以让货主的需求和车辆与货物的位置信息可视化。供需双方通过信息平台自动匹配并整合供需。货主也可以通过电子回单 + 移动支付和实时的物流信息通知来掌控物流情况，预测到达时间，并且以自己和他人的评价作为选择物流公司的依据。如此整合，既节省了运力，又降低了物流成本，同时还提高了物流业的盈利。

小能：凡间的马云收购高德地图股份，收购完成后，物流数据和需求信息给打通了，路线与交通信息全部都可视化了，还有物流工作人员的位置信息也将可视化地展现在电子地图上。用户可以根据电子地图显示的物流信息选择合适的物流公司，并且发送需求。包裹送出后，用户随时看到自己的包裹动态，并能预测到达时间。（编者注：电子地图的 LBS + O2O 模式还处在初级阶段，将来哪种具体的方案能够得到大家的认可，还是未知之数。）

唐僧：电子商务生态圈引入电子地图这个神物，最主要的目的是作为引流的另一个入口，在电子商务生态圈的用户们有各种需求时，可以利用手中的移动终端，随时随地便捷地满足自己的需求，同时让处于移动终端周围的移动的或者是固定的商家，还有服务提供商也可以获得可转化的流量，实现盈利。

11.2.6 神物六——电子商务营销与导购平台

唐僧：生态圈希望能够挖掘各种可以进行引流的新场景和新模式，通过各种方法赢得消费者、黏住消费者。社交网络和电子地图就是生态圈的两个新场景。而传统的引流和营销模式,比如导购、广告和团购模式,依然有一大群受众,它们一边利用生态圈的资源进化一边继续发挥着它的作用。

电子商务导购平台是一个实现买家与卖家高速匹配的购物决策平台。它是一个商品推荐引擎。买家希望导购平台帮助他获得好的消费体验,具体而言,就是在海量的同类商品中,使用最短的选购时间获得性价比尽可能高的、最符合自己需求的商品。卖家希望导购平台给予他们具有高成交率的流量和有高转化率的广告。导购平台通过对商品和服务进行整合,给买家营造便捷省时轻松的购物体验和氛围,同时达到精准营销和精准投放广告的效果。

八戒:电子商务导购平台是电子商务生态圈里面土生的神物。我们是最早使用导购平台的那一批电商企业。早期的导购平台主要通过低价、折扣、返利来吸引对于价格敏感的客户。电子商务发展初期,商家数量不多,这几招是很灵的。现在的电商越来越多,同质化的产品的竞争特别惨烈,打价格战往往是双输的局面。这个时候的导购平台需要针对不同群体不同层次进行多元化的导购,为用户提供不一样的购物体验。单靠低价、折扣、返利三道板斧怎么够?依照我们的经验,以下三个锦囊,单独或综合使用,可以实现将客户沉淀为忠诚用户,实现高的转换率和成交率。(编者注:电子商务平台导购模式如图11-6所示)

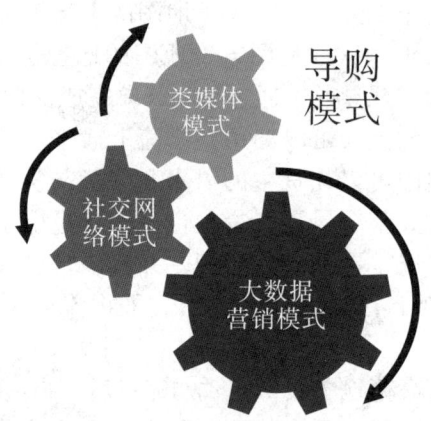

图11-6 电子商务平台导购模式

■通过类媒体的模式,比如"达人"模式,来进行推荐和引导客户。比如嫦娥擅长打扮,她的穿着打扮一直是天宫的流行风向标。嫦娥这个"打扮达人"所推荐的服装的销量一直优于其他品牌款式。

■社交网络模式,借助人群的力量进行产品的汇聚、评价、推荐和分享,从而实现导购。比如翠兰购买了一个烤箱,然后在社交网络分享了一下自己用这个烤箱做蛋糕和饼干的经验,铁扇公主看到后马上就下单购买了同型号烤箱。

■大数据营销模式,通过大数据,在了解和分析用户的习惯、消费能力、思维方式的基础上,更深层次地为用户提供基于价格、爱好、场景的动态解决方案,进行精准营销。

蓝采和:八戒这个锦囊妙计利用的是大数据、社交网络这些神物的帮助。

唐僧:生态圈里面各个物种要互相学习、紧密联系、协同工作,才容易形成良性的协同生态链。导购平台借力于其他神器，还有一些常用的营销手段，比如团购和广告，通过融入新功能和新模式，满足生态圈用户间的信息互通的需求。

红孩儿：电子商务生态圈中产品价格越来越趋于透明化，而电子商务的商家越来越多，广告费也越来越贵，广告变得供不应求。我的一些商家朋友认为现在广告费占成本的比例过大，广告的效果也没有以前好，所以继续使用广告这种营销手段的意愿不高。

八戒：产品能否赢得顾客的心，一看产品本身的质量，二看能否组织有效的营销。不少好的产品，在传统的营销渠道，使用传统的广告营销模式，依然获得很大的销售量和很高的产品美誉度。当然，现今各种技术和思维模式都不断更新换代，电子商务生态圈里面营销平台的模式也不断丰富，不少商家采取一些新的模式和方法来进行营销。不过，我觉得传统的广告营销还是有很大发展空间，可以通过依靠生态圈累积的大数据进行精准广告营销和利用生态圈现有的各种资源，设计能够激发消费者内在需求的广告来打动消费者的心。

唐僧：传统的广告模式大家都熟悉，今天只谈广告的新模式和方法。以下是我的总结：

■大数据营销模式

依靠电子商务生态圈里面累积的客户关注、消费、社交、资金融通等活动的闭环大数据，广告平台提供了针对特定用户发送精准广告的功能。比如售卖化妆品的凌波仙子可以对有需求的女性白领们精准群发广告；又如广告平台通过各种体现出用户关注点的数据（用户的浏览网页行为，用户在社交网络上面的言论，用户的购买记录和评价等等），推送个性化的广告。前面提到过一个例子，广告平台根据翠兰在社交网络的交谈记录，自动推送潜水器材的广告，从而实现了兴趣到消费的转化。

■利用电子地图的 LBS + O2O 模式

悟空：这个俺晓得。比如俺到了一个陌生的城市，有住酒店的需求。俺可以通过电子地图的 LBS 服务，找到附近一系列的酒店，了解它们的口碑后，选择其中一家并在移动终端完成预定。预定成功后，酒店需要给提供其位置信息和口碑信息的广告平台付费。这种针对在商家附近，有生活服务类应用需求的顾客发送精准广告的模式，广告费用少，引流效果好。这种高转化率的广告，肯定深受卖家欢迎。

■植入游戏模式

小能：针对目前生态圈内使用移动终端玩游戏的人员众多的情况，商家通过广告平台的大数据服务，获取生态圈里面不同游戏参加者的特征信息，作为广告在移动终端投放决策的参考因素。事实上，部分广告会放在游戏界面的角落等位置，让消费者在反复观看中记住它；部分广告进行内容营销，植入游戏中，成为游戏情景的其中一部分，比如某拼词游戏，它把商家的名字作为拼词的对象；还有个别商家，专门为自己度身定做一个游戏，结合游戏角色来无缝整合用户体验，事实证明，这样的广告点击率提高了 350%。

■互动和虚拟体验营销模式

三仙女：广告作为主要的营销手段，已经风行了很多年。长年的广告轰炸，让某些消费者对广告有厌倦和抵触心理。所以，现在抓住消费者心理的软营销广告也很流行。比如售卖化妆品的凌波仙子针对女性白领喜欢涂指甲油，但是不知道如何选择颜色，又没有时间亲身去逐瓶试用的难处,推出了一款互动式移动广告:用户可以通过移动终端随意调整广告里"手模"的肤色,寻找到与自己肤色最接近的"模板",然后通过广告里提供的色盘或者指甲油的编号来选择不同颜色的指甲油,直至找到自己最满意的虚拟搭配效果。这种利用移动终端进行互动和虚拟体验营销,满足消费者消费体验和消费咨询的需求,解决了消费者的问题的同时,也提升了购物的乐趣,最终带动了商品的销售。

■ 自制 APP 模式

翠兰:还有专门针对新生儿家长需求的 APP,某妇婴商品商,做了一个免费的婴儿期百事通 APP,内容涵盖了婴儿期每个月婴儿的生长特点、详细的注意事项和问题处理方法。每月介绍的末尾处,给出本月婴儿所需用品的广告优惠链接。该 APP 获得了很高的下载率、好评和推荐。对于某妇婴商品商来说,它制作的 APP 就是对自身品牌的柔性广告宣传,也是汇集潜在客户并且赢得其潜在客户群信任的法宝,也称得上是广告转化率的神器。

唐僧小结道:电子商务生态圈里面使用的营销模式和手段正在不断发展变化。在移动终端、社交网络、电子地图等场景中,互动广告、情景广告、体验式营销广告和各种软广告的模式大行其道。其实,这只是承载内容的形式在不断发生变化,广告的核心,比如服务消费者、缔结品牌忠诚度、凸显自己的特性以便进行差异化营销等内容是不变的。如果是假冒伪劣产品,无论什么样的广告营销手段和模式都无法起到好的效果。

镇元子:除了广告,团购也是一种很受欢迎的电子商务营销手段。团购(Group Purchase),又叫团体购物,指一定数量的消费者联合起来,加大与商家的谈判能力,以求得最优价格的一种购物方式。网络团购作为网购的一种方式,大大提升用户与商家的议价能力,商家也通过这种模式在不受时间地域限制的情况下,快捷方便地获得大量顾客,达到引流和宣传的作用。

大仙女:团购是一种通过产品组合实现产品标准化,通过高额打折促使用户进行购买的模式。它通过商家的让利,迎合消费者希望获得价廉物美商品的心理需求。但是商家不可能长期进行大幅度让利,再加上网络团购还没有很完善的规则来约束它,因此货不对板和诈骗时有发生,而且个别团购还存在售后服务不完善等问题。所以,团购这两年有些低迷,与其同时,号称是团购的升级版的 C2B 预售开始兴起。所谓预售模式,就是利用互联网,在短时间内快速聚集单个分散的消费需求信息,然后给商家一个集采大订单,厂商预先拿到订单后,快速地组织生产,在最短的时间内把商品送到消费者手里。预售模式是对供应链要求很高的模式,需要精准地锁定消费者、提前备货、消除库存,需要更有效地管理上下游供应链,使得生产成本、流通成本、库存成本能够大幅降低,在给消费者优质价低的产品同时,也最大程度保障了卖家的利润。

镇元子:是的,预售已成为部分商家比较喜欢的营销模式,但是团购也出现了多种新模式:

■ "无需预约"的团购模式

随着移动终端的流行,"无需预约"的团购越来越流行。这种可以即买即用的团购迎合了顾客希望"按需团购"、以免浪费的心理,也推动了方便快捷的移动终端团购的发展。

■ B2B 团购

悟空：B2B 团购是另外一个发展的趋势。这种新型"团购"公司更接近于市场营销咨询公司。它根据生物圈积累的数据和资源信息，在进行充分的市场调研、消费者行为分析以及数据驱动营销后，把生物圈内大批量闲置的资源，打包卖给有促销需求的大公司。比如把工作日的优惠餐饮券，淡季的特价机票等打包卖给有需求的大公司，达到盘活闲置资源的作用。它还可以用商家买单的模式，让消费者更实惠地享受到关联服务，比如为商家提供"购买商务笔记本，获得国内免费往返机票"等促销方案，从而实现品牌与商品促销挂钩的营销。团购完毕后，B2B 团购还会追踪使用优惠券的消费者的后续行为，统计准确的促销转化率，获取促销方案的意见反馈，另外，消费时间，后续消费次数等数据会被收集，用于不断完善营销模型，以便构建更有效的，匹配度更好的促销活动解决方案。

红孩儿：电子商务营销平台作为开放的平台，现在也允许企业自由入驻创建团购项目，并打破此前的"返佣"盈利模式，以零门槛平台的姿态吸引流量。此外，电子商务营销平台还可以利用生态圈里面的资源为商户做推广……电子商务营销与导购平台在信息互通和资源共享方面还可以做很多工作。

唐僧最后总结：电子商务交易平台发展初期，商家只是把它当成一个低佣而且获取用户成本很低的交易的渠道，平台主要负责搭台让商家在上面"唱戏"就可。到了商家同质化竞争激烈的现在，电子商务交易平台需要提供企业用户所需的各种功能和不同解决方案，让他们可以结合自身优势进行差异化竞争以及提供个性化服务给消费者。为达到这个目的，电子商务交易平台需要把生态圈内各方在流程中积累的大数据作为基础服务输出；需要方便、快捷、安全可靠的金融服务和优质的物流与供应链管理服务这两大支撑环节的支持；需要通过社交网络、电子地图、营销与导购平台作为导流的入口，以及互动与营销的场所。电子商务交易平台结合这六种神物，最终组成了一个电子商务发展基础设施；一个包含消费者、渠道商、制造商和电子商务服务的提供商的开放的、协同的、繁荣的电子商务生态圈。我希望各位仙家和我们一起建设好这个电子商务生态圈，让三界的消费者从这个互联网时代的丰富生活中获益。

八仙：我们八仙愿意为搭建电子商务生态圈出力，这六种神物的炼造就交给我们八人吧。

章节要点小结（请同学们在本章节中查找知识要点的对应页码，以便复习）

知识要点	章节页码
1. 电子商务生态圈的两大组成部分	
2. 电子商务生态圈的六大神物的概念及其作用	

延展学习活动： 最近 BAT（百度、阿里巴巴、腾讯）并购风起云涌，请同学们任选一个并购案例分析其并购原因，以及你对该并购行业前景的看法。

第 12 章
网上自主创业

八仙领命而去，众仙意犹未尽，继续围着唐僧师徒四人。他们希望从他们的亲身经历中找到如何进行网上自主创业的思路。

唐僧：进行电子商务的企业基本情况各不相同，但他们都是看重了互联网拥有广泛的客户基础，以及电子商务平台能够提供的强大的技术支撑与服务优势才进入这个领域的。电子商务已经进入相对成熟的阶段，电子商务中客户需求和产品价格趋于透明化，同质化产品之间竞争激烈，企业盈利困难。企业如需立足于市场，必须通过相关分析确立顾客群，找出最适合自己的营销方案进行精准营销，才能够脱颖而出。

悟空：每个行业的情况不同，经营思路不一样，方法更是千差万别。直接套用他人模式是行不通的。我们各自谈一些创业的心得给大家做个参考吧。

12.1 服装店创业要点

八戒：我们在凡间经营服装业。服装业的潮流变化快，难以进行准确的判断和把握，一个决策失误，生产出来的服装就只能压仓库了。通过互联网销售，可以在一定程度上减少销售成本，但是同行高度同质化竞争使企业几乎无利可图。

四仙女：是的，凡间服装业生产成本快速上升、市场严重饱和、同行间竞争激烈、大量商品积压在仓库里面。但人们的购买需求还是存在的，只要找到适合的客户群，创造或者是找到一个激发他们购买欲望的场景和理由，就可以打开市场。

■利用粉丝进行营销

四仙女：凡人好追星。我的团购网站就是针对喜欢打扮的追星族进行营销。网站专门与嫦娥等各位仙人合作，根据他们在某个公众场合的衣着和饰品，发出同一款衣饰的预售。当参加团购的人数达到最低数量时，就表示团购成功了，接着我就会组织厂家进行生产。这种达到最低数量才组织生产的预售模式，解决了产品积压的问题，实现了按需生产和销售。因为粉丝喜欢聚集在一起，所以我获取用户的成本很低。只要给粉丝提供贴心的、满足其心理需求的服务，他们就可以沉淀下来，成为我的忠实客户，并自发地为我宣传。总之，粉丝的追星需求和生态圈内物流与供应链的支持让我的团购网站生意红红火火。

■故事品牌营销

小能：不少消费者抱怨，自己的服装经常和其他人的"撞衫"，体现不了自己的独特性。针对这部分对个性化衣着和饰品存在需求的年轻一代,我创立了"真我"品牌。我把自己作为"真我"的代言人,通过我沉迷网游后悔悟,在互联网创业成功的经历汇聚目标客户,同时,通过网络互动和服务吸引年轻一代,引导他们消费。相似或者不相似的故事,共同的情感和追求,让"真我"品牌受到了年轻一代的喜爱。另外,"真我"品牌针对年轻一代的个性化需求,将设计权交给消费者,制作个性化的文化衫。消费者可以在"真我"的定制页面,利用在线编辑器自行设计图片、样式和文字,形成自己设计的、独一无二的服装。

■ 精准营销

小能继续补充:"真我"品牌销量不错,但我最近发现更红火的是青少年团体服装的购置。现在很多凡人觉得校服款式落后且剪裁不过关。我所推出的团体服装设计时尚、大方,而且非标准身材可以专门定制。接单时我发现,能为非标准身材定制服装的服务是不少人最终选择我们的原因。

翠兰:凡人的体型千差万别,但服装的尺码却十分有限,导致部分人因为体形、身高和腰围等原因无法买到合适的衣服。小能给我看过一份资料,以男装为例,商场里有64%的人可以买到合体服装,29%的人在商场买衣服只是将就能穿,另有7%根本买不到合体的服装。八戒就在这7%的群体里面。所以我和八戒决定:深耕传统服装业所忽视的、身材发福而难以购买到合适正装的人群。

沙僧笑道:互联网的优势是将零散的需求集中化,哪怕是再小众,也是一个很大的客户群。凡间生活越来越好,像二师兄那样发福的人越来越多,这些对生活品质有追求的人群,有希望通过服装来修饰身材的需求,但是传统的定制费用高、时间长而且质量不能保证。把他们的需求集合起来,形成规模,就可以用较低的成本实现生产了。

翠兰:利用电子商务平台里面积累的用户大数据,可以识别出我们的目标客户群,进行精准营销。另外,社交网络也是我们获取潜在客户的好渠道。八戒把自己塑造成为身材发福的精英们排忧解难的知心朋友,在为大众服务的同时也宣传了自己,让有需求的客户自动找上门。社交网络特有的病毒式传播模式,让我们在不需要花费大量广告费的情况下,赢得了大量的客户。

大仙女:做一件简单的服装,需要领围、肩宽、胸围、袖长等十几项数据,让非专业的顾客来测量这些数据往往有很大误差。你们是怎么解决这个问题的?

小能:一开始是用仙法进行远程测量,并同时积累体型数据资料。后来我们利用了最新的计算机技术:客户只要提供正面和侧面两张照片,计算机就可以测量出各部分的尺码,经过与数据库里的个人体型数据对比,就可以自动调出匹配的板型并进行数字化裁剪。

我们的数字化裁剪技术不仅能够将布料裁成服装的各个部分,还能在每片布料上画好缝线的位置,流水线上的工人只需要按照缝线位置进行标准化生产就可以了。而通过流水线进行的标准化生产,保障了产品的品质同时降低了产品的价格。高品质的产品提高了顾客的重复购买率。

红孩儿感叹:利用高科技可以将个性化需求标准化,零散的需求聚合成一定的规模。而规模化的生产降低了产品的价格,标准化的生产保障了产品的基本品质。如此低价高质的商品自然带来好口碑、回头客和高利润,达到商家与顾客双赢的目的。

12.2 生鲜电商创业要点

电子商务在许多领域都呈现饱和状态,但是生鲜电商市场尚未被深度挖掘。听说生鲜电商毛利率高,回头客多,是一个值得关注的领域。孙悟空的花果山农产品贸易公司现在颇具影响,他也谈了这个行业如何创业的看法。

12.2.1 生鲜电商市场的诱惑

悟空:电商的生鲜市场有三大诱惑:
■毛利率高,比如海鲜产品毛利到了50%以上,普通水果的毛利约20%,冻肉也有20%到30%的毛利。
■生鲜产品属于消耗量很大的生活必需品,重复购买率较高。
■生鲜产品市场尚未完全开发,产品销量只占电子商务市场不到1%的比例。

12.2.2 生鲜电商市场的软肋

生鲜电商市场还没有饱和,是因为它存在以下问题:
■生鲜食品物流对于保鲜要求高,导致物流成本居高不下。生鲜食品的配送大多需要冷链物流。冷链物流是指冷藏冷冻类食品在生产、贮藏、运输、销售,到消费前的各个环节中始终处于规定的低温环境下,以保证食品质量,减少食品损耗的一项系统工程。生鲜平均物流成本占15%到20%,个别则高达30%到40%。
■生鲜难以保存,损耗大。生鲜食品保质期短,容易变质。比如鲜肉的保质期只有2-3天,草莓1.5天,大白菜、卷心菜最多2-3天。普通商品损耗率不到1%,而生鲜产品的损耗率可达到10%至30%。
■生鲜食品标准化低,众口难调。对如何评价生鲜食品的品相和口味,没有一个标准化的认识,容易产生争执。

12.2.3 生鲜电商的经营模式

不少商家提出生鲜电商市场经营模式,具体有以下例子:
■C2B预售+产地直供+快速反应供应链的高端的生鲜产品售卖模式
悟空:以我的经验,采用"C2B预售+产地直供+快速反应供应链"的高端生鲜产品售卖模式,可以通过高利润对冲高成本和高损耗。
红孩儿笑了:你说的是天庭的预售蓬莱灵芝仙草的模式吧。灵芝仙草离开了蓬莱,在凡间只能存活十五分钟。通过C2B预售可以在灵芝仙草长成之前确定买家,然后采用产地直供模式+快速反应供应链缩短物流时间,在灵芝仙草运达仙界前保住其最大的药效。灵芝仙草品质佳数量少,高价值产品带来的高利润能够弥补高物流成本和运输损耗所带来的损失。
翠兰:凡间热销的愚公移山李也是这个模式。营销网商使用产地直供模式,采用故事营销的方法推广,把李子与愚公不屈不挠的奋斗精神挂钩,成为有励志意义的特殊产品。大家拿愚公移山李自用或送人,达到了传播正能量的目的,进而促进了产品的销售。

■C2B 预售 + O2O 模式

小能：生鲜电商还可以采用"C2B 预售 + O2O 模式"进行营销。比如，董永叔叔通过社交网络卖牛肉就是一个例子。凡间部分高消费人士对纯天然的有机产品有需求。他们通过社交网络领养董永叔叔牧场的牛，并且通过社交网络随时了解牛的情况。最后牛出栏了，牛肉就会通过物流送到领养者手里。

红孩儿：这是非规模化的农场或农户销售自家产品的模式。通过免费的社交网络进行口碑营销，通过农户与消费者的直接对接，达到"消费者获得高性价比的产品，农户获取比卖给中间商更高的利润"的双赢局面。

■区域化生鲜电商的经营模式

沙僧：生鲜食品的供应链越长物流费用越高、损耗也越多。缩短供应链的流通环节，就可以提高生鲜食品的价格竞争力和服务竞争力。生鲜电商采用的模式各不相同，但目的都是为了改变消费者消费理念、发展生鲜电子商务市场。我发现很多生鲜电商除了提供高质量的产品，还进行市场培育，通过提升服务和创新模式吸引顾客，引导客户改变消费观念。有的提供配菜服务，有的通过售卖半成品菜肴，减少顾客的工作量，有的通过教用户如何烹饪和让用户分享自己的成果来让用户获得更好的体验，有的通过一日三次到四次的送货时间来解决客户没有时间去市场买菜的问题。例如，山东生鲜电商"乐农优选"为客户提供配菜服务，通过搭配好一周都不重样的菜谱——周菜香，引导客户按周订购。"乐农优选"还建设了"馋猫菜谱"版块，依靠现有生鲜产品，打通菜谱与产品，给予客户"一站式"的解决方案。让不知道吃什么的客户，知道吃什么、怎样煮，并且能"一站式"购买好所需食材。

唐僧：大家刚才分享了很多的案例。这些例子或者是一种通过经营模式的创新来寻找客源，或者是通过满足某个群体的特定需求来汇集客户，或者是提供让用户满意的服务来吸引顾客。今天的时间紧迫，还有不少案例没有被提及。大家可以会后通过提交报告等形式继续分享经验。

章节要点小结（请同学们在本章节中查找知识要点的对应页码，以便复习）

知识要点	章节页码
1. 服装行业网络创业要点	
2. 生鲜行业网络创业的诱惑、软肋	
3. 生鲜电商的经营模式实例	

延展学习活动： 请同学们根据前面的市场调查（第 7 章），谈谈以年轻人作为服务对象的 APP 应用开发应该要考虑哪些因素。

第 13 章
电子商务岗位职员培养

许多仙人满意而去，但是还有一些仙人继续围着唐僧师徒。

桃花仙子：我的能力有限，开不了网店，但是我也对电子商务感兴趣，想找一份相关的工作。我喜欢画画，您看我可以做什么工作？

金童：我平时喜欢编程，我想电子商务行业需要很多进行设计和开发工作的职员吧。

唐僧：电子商务行业除了拥有很多的商家，也需要大量的各类职员来搭建一个高效率的、有凝聚力的团队。大部分掘金人的劳动所得比不上卖水人的故事在电子商务圈里面时有上演。只要职员们为商家赢得丰厚的利润，自然也会收获丰厚的报酬。

明月：那电子商务行业需要哪些方面的岗位？对这些岗位的职员又有什么样的要求呢？

唐僧：电子商务行业需要大量营销、管理、技术等方面的岗位职员。这些职员首先需要具备下面综合素质：优秀的沟通表达能力、创新能力和学习能力、高涨的工作热情、团队合作精神、吃苦耐劳以及高度责任感和良好的职业道德。拥有了上面的综合素质和扎实的专业技术能力自然可以获得企业接纳。

喜鹊仙子：我们如何培养这些素质和能力？哪里可以培训我们？

八戒：镇元子大师开设了一家为电子商务行业培养各类岗位人员的学校，你们可以去镇元子大师那里接受培训。

镇元子：我们依照电子商务行业内的商家、管理人员和各种岗位职员的职能需求来设计课程。欢迎大家前来报名。

13.1 技术类岗位

■电子商务平台设计（代表性岗位：网站策划/编辑人员）：主要从事电子商务平台规划、网络编程、电子商务平台安全设计等工作。

■电子商务网站设计（代表性岗位：网站设计/开发人员）：主要从事电子商务网页设计、数据库建设、程序设计、站点管理与技术维护等工作。

■电子商务平台美术设计（代表性岗位：网站美工人员）：主要从事平台颜色处理、文字处理、图像处理、视频处理等工作。

镇元子：桃花仙子业余爱好画画，曾经自费出版动漫画册。你适合学习网页设计、图像处理、视频采集与处理等知识，以后帮助电子商务卖家进行电子店铺的设计、网页维护和货品照片美化等工作。

桃花仙子：太好了，没想到我的兴趣也能帮助我进入电子商务行业。我一定会把网页和商品图片设计得美美的，让大家一看就喜欢。

镇元子：兴趣是进入某个行业的最好的敲门砖，但是进入电子商务行业不能只靠兴趣。这是一个基础性技术岗位，除了要求有一定的专业特长，还要能够理解商务需求，要懂得"如何做"电子商务。优秀的电子商务美工人员，不只是做出漂亮的图片，而是要结合人的心理，做出让人印象深刻的网页和一看就有购物欲的作品图片。

桃花仙子：明白了，我一定会去接受更系统的培训。

金童：我喜欢编程，有哪些工作岗位比较符合我的需求？

镇元子：你可以考虑往电子商务网站设计方向努力，学习数据库建设、程序设计、站点管理与技术维护等知识。要注意：网站策划、编辑以及网站设计和开发的从业人员不能只专注于技术，他们要把握市场意图，分析消费者心理和行为模式，了解营销和管理知识，才能做出让消费者用户有最好体验的网站。

众小仙点头。

13.2 商务类岗位

■企业网络营销业务（代表性岗位：网络营销人员）：主要是利用网站为企业开拓网上业务、网络品牌管理、客户服务等工作。

■新型网络服务商的内容服务（代表性岗位：网站运营人员/主管）：主要包括频道规划、信息管理、频道推广、客户管理等工作。

■电子商务支持系统的推广（代表性岗位：网站推广人员）：负责销售电子商务系统和提供电子商务支持服务、客户管理等。

喜鹊仙子：我们几个姐妹最喜欢和人聊天。我觉得网络营销人员是符合我们性格特点的工作。我们姐妹会学习好商务知识、营销心理和电子商务技术本领，希望成为符合电商要求的员工。

画眉仙子：我觉得除了网络营销人员，网站运营人员和网站推广人员也是符合我们爱沟通的特点的工作。

荷花仙子：镇元子大师，商务类岗位需求大吗？

镇元子：商务类岗位的需求最大。员工需要精通现代商务活动，充分了解和理解商务需求，同时具备足够的电子商务技术知识，懂得电子商务"能做什么"，善于提出满足商务需求的电子商务应用方式。比如，负责电子商务推广的人员要想把工作做好，就要把握好几个关键要素：（1）需要明确推广目标人群，精准的受众人群可以靠电子商务生态圈的大数据分析得出；（2）需要了解各种推广模式，选择找到最合适的方式；（3）需要懂得从经验或者电子商务生态圈积累的大数据确定合适的推广时段；（4）需要懂得推广节奏；（5）需要能够自如地计算投入产出的金融知识。这五个关键点的掌控能力需要通过案例的学习来积累。大家在我们学校可以通过竞赛、模拟平台和实习等方式不断磨炼，逐步实现自己的电商职业梦想。

13.3 综合管理岗位

■电子商务平台综合管理（代表性岗位：电子商务项目经理）：主要从事电子商务平台的项目规划、建设、运营和管理等工作。

■企业电子商务综合管理（代表性岗位：电子商务部门经理）：主要从事企业电子商务整体规划、建设、运营和管理等工作。

电子商务建设是一项系统工程，项目管理人才就是策划和进行电子商务项目的中高层管理人才，是一种精通技术和项目管理知识的复合型职业人才。顶尖的项目管理人才具有前瞻性思维，懂得"为什么要做"电子商务，熟知相关的电子商务理论与应用，能够从战略上分析和把握其发展特点和趋势，设计并且推动高效率的团队完成目标。

管理人才很难得，特别是顶尖的管理人才如果没有多年实践经验是很难培养出来的。我们除了加强项目管理人才的模拟和实操练习，也花时间让有管理经验的老师和学员来分享他们的经验。同时我们也提供了高级和中级的短期电子商务培训课程给企业决策层和中坚人员学习。有些企业还要求我们度身定做一些专门的短期课程给他们。

八戒：按我的经验，对掌门人和中层管理人员的培训很重要。外来人员招聘需要时间，而且也需要时间来磨合。而决策层和管理层已经是稳定的，让他们拥有了最新的电商知识，才可以马上指挥整个团队有效地完成各种电商的任务。比如我们把小能培养出来了，就可以安心让他来进行规划、指挥和督促完成我们交给他的各种销售目标了。

沙僧笑道：二师兄有个好儿子，大家都知道。

镇元子：电子商务新技术、新模式不断涌现，新的岗位需求也不断出现，我们的课程也会作出调整。例如，流量获取和分析能力现在已成为企业三大核心能力之一，我们就把有关内容加入到刚才提及的三种岗位培训课程当中。

荷花仙子：什么是流量？

镇元子：流量，又叫网站流量（Traffic），是指网站的访问量。它用来描述访问一个网站的用户数量以及用户所浏览的页面数量等指标，常用的统计指标包括网站的独立用户数量（一般指 IP）、总用户数量（含重复访问者）、页面浏览数量、每个用户的页面浏览数量、用户在网站的平均停留时间等。通俗地说，流量就是电商的人气，而获取尽量多的人气是做生意的第一步。

流量的获取有以下方式：（1）通过论坛、社交网络等场合推广来获取流量；（2）加入流量联盟，通过流量交换获取更多流量；（3）通过搜索引擎优化 SEO（Search Engine Optimization）进行分析与推广；（4）通过制作热门事件或借热门事件来进行炒作，引起公众注意，进而关注网站。

这三种方式中，SEO 分析与推广是当前热门的技术。红孩儿负责教授搜索引擎优化 SEO 的课程。以下是一个实例数据（编者注：某网站流量情况如图 13-1 所示）：

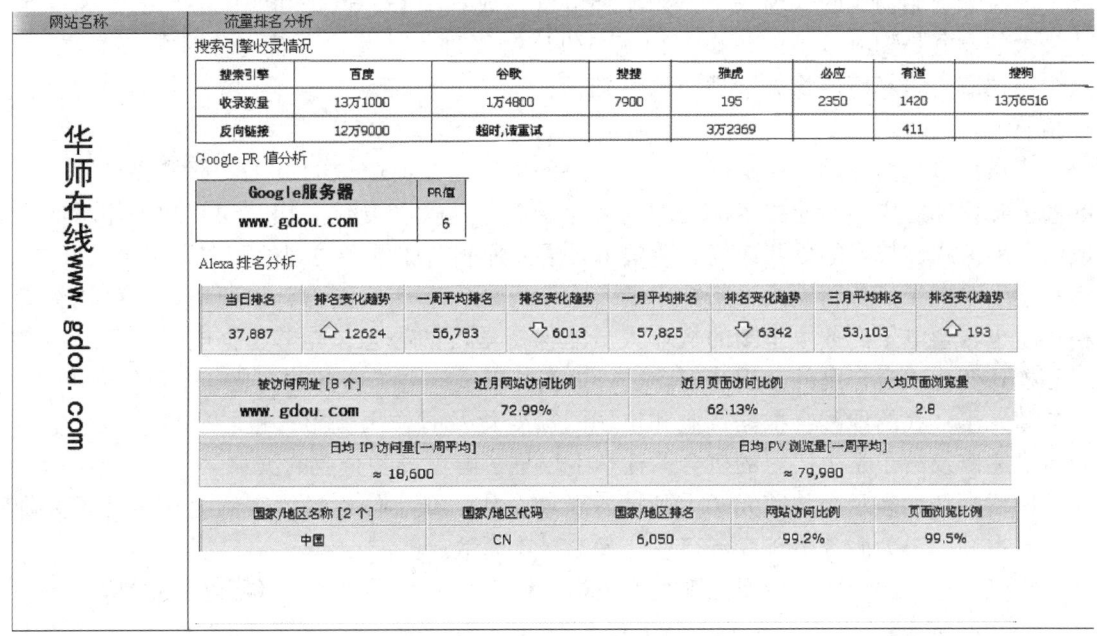

图 13-1 某网站流量情况

图中有几个专业名词，PV 值、PR 值和 Alexa 排名分析。PV 值（PageViews），即页面浏览量，对网站来说，就是网站的人均浏览次数。PV 值是衡量商业网站表现的重要尺度之一。PR 值（PageRank），网页的级别技术，是 Google 排名运算法则（排名公式）的一个指标，用来标识网页的等级/重要性。PR 级别有 0 到 10 级，PR 值越高说明该网页越受欢迎（越重要），10 级为满分。PR 值在 4 分以上，表明此网站是一个受欢迎的网站。Alexa 是 Amazon 公司的一个子公司，是当前拥有 URL 数量最庞大、网站世界排名信息发布最详尽的网站。Alexa 提供了包括综合排名、到访量排名、页面访问量排名等多个评价指标信息，大多数人认为它是较具权威性的网站访问量评价指标。红孩儿会根据获取的流量的 PR 值，PV 值，Alexa 排名分析等多项数据，进行了多维数值分析，获取精细化的各学院真实需求数据，从而提出针对性的网络推广建议。其他企业也可以通过这个方法进行分析和做针对性的推广。有关具体的分析方法和过程，大家可以在红孩儿的课程中详细了解。

13.4 物流与供应链管理岗位

沙僧：镇元子大师，我们物流业也需要大量精英。别把我们的需求遗漏了。

镇元子：忘不了！我们针对物流业设置了新的岗位方向：

■采购方向（代表性岗位：采购人员/买手）。采购人员需要精通现代商务知识，对客户需求敏感，洞悉市场潮流变化，同时需要懂得电子商务技术，能够利用网络平台与供应商保持广泛而稳定的关系。

■物流与供应链管理方向（代表性岗位：物流与供应链管理员）。电子商务企业的

电子商务概论

效率取决于仓储物流的管理效率，物流环节既是成本中心，也是利润中心，电子商务企业最大的投资是物流基地的建设，物流与供应链管理人才是电子商务企业的核心之一。这个岗位需要培养精通物流管理与调度知识、掌握电子商务技术、了解商务知识的复合型精英。

唐僧：电子商务的本质是商务，电子商务生态圈任何职位的员工，都需要具备一定的商务知识和对应的专业技术能力。而且电子商务迭代和变化太快，现有知识体系的形成赶不上模式、技术的更新速度。希望镇元子大师能增加更多的理论和实践结合的环节，提高学生对电子商务新模式、新技术的自主学习能力和应用能力，以便培养应用创新型精英。也希望电子商务生态圈的从业人员能保持学习的心态，能够根据电子商务最新技术和模式变化，对自己的知识和理念进行更新，以适应电子商务的变化和企业的要求。

镇元子：我的课程会根据行业和市场的新变化及时作出调整，也希望企业多来学校进行讲座以及给予学生实习的机会，让学生尽早了解市场和企业的需求。

唐僧师徒均表示会与镇元子大师展开长期合作。众小仙也纷纷表示会在镇元子大师处学好本领，努力服务电子商务行业。大家尽欢而散。

小能把这一部分的知识要点整理成表格，留空章节页码部分，以便以后复习。

章节要点小结（请同学们在本章节中查找知识要点的对应页码，以便复习）

知识要点	章节页码
1. 电子商务岗位职员素质要求	
2. 技术类岗位种类	
3. 商务类岗位种类	
4. 综合管理岗位种类	
5. 物流与供应链管理岗位种类	

延展学习活动： 请同学们综合自己所学，谈谈电子商务浪潮中自己有着怎么样的定位和在往后的学习中将做怎么样的准备。

附录

附录1：百度搜索引擎优化指南（节选）

首先考虑域名确定和服务器的选择。

(1) 域名方面。域名尽量简短，方便用户记忆。

域名可以与网站主题或者网站名称相呼应。也可以使用公司名称、商标等来定义域名。

域名后缀建议使用常见的.COM、.CN、.NET 的后缀，也可以针对行业特征选择特定的域名，例如.EDU。

(2) 服务器的选择。选择有实力的正规空间商。保证用户的访问速度和稳定性。

针对网站的规模，对空间的流量、连接数和功能等方面进行考察后再做出选择。

根据用户群分布选择接入商，是电信、联通还是移动，需要考虑清楚。

其次，搞好网站建设方面。其中主要分三个部分：

(1) 如何更好地让搜索引擎收录网站中的内容（收录）。

(2) 如何在搜索引擎中获得良好的排名（排序）。

(3) 如何让用户从众多的搜索结果中点击网站（展现）。

具体内容如下：

一、如何让百度更好地收录网站中的内容

使用文字而不是 Flash、图片、JavaScript 等来显示重要内容，因为搜索引擎无法识别以非文字形式显示的内容。

如果一定要用 Flash 制作网页，建议同时制作一个供搜索引擎收录的文字版，并在首页使用文本链接指向文字版。这样的设计也方便浏览者因应网络设备情况做出选择。

Ajax 等搜索引擎不能识别的技术，只能用于促进用户交互。如需搜索引擎识别有关导航和正文内容，记得别放 Ajax 当中。

不使用 Frame 和 iFrame 框架结构，因为框架中显示内容可能会被百度丢弃。

网站结构方面：

网站结构建议使用树形结构：树干（首页）——树枝（频道，可通过细分频道来满足网站内容增加的需要，但注意不要过度细化）——叶子（普通内容页）。

确保每个页面至少一个文本链接达到。

重要内容应该能从首页或者网站结构中比较浅的层次访问到。

每个页面上都应设置网站导航条。建议使用文字链接。如果用图片做导航，可使用 Alt 注释以便告知搜索引擎所指向网页的内容是什么。以迪士尼官方网站的旧版网站为例，见图 1。

图 1　迪士尼官方网站旧版页面各页面上相同的主菜单栏

网站内容较多时，可使用面包屑式的导航。如下图所示，网站既提供了首页 > 游戏 > 手机游戏及应用的菜单，也在窗口标题栏显示有关内容以便用户了解所处位置。而且提供"返回首页"的跳转。见图 2。

图 2　迪士尼官方网站旧版页面使用的面包屑式的导航（导航同步显示在网页标题栏）

搜索引擎会自动识别站点主题，因此，如果站点中内容关联度不高，可考虑放在不同子域名下。若关联度高，建议放主站点下一个目录中，以便利用主站的权重获得靠前排位。

以迪士尼官方网站的旧版页面为例，各菜单对应的网址当中，除了"乐园 www.hongkongdisneyland.com.cn"和"英语 www.disneyenglish.com"专栏另用域名以外，其他栏目都使用官方网站 URL 的二级目录。让用户能从 URL 判断出网页内容以及网站结构信息，并可以预测将要看到的内容。见图 3。

```
首页： http://www.dol.cn/index.shtml
游戏： http://game.dol.cn/
手机游戏： http://game.dol.cn/Mgame/index3.shtml
美图： http://image.dol.cn/
购物： http://store.dol.cn/
图书： http://book.dol.cn/
乐园： http://www.hongkongdisneyland.com.cn/
英语： http://www.disneyenglish.com/
```

图 3　迪士尼官方网站部分菜单的 URL

网站中同一网页，只对应一个 URL。URL 尽量短，如果是动态网页，需要控制参数的数量和 URL 长度，百度更偏向于收录静态网页。网站尽量不要进行整站内容的完全更换。改版后，要把改版前的页面 301 永久重新定向到改版后对应的页面，并把新的 URL

通过 Sitemap 提交给百度。网站如果关闭，建议使用 503 状态好让百度 Spider 再次返回访问。404 状态会导致百度从搜索结果中删除网页。

二、如何在搜索引擎中获得良好的排名

网页标题是搜索引擎判断一个网页权重时的主要参考信息之一。百度建议标题命名如下。首页：网站名称或网站名称_提供服务介绍/产品介绍。频道页：频道名称_网站名称。文章页：文章 Title_频道名称_网站名称。

每个页面标题应该独一无二。标题应该包含正文重要内容，例如与正文有关的关键字。重要内容放标题的靠前位置方便用户浏览。

要尽量使用用户熟知的语言描述标题。

网站内容建设以网站核心价值为主，网站内容应该是面向用户，提供给搜索引擎的内容也应该是对自己核心价值有帮助的内容。

网站内容要注意原创性和独特性。简单抄袭和重复网络已有内容有可能会被百度拒录。

Alt 标签可用于对图形的表述，有利于用户和搜索引擎了解图片内容。

Web2.0 类型的网站，可通过投票、评论等手段帮助用户判断资源的质量。

推荐有助于网站排名靠前。网站可提供便利的推荐方式给用户，引导用户去推荐网站。见图 4、图 5。

图 4　BMW 官方网站上的分享快捷键

图 5　BMW 在优酷上放置的视频的分享操作菜单

三、如何让用户从众多的搜索结果中点击网站

除了之前提及的标题命名方式，网页标题要让用户有信任感，网页摘要（Meta description）是关键，它可以帮助用户判断搜索结果是否符合需求。见图 6。

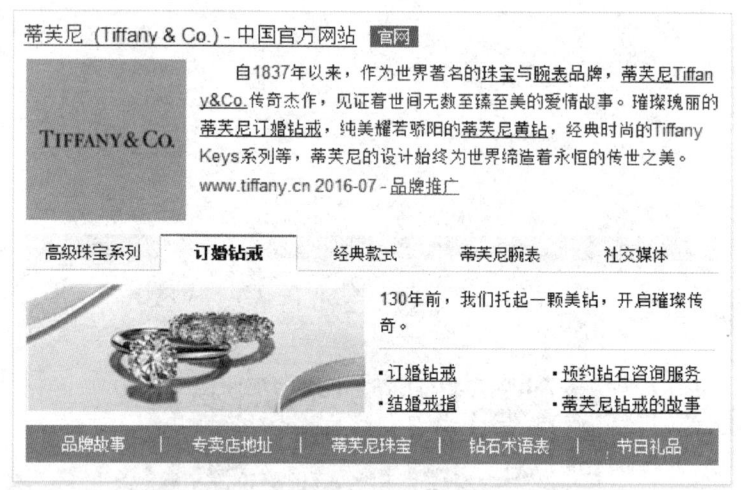

图 6　蒂芙尼官方网站在百度搜索的显示结果（网站陈述自源文件中 META 标签内容）

准确描述网页，不要堆砌关键词。

（资料来源：百度站长平台—关于 SEO 的建议 http://zhanzhang.baidu.com/wiki/55）

附录2： Google 谷歌网站站长指南

遵循这些指南有助于 Google 查找您的网站、将其编入索引和进行排名。即使您选择不采纳这些建议，我们也强烈建议您对"质量指南"多加留意，其中简要说明了可能导致网站从 Google 索引中被彻底删除或者被系统或手动标识为垃圾网站的一些违规行为。如果一个网站被标识为垃圾网站，那么它可能不会再出现在 Google.com 或任何 Google 合作伙伴网站的搜索结果中。

在您的网站创建完成后，访问 http://www.google.com/submityourcontent/ 将该网站提交给 Google。使用 Google 网站站长工具提交站点地图。Google 会使用站点地图来了解网站的结构，并提高对网页的覆盖面。对于应知道您网页情况的所有网站，请务必通知它们您的网站已处于在线状态。

设计和内容指南

• 网站应具有清晰的层次结构和明确的文本链接。每个网页应至少可以通过一个静态文本链接打开。

• 为用户提供站点地图，地图中应包含有指向网站重要部分的链接。如果站点地图中包含的链接数量过多，您应将该站点地图分成多个网页。

• 将特定网页上的链接限制在合理的数量内。

• 网站应实用且信息丰富，网页文字应清晰、准确地表述要传达的内容。

• 要考虑到用户会使用哪些字词来查找您的网页，确保网站上确实包含了这些文字。

• 尽量使用文字而不是图片来显示重要的名称、内容或链接。Google 抓取工具无法识别图片中所含的文字。如果您必须使用图片代替文字性内容，请考虑使用"ALT"属性添加一些描述性文字。

• 确保 <title> 元素和 ALT 属性具有描述性且准确无误。

• 检查链接是否损坏，以及 HTML 格式是否正确。

• 如果要使用动态网页（即网址中包含"?"字符），请注意并非每一个搜索引擎信息采集软件都能抓取动态和静态网页。这有助于缩短参数的长度并减少参数的数量。

• 请查看我们建议的关于图片、视频和丰富网页摘要的最佳做法。

技术指南

• 使用诸如 Lynx 的文本浏览器来检查您的网站，因为大多数搜索引擎"蜘蛛"程序查看您网站的方式与 Lynx 几乎一样。如果诸如 JavaScript、Cookie、会话 ID、框架、DHTML 或 Flash 等复杂功能造成您无法在文本浏览器中看到整个网站，则搜索引擎信息采集软件在抓取您的网站时可能会遇到问题。

- 允许搜索漫游器在不使用可跟踪其网站访问路径的会话 ID 或参数的情况下抓取您的网站。这些技术对跟踪单个用户的行为非常有用，但漫游器的访问模式却完全不同。如果采用这些技术，可能会导致对网站的索引编制不完整，因为漫游器可能无法排除那些看上去不同、但实际却指向同一个网页的网址。

- 确保您的网络服务器支持 If-Modified-Since HTTP 标头。通过该功能，您的网络服务器可以告诉 Google 自上次抓取您的网站以来，内容是否已发生变化。支持该功能可以节省您的带宽和开销。

- 利用网络服务器上的 robots.txt 文件。该文件会告诉抓取工具哪些目录可以抓取，哪些目录不可抓取。确保该文件是适合您网站的最新版本，以免意外阻止 Googlebot 抓取工具。访问 http://code.google.com/web/controlcrawlindex/docs/faq.html，了解如何在漫游器访问您的网站时对其提供指示。您可以利用 Google 网站站长工具中提供的 robots.txt 分析工具对 robots.txt 文件进行测试，确保正确使用该文件。

- 尽可能确保广告不会影响搜索引擎排名。例如，robots.txt 文件会阻止抓取 Google AdSense 广告和 DoubleClick 链接。

- 如果您的公司购买了内容管理系统，请确保搜索引擎可以抓取该系统创建的网页和链接。

- 使用 robots.txt 可避免抓取搜索结果页或其他自动生成的网页，这些网页不会为搜索引擎用户带来太多额外价值。

- 对网站进行测试，确保其在不同的浏览器中均能正确显示。

- 监控网站的性能并优化加载时间。Google 的目标是为用户提供相关度最高的搜索结果以及最佳用户体验。飞快的网站速度可以提高用户满意度，还可改善网页的整体质量（尤其对于互联网连接速度慢的用户），我们也希望网页的总体速度会随着网站站长对各自网站的改善而提高。

Google 强烈建议所有网站站长定期使用 Page Speed、YSlow、WebPagetest 或其他工具来监控网站性能。如需更多信息、工具和资源，请参见让网络变得更快。此外，网站站长工具中的网站性能工具会向您显示全球用户浏览您网站时所体验到的速度。

质量指南

这些质量指南涵盖了最常见的作弊形式或操纵行为，对于此处未列出的其他误导行为，Google 也会进行查处。切勿抱有侥幸心理，认为某种欺骗手段未在本页中列出，Google 就会认可该手段。作为网站站长，与其花费大量时间寻找可以钻的漏洞，不如尽其所能维护基本原则，以便为用户带来更好的体验，从而提高的排名。

如果您认为有其他网站正在滥用 Google 的质量指南，请提交垃圾内容报告告知我们。Google 希望能开发出灵活的自动解决方案来解决上述问题，因而尝试尽量避免手动处理违规行为。我们可能不会针对所有举报都一一做出手动操作回应，而且垃圾信息举报会根据对用户的影响排定优先顺序，有时，这可能会导致从 Google 的搜索结果中完全删除含有垃圾内容的网站。然而，并不是所有手动操作都会执行删除操作。即使我们对被举报的网站采取了相应措施，这些操作的影响也可能不会很明显。

质量指南——基本原则

- 您在设计网页时主要考虑的应该是用户，而不是搜索引擎。

- 请不要欺骗用户。

- 请不要为了提高搜索引擎排名而弄虚作假。一条很好的经验法则是，您在向竞争对手网站或 Google 员工解释自己的作为时是否感到坦然。另一个有用的测试手段是扪心自问："这能否给我的用户带来帮助？如果没有搜索引擎，我会这样做吗？"

- 考虑什么可让您的网站独一无二、有价值或吸引浏览者。让您的网站在相应领域中出类拔萃。

<u>质量指南—具体指南</u>

避免使用以下方法：

- 自动生成的内容。
- 参与链接方案。
- 隐藏真实内容。
- 欺骗性重定向。
- 隐藏文字或链接。
- 门页。
- 抄袭内容。
- 在不能带来足够增值的情况下参与联属计划。
- 加载带有无关关键字的网页。
- 创建带有恶意行为（如网上诱骗、安装病毒、木马或其他有害软件）的网页。
- 滥用丰富网页摘要标记。
- 向 Google 发送自动查询。

建议养成以下良好习惯：

- 监控网站是否受到黑客攻击，一旦出现被黑内容立即将其删除。
- 防止网站上出现用户生成的垃圾内容；如果出现此类内容，则将其删除。

如果您的网站违反以上一条或多条指南的要求，则 Google 可能会通过对该网站执行手动操作来加以防范。当您解决相关问题后，便可以提交网站的重新审核请求。

（资料来源：网站站长指南 https://support.google.com/webmasters/answer/35769? hl = zh-Hans，有关 Adwords 功能的介绍 https://support.google.com/adwords/）

附录3： 关键词的选择

搜索引擎关键词有三大类别：泛关键词、目标关键词和长尾关键词。

泛关键词是指行业或者产品的统称，一般2~4字，例如：图书、小家电等。这样的关键词覆盖范围太广，试图通过这样的关键词来吸引真正的顾客犹如大海捞针。如果设置为付费关键词定不可取。

目标关键词是指包含了企业、产品或者服务名称的关键词，一般3~8字，例如：美的电饭锅、三星手机等。这样的关键词针对性较强，目标用户所带来的点击转化率也较高。大多数企业使用这种关键词设置。

长尾关键词是指依据企业、产品或者服务的用途或者功能所拓展的关键词，其长度约为5~10字，例如：什么牌子的电饭煲耐用、广州哪里有好吃的、广州美食等等。这样的关键词所带来的浏览者目标性很强，点击的转化率最高。见图7。

一般建议以长尾关键词为主，目标关键词为辅进行搜索关键词设置。

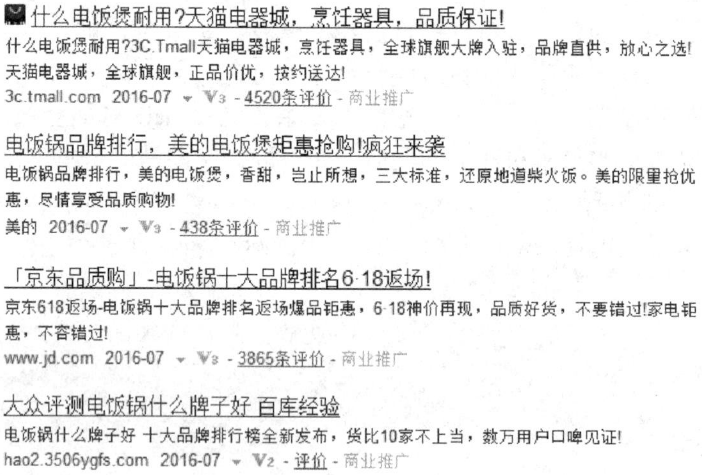

图7 搜索关键词为"什么牌子的电饭煲耐用"

参考文献

1. 李琪,《电子商务概论》,高等教育出版社,2004
2. 马士华,《新编供应链管理》,中国人民大学出版社,2008
3. 莫兰,亨特,《搜索引擎营销——网站流量大提速(第二版)》,电子工业出版社,2009
4. 菲利普.科特勒,《市场营销原理(亚洲版.第2版)》,机械工业出版社,2010
5. 冯英健,《实用网络营销教程》,清华大学出版社,2012
6. Adwords 功能的介绍 https://support.google.com/adwords/
7. 艾瑞咨询 http://www.iresearch.com.cn/
8. 百度百科 http://baike.baidu.com/
9. 百度文库 http://wenku.baidu.com/
10. 百度知道 http://zhidao.baidu.com/
11. 百度站长平台—关于 SEO 的建议 http://zhanzhang.baidu.com/wiki/55
12. CIC 公司 http://www.ciccorporate.com/
13. 电子支付安全法律问题研究 http://www.xzbu.com
14. 互动百科 http://www.baike.com/
15. 虎嗅网 http://www.huxiu.com/
16. 锦坤品牌研究院 http://www.jonkon.com/about/default_1.htm
17. MBA 智库百科 http://wiki.mbalib.com/wiki/%E9%A6%96%E9%A1%B5
18. 梅花网《麦包包:EDM 会员经营策划方案》http://www.meihua.info/a/61394
19. Mr. Ing 淘宝官方旗舰店 https://mring.tmall.com/
20. 派代网 http://www.paidai.com/
21. 社会化媒体网站 http://socialbeta.com/
22. 市场部网站 http://www.shichangbu.com/
23. 淘宝网 https://www.taobao.com/
24. 淘宝论坛 https://bbs.taobao.com/
25. 淘宝商城 https://www.tmall.com/
26. 推 1 把网站 http://www.tui18.com/
27. 维基百科 https://zh.wikipedia.org/
28. WebPower 公司中国官方网站 http://www.webpowerchina.com/

29. 网站站长指南 https://support.google.com/webmasters/answer/35769?hl=zh-Hans
30. 新浪科技 http://tech.sina.com.cn/
31. 新浪新闻 http://news.sina.com.cn/
32. 新浪微博 http://weibo.com（ID：数据化管理、云快递、黄刚-物流与供应链）
33. 易观国际 http://www.analysys.cn/
34. 优酷网 http://www.youku.com/i/
35. 中国电子商务研究中心 http://www.100ec.cn/
36. 中国物流产品网 http://www.56products.com/
37. 中国互联网络信息中心 http://www.cnnic.net.cn/
38. 知乎网站 https://www.zhihu.com/
39. 199IT互联网数据中心 http://www.199it.com/
40. 360百科 http://baike.so.com/